中國學術思想 研究輯刊

二 編
林慶彰 主編

第9冊

帛書《黃帝書》研究（上）

林靜茉 著

花木蘭文化出版社

國家圖書館出版品預行編目資料

帛書《黃帝書》研究(上)／林靜茉 著 — 初版 — 台北縣永和市：
花木蘭文化出版社，2008〔民 97〕
目 4+224 面；19×26 公分
（中國學術思想研究輯刊 二編：第 9 冊）
ISBN：978-986-6528-10-1（精裝）
1. 黃帝書　2. 帛書　3. 研究考訂
121.397　　　　　　　　　　　　　　　　　　　97016489

ISBN - 978-986-6528-10-1

9 789866 528101

中國學術思想研究輯刊
二 編 第 九 冊　　　　　　　　ISBN：978-986-6528-10-1

帛書《黃帝書》研究（上）

作　　　者　林靜茉
主　　　編　林慶彰
總 編 輯　杜潔祥
出　　　版　花木蘭文化出版社
發 行 所　花木蘭文化出版社
發 行 人　高小娟
聯 絡 地 址　台北縣永和市中正路五九五號七樓之三
　　　　　　電話：02-2923-1455／傳眞：02-2923-1452
網　　　址　http://www.huamulan.tw 信箱 sut81518@ms59.hinet.net
印　　　刷　普羅文化出版廣告事業
封 面 設 計　劉開工作室
初　　　版　2008 年 9 月
定　　　價　二編 28 冊（精裝）新台幣 46,000 元

帛書《黃帝書》研究（上）

林靜茉　著

作者簡介

林靜茉，一九六四年生於高雄市。臺灣師範大學文學博士，現職致理技術學院通識中心助理教授。主要研究領域包括黃老思想與莊子思想，著有〈從〈經法・論〉看帛書《黃帝書》的逆順思想〉、〈《莊子》與「醜」〉等論文。

提　　要

　　帛書《黃帝書》是一部講「帝王之道」，具有強烈時代色彩的作品，其天道思想、黃帝之言、刑名說，都是因應當代流行的思潮，配合「帝王之道」來講：它雖然是政論性質作品，但是卻充滿數術語言，並且相信數術以及由數術開展而出的原理原則以至思維方式，都是治國的重要根據，換句話說，就是推天道以明人事，務時而寄政一類思想。其學說的思維邏輯是以黃帝居中宮，當斗位，仿傚「式」圖模式，周行十二月，以示「天時」（附圖三）；並且以「道生法」的雙重含意（即以天道度數建立法度，是為天道生法；聖人通同於天地之精，以一言之成法治民，謂道生法），聯繫著聖人知天時的智慧，開展出終始循環的宇宙秩序。而刑名說也就在這個宇宙秩序大框架中，被包裝為陰陽順逆之理。帝王之道，就是效法聖人，呼應黃帝形象，以成就宇宙秩序的大法。這就是帛書《黃帝書》的思想體系。

　　本論文分三章來討論帛書《黃帝書》，三章都有一個主題。

　　第二章主題在確立帛書《黃帝書》的成書年代及寫作地域，分兩節：第一節考察其成書年代，確立時代性；成書年代確立後，第二節再依其內容特色研判地域文化，並推斷寫作地點，以突顯作者文化背景、寫作動機。此章具體的結論是：帛書《黃帝書》成書年代在戰國晚期之初（約西元前 300～286 年），作者可能是生長於淮泗地區，後來成為稷下學士，在稷下完成帛書《黃帝書》。

　　第三章主題針對帛書《黃帝書》立論的基礎——天道思想與黃帝造說，分兩節考察其源流，最後再綜合兩節作出結論。第一節天道思想部分：從兵學、天文曆數與學術思潮，論述「天道」從數術發展為天道思想的始末。第二節黃帝造說部分：包括黃帝傳說與託名黃帝的著作。此章的結論是：天道思想作為新時代的新思維，與塑造黃帝成為創制發明的文明共主，兩者的發展是同步的。兩者從結合到發展，其進程約可分為五個階段，而帛書《黃帝書》處於第三階段。

　　第四章主題是探討帛書《黃帝書》的思想體系，分三節。第一節針對帛書《黃帝書》中的數術內容，以及由數術轉化的政論語言，作全面性考察。第二節分道、天道、刑（形）名與法、陰陽理論、兵學思想、帝王之道，探討帛書《黃帝書》的主要思想。第三節在前面兩節基礎上，推出帛書《黃帝書》的思想體系，同時透過圖示，總合帛書思想大旨，呈現其思維邏輯。此章的結論是：道家黃老學者將天道知識從具體的日月星辰的運行、四時的變化，推衍為道的普遍性和抽象性，將占驗天道的數術，與人事吉凶禍福聯繫起來，成了天稽環周終始循環的宇宙秩序。執道者推天道以明人事，務時而寄政，根據天道度數以制度量、定法度，法的根源性因此得以確立，如此，作為「生法」的執道者，若能體察天道，遵循宇宙秩序而作為，也就可以成為人事主宰，成就「帝王之道」。

　　第五章結論，除了回應帛書《黃帝書》撰書主旨「帝王之道」外，也綜述帛書《黃帝書》主要思想源流並附圖以明之，同時也對帛書《黃帝書》的思想屬性究竟偏黃、偏老，作出明確地結論，以明此書之學術定位。

目

次

第一章　緒　論

　　本論文題名「帛書《黃帝書》研究」，帛書《黃帝書》即馬王堆出土帛書《老子》乙本卷前的四篇古佚書。

　　1973 年 12 月，長沙馬王堆三號墓出土大批帛書，根據同時出土的一件有紀年的木牘，確定該墓的年代是漢文帝 12 年（西元前 168 年）。〔註1〕帛書共約十萬餘字，內容涉及古代思想、歷史、軍事、天文、曆法、地理、醫學等方面。其中發表最早，同時也是迄今討論最多的，當屬兩種寫本的《老子》及其卷前卷後的古佚書。兩種寫本分別以抄寫年代先後命名爲甲、乙本《老子》。《老子》甲本及卷後佚書合抄成一長卷，捲在一長條形木片上，字體爲古隸，抄寫年代可能在漢高帝時期（約西元前 221～195 年）。《老子》乙本及卷前佚書抄在一幅大帛上，折疊後放在漆奩內，字體爲今隸，抄寫年代約在惠帝和呂后執政期間（約西元前 194～180 年）。〔註2〕《老子》甲本卷後古佚書並無篇題，而《老子》乙本卷前古佚書，分爲四篇，四篇皆有名稱，前兩篇本身又分成若干章，也有章名。一般相信，與《老子》合卷，抄寫於《老子》乙本卷前的古佚書四篇，與漢初黃、老之學有關。唐蘭首先發

〔註 1〕湖南省博物館、中國科學院考古研究所，〈長沙馬王堆二、三號墓發掘簡報〉，《文物》（1974：7），頁 43。

〔註 2〕傅舉有、陳松長編著，《馬王堆漢墓文物綜述》（湖南：湖南出版社，1992），頁 10。

　　按：帛書整理小組以《老子》甲本及卷前佚書抄寫於漢高帝，即西元前 206～195 年，《老子》乙本及卷前佚書抄寫於文帝期間，即西元前 179～169 年。參見帛書整理小組，《馬王堆漢墓帛書・壹・出版說明》（北京：文物出版社，1975）。

表文章，主張這四篇古佚書就是《漢書‧藝文志‧諸子略》道家類所著錄的《黃帝四經》四篇，並且引《隋書‧經籍志‧道經部》說法，〔註3〕認爲這就是《黃帝》四篇和《老子》二篇，《史記》中所說的黃帝、老子，原來各有不同面貌。〔註4〕時隔27年，李學勤談到關於簡帛佚籍對學術史影響的文章，還提到這四篇佚書的重要性：「這部書的重新問世，不僅解開了古書常見的『黃老』之謎，更重要的是表明先秦的黃老之學，其主流和莊列一系的隱逸思想大相逕庭。」〔註5〕可見帛書《黃帝書》的研究價值。

第一節　研究動機與研究方向

從1974年唐蘭發表文章迄今，對於帛書《黃帝書》內容性質的研究，大致可分爲三個階段：第一階段以法家路線爲主，與《老子》的無爲思想作比較，並將漢初黃老學者與儒者鬥爭歷史作爲背景來討論，如唐蘭（1975）、〔註6〕田昌五（1976）、〔註7〕葛榮晉（1981）。〔註8〕第二階段著重於黃老學派的源流考，有主張黃學與老學分流者，如余明光（1989）〔註9〕的黃學與老學同源異流說，也有反對分流說，主張《老子》道論就是帛書《黃帝書》思想中心者，如劉蔚華、苗潤田（1992）、〔註10〕吳光（1985）。〔註11〕第三階段將帛書《黃帝書》放入地域文化來討論，分爲鄭文化，如唐蘭（1975）；齊文化或稷下文化，如胡家聰（1998）；〔註12〕楚文化，如丁原明（1998）；〔註13〕（吳）越文化，如王博（1993）。〔註14〕這其中除了鄭文化係唐蘭舊

〔註3〕《漢書‧藝文志》及《隋書‧經籍志》，以後出現皆簡稱《漢志》、《隋志》。
〔註4〕唐蘭，〈《黃帝四經》初探〉，《文物》（1974：10），頁48～52。
〔註5〕李學勤，〈新發現簡帛佚籍對學術史的影響〉，載於《道家文化研究》第18輯（北京：三聯書店，2000），頁1～9。
〔註6〕唐蘭，〈馬王堆出土《老子》乙本卷前古佚書的研究〉，《考古學報》（1975：1），頁7～16。
〔註7〕田昌五，〈再談黃老思想與法家路線〉，《文物》（1976：4），頁78～83。
〔註8〕葛榮晉，〈試論黃老帛書的道和無爲思想〉，《中國哲學史研究》（1981：3），頁47～53。
〔註9〕余明光，《黃帝四經與黃老思想》（黑龍江：黑龍江人民出版社，1989）。
〔註10〕劉蔚華、苗潤田，《稷下學史》（中國廣播電視出版社，1992）。
〔註11〕吳光，《黃老之學通論》（浙江：浙江人民出版社，1985）。
〔註12〕胡家聰，《稷下爭鳴與黃老新學》（北京：中國社會科學出版社，1998）。
〔註13〕丁原明，《黃老學論綱》（山東：山東大學出版社，1998）。
〔註14〕王博，〈論黃帝四經產生的地域〉，《道家文化研究》第3輯（1993），頁223

說，因資料無法考證，學者多已不再討論外，其他說法至今仍處於議論狀態。經過這三階段多方面的研究，對於呈現帛書《黃帝書》的內容性質，助益是很大的。但是這些論點及研究範圍，基本仍圍繞唐蘭的說法及研究方法，即採用包括《史記》所載的黃老學、《漢志》著錄的黃帝書以及司馬談〈論六家要指〉所論的「道家」，來論述黃帝書與《老子》關係，同時也討論此書的刑（形）名思想，以及它究竟屬於法家還是道家。〔註 15〕但是對於帛書《黃帝書》的天道思想，以及與天道思想相關的天文曆法術語（古人統稱為「數術」）〔註 16〕卻少有論及，金春峰提到了「陰陽刑德思想是帛書全部思想的核心」（1987）；〔註 17〕魏啓鵬注意到「天道環周論的思想，貫串在整個《黃帝四經》中，是黃帝之言哲學思想體系的核心和基本點」（1980），〔註 18〕但是他們並沒有進一步論述這些相關的數術內容；胡家聰引述了古天文學研究資料（1998），提到曆法確定期在戰國中期。但是他只有引述，也沒有映證於帛書《黃帝書》的內容思想。

隨著近年更多出土的數術書如《刑德》等陸續發表釋文，〔註 19〕還有配合「刑德術」操作的式盤，以及占驗星象、測定度數的天文儀器，經過古天文學者的研究分析，〔註 20〕已能夠使非專業者對於古天文有基本的認知。這類古天文曆法知識，對於研究帛書《黃帝書》，有著莫大的啓示，相關知識可

〔註 15〕有關三階段學者說法，可以參考第二章文後的附表，附表中第一階段僅列唐蘭爲代表。

〔註 16〕數術，以今人語言來說，相當於天文學、曆法學，古代數術家同時也從事占驗天象，判斷吉凶，如《史記・天官書》所載甘公、石申等人。《漢志・數術略》分爲天文家、歷譜家、五行家、著龜家、雜占家、形法家六種。數術又稱天道，如《淮南子・兵略》：「明於奇賷、陰陽、刑德、五行、望氣、候星、龜策、機祥，此善爲天道者也。」司馬談〈論六家要旨〉的「陰陽家」，是包含思想及技術的學派，後來《漢志》將技術一派編入數術略五行家類。

〔註 17〕金春峰，《漢代思想史》（北京：中國社會科學出版社，1997），頁 18～48。原版 1987 年。

〔註 18〕魏啓鵬，〈黃帝四經思想探源〉，《中國哲學》第 4 輯（1980），頁 179～191。

〔註 19〕陳松長，〈帛書《刑德》乙本釋文校讀〉，載於《湖南省博物館四十周年紀念論文集》（1996），頁 83～87。
馬王堆帛書漢墓帛書整理小組，〈馬王堆帛書《式法》釋文摘要〉，《文物》（2000：7），頁 85～94。按：整理小組原命名〈陰陽五行〉。

〔註 20〕嚴敦傑，〈關於西漢初期的式盤和占盤〉，《考古》（1978：5），頁 334～337。
殷滌非，〈西漢汝陰侯墓出土的占盤和天文儀器〉，《考古》（1978：5），頁 338～343。

以運用解讀帛書《黃帝書》數術內容者，例如對於過去將帛書中的刑德視爲
「殺戮與慶賞」（《韓非子‧二柄》），現在應該改正爲「刑德術」；例如天時，
本來是指式盤，式盤是模仿宇宙結構，用以占驗天象判斷吉凶；又例如〈十
六經〉中的黃帝，也與天道數術有密切關係。過去因爲不了解數術內容，或
者因爲其數術辭彙已轉化爲政論語言，因而沒有針對這方面作研究，現在從
這個角度看，卻豁然開朗起來。更重要的是，帛書《黃帝書》的天道思想，
並非只是堆砌數術語言，實際是經過吸收轉化，設計以配合學說理論使用。
這樣，通過數術看帛書《黃帝書》，以理解其特定的時代思維，也解開了帛書
《黃帝書》政論的數術語言的特殊義涵。如此，配合學者研究基礎，然後能
全面論述帛書《黃帝書》的思想體系，總結它在道家黃老學派的思想屬性與
學術定位，這就是本論文的研究動機與研究方向。

第二節　本文大旨

　　本論文主要以第二、三、四章來討論帛書《黃帝書》，這三章都有一個主題。

　　第二章題名「帛書《黃帝書》成書年代、產生地域考」，主題在確立帛書
《黃帝書》的成書年代及寫作地域，分兩節：第一節考察其成書年代，確立
時代性；成書年代確立後，再依其內容特色研判地域文化，並推斷寫作地點，
以突顯作者文化背景、寫作動機。此章具體的結論是帛書《黃帝書》成書年
代在戰國晚期之初（西元前 300～286 年），作者可能是生長於淮泗地區，後
來成爲稷下學士，在稷下完成帛書《黃帝書》。

　　第三章題名「戰國時代興起的天道思想與黃帝的關係」，主題針對帛書《黃
帝書》立論的基礎——天道思想與黃帝造說，分兩節考察其源流，最後再綜
合兩節作出結論。第一節天道思想部分：從兵學、天文曆數與學術思潮，論
述「天道」從數術發展爲天道思想的始末。第二節黃帝造說部分：包括黃帝
傳說與託名黃帝的著作。此章的結論是：天道思想作爲新時代的新思維，與
塑造黃帝成爲創制發明的文明共主，兩者的發展是同步的，這種現象，主要
係出於稷下學宮有意識地、長期地發展結果，其結合到發展的進程約可分爲
五個階段，而帛書《黃帝書》處於第三階段。

　　第四章題名「帛書《黃帝書》的思想體系」，主題是探討此書的思想體系。
文分三節，第一節針對帛書《黃帝書》中的數術內容，以及由數術轉化的政

論語言，作全面性考察。第二節分道、天道、刑（形）名與法、陰陽理論、兵學思想、帝王之道等六個子題，探討帛書《黃帝書》的主要思想。第三節在前面兩節基礎上，嘗試說明帛書《黃帝書》的思想體系，同時透過圖示，總合帛書思想要旨，呈現其思維邏輯。此章的結論是：道家黃老學者將天道知識從具體的日月星辰的運行、四時的變化等規律，映證道的普遍性和抽象性，將占驗天道的數術，與人事吉凶禍福聯繫起來，以說明天稽環周終始循環的宇宙秩序。執道者推此天道思想、宇宙秩序以明人事，務時而寄政，根據天道度數以制度量、定法度，法的根源性因此得以確立，如此，作為「生法」的執道者，若能體察天道，遵循宇宙秩序而作為，也就可以成為人事主宰，成就「帝王之道」。

第五章結論，除了回應帛書《黃帝書》撰書主旨「帝王之道」外，也針對帛書《黃帝書》的思想屬性究竟偏黃，偏老，還是黃老，作出結論。

至於第一章第三節「帛書《黃帝書》的定名」、第四節「與《老子》甲本卷後古佚書的關係」，這兩節針對書名及另本與《老子》合卷書的內容性質進行探討，因為屬於前論，為了不與論文三章主題混淆，所以置於「緒論」，不獨立分章。

綜而言之，至於帛書《黃帝書》思想應可確立為一完整體系的書，是研究黃老思想重要的典籍。

第三節　帛書《黃帝書》的命名

「馬王堆漢墓出土帛書《老子》乙本卷前古佚書四篇」，或簡稱「《老子》乙本卷前古佚書四篇」、「古佚書四篇」，這些名稱是馬王堆圖書整理小組以抄本的形式命名四篇古佚書，屬於形式名稱。

還有一種是研究者根據內容性質來命名，包括《黃帝四經》、帛書《黃帝書》、《黃老帛書》等。這些名稱主要反映古佚書四篇內容與《史記》所載「黃老道德刑名」的關聯。主要說法如下：

一、《黃帝四經》說

唐蘭於 1975 年撰文採用此書名。其根據《漢志》道家類著錄的《黃帝四經》四篇，認定即古佚書四篇，並以此命名。該篇文章主要說法有三：第一，

他認爲這四篇具有一貫的思想體系：

> 從內容來看，這四篇是一本書。從思想方法上說，大體上是繼承老
> 子而加以發揮的。老子屬於道家，但這本書實際上是法家。在思想
> 體系方面，四篇是一貫的。第一篇《經法》，主要講的是法。第二篇
> 《十大經》，主要講的是兵。第三篇《稱》，主要講的是樸素的辯證
> 法。第四篇《道原》，講的是道，即事物的客觀規律。四篇體裁各異，
> 但互爲聯繫，成爲一個整體。

又說，其中《十六經》用很大篇幅敍述關於黃帝的神話故事，說明這本書應
該是黃帝之言，他並且根據《史記》關於黃老的記載，認爲這本書主要內容
是講刑名之學。

第二，就名稱而言，他認爲《黃帝四經》稱「經」，古佚書四篇也有稱「經」
的情形，例如「《經法》、《十六經》兩篇就稱『經』，《稱》和《道原》兩篇也正
是經的體裁。」依照《漢志》道家類著錄託名黃帝的書一共五種，只有《黃帝
四經》以「經」名之，而且「《老子》在漢初已經出現稱「經」的情形，〔註21〕
只有《黃帝四經》能符合與《老子》合稱「經」的地位，〔註22〕所以《黃帝四
經》應該就是這四篇古佚書。

第三，唐蘭認爲這四篇古佚書的內容特色是以黃帝之言講刑名，所以「黃
老」實際是法家的黃而非道家的老。他比對了《老子》與古佚書四篇的相異
處，作了簡要的說明：

> 《老子》在政治上是消極的，這本《黃帝四經》則比較積極。《老子》
> 講道，這本《黃帝四經》講術（王術）……。《老子》講道不講法，
> 這本《黃帝四經》則首先講「道生法」。……《老子》經常講「道」
> 而不講「理」，這本《黃帝四經》卻非常注重理。……這是從老子的
> 侈談天道進一步來研究人事了。《老子》儘管也講到「名」，但認爲
> 「无名天地之始，有名萬物之母」，主張「鎮之以无名之樸」，「始制
> 有名，名亦既有，夫亦將知止，知止所以不殆」。這是倒退的哲學。
> 古佚書是進取的。它把「刑」和「名」對稱。……可見用審名察形
> 的辦法來明曲直，知得失，就可以立法，用法來治國……

〔註21〕《漢志》道家類著錄有《老子鄰氏經傳》四篇、《老子傅氏經說》三十七篇、
《老子徐氏經說》六篇。
〔註22〕唐蘭，同注6。

這種偏於「理」，主張審名察形、以法治國的說法，實際是更接近法家思想，所以它應該是「法家的黃」。裘錫圭同意這種說法，並增列《老子》反戰，古佚書〈經法〉、〈十大經〉把征戰當作正面的例子，來補充映證唐蘭的說法。〔註23〕

　　以後學者多沿用此名，逐漸區別了黃學與老學。例如：魏啓鵬於1980年撰文提出以「天道思想」為主的「黃帝之言學派」，認為這個學派傳承自吳越文化，尤其是范蠡思想，是最早的黃帝之言學派，〔註24〕王博也基本同意這個說法。〔註25〕金春峰認為，四篇帛書的思想基本原則就包含在《老子》中，但是他也指出，陰陽刑德思想是四篇帛書的思想核心。〔註26〕余明光則認為《四經》屬黃學，與老學同源而異流，兩者同屬道家，但述道各異，它們不是同一個學術流派，而是兩個思想學風不同的道論家。〔註27〕其他如龍晦、劉毓璜、陳鼓應、白奚、胡家聰等學者，也都使用「黃帝四經」名稱，其基本看法是這本書是託黃帝立言，內容主要是道法結合。〔註28〕

二、《黃老帛書》說

　　鍾肇鵬基本上同意唐蘭所說的「黃帝之學」，或用「黃帝四經」這個名稱，認為四篇與《老子》抄在一起，正是黃老合卷的證明。但是他不同意在缺乏有力證據下，將四篇說成是《漢志》的《黃帝四經》四篇，為了避免以「黃帝四經」命名造成揣測，因此他命名為「黃老帛書」。〔註29〕

〔註23〕裘錫圭，〈馬王堆帛書《老子》乙本卷前古佚書四篇并非《黃帝四經》〉，載於《道家文化研究》第3輯（1993），頁249～255。
　　　　按：裘錫圭同意唐蘭此段說法，但對於書名則有異見，有關說法參見本節後文。
〔註24〕魏啓鵬，同注18。按：其2004年專書《馬王堆漢墓帛書《黃帝書》箋證》已改用「帛書《黃帝書》」，（北京：中華書局，2004）。
〔註25〕王博，同注14。
〔註26〕金春峰，同注17。
〔註27〕余明光，同注9。
〔註28〕龍晦，〈馬王堆出土《老子》乙本前古佚書探原〉，《考古學報》（1975：2），頁23～31。
　　　　劉毓璜，《先秦諸子初探》（江蘇：江蘇人民出版社，1984），頁215～218。
　　　　陳鼓應，〈關於帛書黃帝四經成書年代等問題的研究〉，收於《黃帝四經今註今譯》（臺灣：臺灣商務印書館，1995），頁29～45。
　　　　白奚，《稷下學研究》，（北京：三聯書店，1998），頁92～114。
　　　　胡家聰，同注12。
〔註29〕鍾肇鵬：〈論黃老之學〉，《世界宗教研究》，1981年第2集，75～98頁。此篇

　　吳光、劉蔚華以及苗潤田、丁原明採用「黃老帛書」這個名稱，主要說法也與鍾肇鵬相同，而且，他們更強調古佚書四篇主要以《老子》道論爲基礎。〔註30〕

三、帛書《黃帝書》

　　李學勤引劉翔〈馬王堆漢墓帛書《黃帝書》研究評述〉的說法：「評述中說，爲了便於進一步討論，這項佚書暫時稱做《黃帝書》爲好。《黃帝書》和《老子》同抄，正表現著黃老道家的特色。」〔註31〕李學勤雖然用帛書《黃帝書》名稱，但是並不排除四篇即唐蘭所說《漢志》著錄的《黃帝四經》的可能。〔註32〕

　　此外，學者或有不同意另立名稱，而沿用抄本名稱者。以許抗生、裘錫圭的說法爲例：許抗生稱「四種古佚書」，因爲他認爲〈十六經〉託言黃帝，是黃老學中的黃學，其他三篇則是黃老學中的老學，不同意以「黃學」概括四篇。〔註33〕

　　裘錫圭認爲採用「馬王堆《老子》乙本卷前佚書」或「《經法》等四篇」名稱較妥當，不同意唐蘭以古佚書四篇即《漢志》著錄的《黃帝四經》。他從形式上、內容上以及從古書引黃帝之言的情形，反駁唐說：

　　第一，從形式上說，唐蘭也認爲古佚書四篇體裁不一。尤其第二篇提到黃帝，其他篇沒有，不像是構成《黃帝四經》的四個部分。雖然這四篇思想

　　　　又載於任繼愈主編《中國哲學發展史》秦漢卷（北京：人民出版社，1985），頁95～131。文字略有修改。

〔註30〕吳光，《黃老之學通論》（浙江：浙江人民出版社，1985），頁129～150。
　　　　劉蔚華、苗潤田，同注10，頁354～368。
　　　　丁原明，同注13，頁41～52。
　　　　按：加拿大學者葉山稱「黃老帛書」，但是認爲四篇作者不同，非一時之作。見〈對漢代馬王堆黃老帛書的幾點看法〉，載於湖南省博物館編，《馬王堆漢墓研究文集》（湖南：湖南出版社出版，1994），頁16～26。

〔註31〕劉翔，〈馬王堆漢墓帛書《黃帝書》研究評述〉，《中國文化與中國哲學》（北京：東方出版社，1986），頁594～607。
　　　　李學勤，《簡帛佚籍與學術史》（臺灣：時報文化出版社，1994），頁309。

〔註32〕李學勤在最近一篇文章說：「《黃帝書》四篇，我以爲最適當的看法仍是《黃帝四經》。」同注5。

〔註33〕許抗生，〈黃老之學新論讀後的幾點思考〉，《管子學刊》（1993：1），頁64～67。

一致，但是也不能忽視體裁、篇幅不一致的問題。

第二，從內容上說，唐蘭引用《隋書・經籍志》：

> 漢時諸子道書之流有三十七家，大旨皆去健羨、處沖虛而已。其《黃帝》四篇、《老子》二篇，最得深旨。

指出「《黃帝》四篇就是《黃帝四經》」，並說明這一段話是根據劉宋時的王儉《七志》或梁阮孝緒《七錄》，這是很正確的。但是唐蘭引用這一段時，刪去「大旨皆去健羨、處沖虛而已」，同時把刪去此二句的這一段話，當作抄在《老子》乙本卷前的古佚書四篇應為《黃帝四經》的證據，這是不妥的。因為根據唐蘭對古佚書四篇與《老子》思想相異的說法中，正透露四篇佚書具有積極進取精神，屬於「撮名法之要」一類的道家著作，所以他認為唐蘭已經提出老子與古佚書四篇的不同，就不應混淆兩者特色。魏晉以後的道家以老莊式的隱逸思想為主流，南朝的王儉、阮孝緒，應該不會以古佚書四篇這種提倡進取的作品與《老子》相提並論，「並許之為『最得』『去健羨、處沖虛』之『深旨』」所以根據《隋志》那段話，「完全可以斷定四篇佚書決非《黃帝四經》」。

第三，從古書引黃帝之言的情形，說明這些黃帝之言的思想，大部分合乎《隋志》「去健羨、處沖虛」之旨，其中一定含有引自《黃帝四經》的內容，但是這些引文在四篇佚書中一條也沒有出現，據此，可以斷定四篇佚書並非《黃帝四經》。

裘錫圭最後結論說，李學勤稱四篇佚書為「黃帝書」，比稱它們為「黃帝四經」合理。但是除了第二篇外，其他三篇並沒有可以稱為黃帝書的確證，就目前研究情況來說，最好仍稱為「馬王堆《老子》乙本卷前佚書」或「《經法》等四篇」。〔註34〕

總合以上學者的說法，大致可以得到這樣的結論，即：從裘錫圭說法可知，使用「黃帝四經」名稱，遇到最大的問題是《漢志》著錄的《黃帝四經》四篇已亡佚，無從比對，若從《隋志》引《七志》、《七錄》「去健羨、處沖虛」的說法，則《黃帝四經》內容應偏重於老莊式的道論，與古佚書四篇內容性質不符。換言之，如果要用《黃帝四經》名稱，除非有新出土材料，〔註35〕

〔註34〕裘錫圭，同注23。作者相關論點亦見《中國哲學》第2輯（1980），初稿寫於1975年。

〔註35〕〔英〕雷敦龢提到，唐蘭用《黃帝四經》名稱，是否即《漢志》著錄，「除非有新出土的資料，否則我們無法完全肯定。」見〈關於馬王堆黃帝四經的版本和討論〉，載於《道家文化研究》第18輯（北京：三聯書店，2000），頁357。

否定《七志》、《七錄》所說黃帝四經的內容特色，否則在無法肯定的情形下，寧可改用其他名稱。

若使用「黃老帛書」名稱，雖然突顯了古佚書四篇屬於黃老作品，或者強調老子道論居於主要思想地位，但是此名稱容易使人產生黃帝、老子兩學派結合成古佚書四篇的聯想，尤其古佚書第二篇託名黃帝，其他三篇卻沒有提到黃帝，若用「黃老」命名，更容易誤以第二篇是「黃學」，其他三篇是「老學」，以為四篇非一體。

而且古佚書四篇是否仍以《老子》道論為主要思想地位，還是融合《老子》道論自成體系，從唐蘭與裘錫圭的列舉對比說明，已經可以確定古佚書四篇有自己的思想體系，所以不必要在名稱上加一「老」字。

還有一種名稱是「帛書《黃帝書》」，是劉翔在評述學者說法後，所使用的暫時名稱。筆者以為，雖說是暫時名稱，但是也可能是目前較適合的。〔註36〕理由如下列：

1. 可以表現古佚書四篇出土情況。依劉翔說法，可以反映《黃帝書》和《老子》同抄，表現黃老道家的特色（見前引）。

2. 四篇一體，反映黃帝之言。雖然託名黃帝的內容，只佔第二篇十五章（或說十四章半）中的八章，但是其餘篇章與這託名黃帝的內容也是相互呼應，與其他三篇是一個體系的設計。根據筆者第五章的研究結論，第二篇託名黃帝，主要係作者運用黃帝創制及征戰的形象，並融合天道思想型塑黃帝成為宇宙秩序的根源，以呼應其他三篇強調「帝王之道」的理論，作為人君效法學習的對象。從理論架構來說，命名「黃帝書」正可以顯示這個特色。裘錫圭說，李學勤稱四篇佚書為「黃帝書」，比稱它們為「黃帝四經」合理，只是這樣的說法並不能解決除第二篇外，其他三篇沒有黃帝書的問題，所以寧可使用原來抄本名稱。如果依照前述說法，這種疑慮自然可以消除，用《黃帝書》名稱還是較適當的。

3. 至於《漢志》著錄託名黃帝的書目，範圍包括諸子略陰陽家、道家、小說家，兵書略兵陰陽，還有數術略、方技略。有學者認為這些都屬於「黃帝書」群。〔註37〕筆者以為，稱古佚書四篇為「黃帝書」，再前置「帛書」之

〔註36〕比如魏啓鵬採用「黃帝四經」名稱，2004年新作已改採「帛書《黃帝書》」，同註24。

〔註37〕李零，〈說黃老〉，收於《李零自選集》（廣西：廣西師範大學，1998），頁278

名，即可以區別託名黃帝的書群。根據本論文第二章第二節以及第三章第二節的研究，古佚書四篇屬於稷下學宮有意識造說黃帝形象的潮流中的其中一階段，使用《黃帝書》名稱，正可以顯示此書係黃帝文化潮流的作品之一，因此，從歷史角度命名爲《黃帝書》；再前置「帛書」二字，說明係出土帛書，以區別於其他託名黃帝的著作，所以本論文採用「帛書《黃帝書》」的名稱。

　　附帶說明，關於帛書《黃帝書》第二篇〈十六經〉篇名及章數問題：過去帛書整理小組發表時採用〈十大經〉，後來經過張政烺反覆比對研究後，已定爲〈十六經〉，〔註38〕本論文從之。第二篇章數問題，帛書整理小組說是「十四篇半」（按：「篇」字應作「章」），「半篇（章）」指的是〈順道〉後面內容較其他章節少，沒有章名的一段。〔註39〕由於沒有章名，本論文在引用時作〈十六經・？〉以存其實。

　　有學者認爲章名就是「十大經」，因爲價值重大，所以題爲〈十大經〉，〔註40〕李學勤認爲〈十大〉應該指此章章名，〈經〉是指第二篇篇名。〔註41〕魏啓鵬綜合這些說法，認爲此章「十句大經而自成一篇，篇名當爲《十大經》」，《十大經》「經」字下脫重文符號，原文殆爲「十大經【經】，《黃帝書》第二篇篇名應作《經》。〔註42〕這些推論或許都合於邏輯，作爲解釋文章旨意的參考，茲備一說。

第四節　　與《老子》甲本卷後古佚書的關係

　　帛書《老子》甲本卷後古佚書，原無篇題，整理小組按內容性質將之分爲四篇，第一篇約五千四百多字，講「仁、義、禮、智、聖」五行，內容思

　　　　〜290。
〔註38〕《馬王堆漢墓帛書：經法》（北京：文物出版社1976）。
　　　　《馬王堆漢墓帛書（壹）・〈老子乙本卷前古佚書〉》（北京：文物出版社，1980）。
　　　　裘錫圭說：「『十六經』過去釋作『十大經』，張政烺先生對帛書『六』『大』二字的字形作了仔細比對，認爲『經』上一字是『六』而非『大』。今據張先生的意見改正。」同注34（1980）。
〔註39〕傅舉有、陳松長編著的《馬王堆漢墓文物綜述》作「十五節」。同注2。
〔註40〕董英哲，〈《經法》等佚書是田駢的遺著〉，《人文雜誌》（1982.1），頁120〜128。
〔註41〕李學勤，〈馬王堆帛書《經法・大分》及其他〉，《道家文化研究》第3輯（上海：上海古籍出版社，1993），頁274〜282。又載於同注31，頁298〜308。
〔註42〕同注24，頁185〜186。

想近於儒家的思孟學派，題名「五行」；〔註43〕第二篇約一千五、六百字，以商湯、伊尹問對形式談九主，強調「法則明分」，是具有法家色彩的刑名之學，題名「明主」；第三篇約一千五百字，大旨強調積兵樹強的重要性，題名「明君」；第四篇缺損部分較多，約有四百字，內容與第一篇相關，題名「德聖」。

這四篇雖然抄在《老子》甲本卷後，但是它們既沒有篇題，各部分思想也沒有明顯的宗旨，所以李學勤將之視爲「《老子》之後的附抄」與位於《老子》乙本卷前的佚書四篇分別看待。〔註44〕

第二篇題名「九主」，以湯問伊尹問對形式，陳述九種君主，而特別重視法君。一般相信這篇就是《漢志・諸子略》道家類著錄的《伊尹》五十一篇的佚文，李學勤根據《史記・殷本紀》：「言素王九主之事」定名爲《伊尹・九主》。同時他也指出，這一篇與《管子・明法》、〈七臣七主〉思想傾向相近，強調守法，重視「明分」和「名」，與申不害、慎到的黃老刑名學有關，所以這一篇應屬於「黃老」刑名之學，其思想具有法家傾向，成書年代約在戰國中期或稍晚。〔註45〕後來學者陸續撰文，也都將這一篇納入戰國黃老作品來討論。〔註46〕以下以帛書〈九主〉稱之，述其大旨。

帛書〈九主〉的主旨是講治道，講君臣的職分。其理論架構與其它道家黃老思想一樣，也套在一個宇宙秩序來講。這個宇宙秩序稱爲「天乏（範）」，具體的法則稱爲「禮數四則」：「主法天，佐法地，輔臣法四時，民法萬物」，又稱爲「天之命四則」，意思是說，合於天命四則，「天綸乃得」。〔註47〕四則運用於治道就是「法君明分，法臣分定」的刑名說法，如：以君配天地（「神聖是則，以肥（配）天地」），立於一道，執名命之符節以聽下；君之佐，佐

〔註43〕1993 年湖北荊門郭店一號楚墓出土竹簡《五行》，據整理小組説明，其內容與馬王堆帛書《五行》的經部大體相同，而且簡本抄有篇題「五行」，可以補充説明帛書題名〈五行〉的正確性。
　　　　荊門市博物館，《郭店楚墓竹簡》（北京：文物出版社，1998），頁 149～154。
〔註44〕李學勤，同註31。
〔註45〕凌襄（李學勤筆名），〈試論馬王堆漢墓帛書〈伊尹・九主〉〉，《文物》（1974：11），頁 21～27。
〔註46〕陳麗桂，《戰國時期的黃老思想》（臺灣：聯經出版社，1991），頁 51～54。
　　　　余明光，〈帛書《伊尹・九主》與黃老之學〉，《道家文化研究》第 3 輯，（上海：上海古籍出版社，1993），頁 340～348。
　　　　魏啓鵬，〈前黃老形名之學的珍貴佚篇─讀馬王堆漢墓帛書《伊尹・九主》〉，《道家文化研究》第 3 輯，（上海：上海古籍出版社，1993），頁 330～339。
〔註47〕「天綸」又作「天倫」，《莊子・刻意》：「一之精通，合於天倫。」

助人君立命明分，并列百官之職；名分既定，臣各居其職，則邦以治，政如四時循環不息，萬物（民）得以生養矣。

若與帛書《黃帝書》比較，可以發現它們之間有相同或相近說法：

1. 刑名理論架構基本相同。帛書〈九主〉刑名說的理論架構，基本與帛書《黃帝書》相符，都是在宇宙秩序的大範圍下來規定君臣之職分，帛書〈九主〉說：「以无職并恥（聽）有職，主分也」，與帛書《黃帝書》說「无爲」以「應物」（〈十六經・？〉）「主執度，臣循理」（〈經法・六分〉），都是同樣的道理。

2. 商湯與伊尹問對形式，帛書《黃帝書》〈十六經〉也有黃帝與力黑（還有果童、闔冉）問對故事；黃帝「一人以配天」（〈十六經・立命〉），以四輔爲助（〈十六經・果童〉），伊尹受命於湯論法君，也以「君」配天地，以「佐」助君。

3. 帛書〈九主〉以法君法臣爲典範，評論其他君臣失位情形，帛書《黃帝書》以「六順六逆」講君臣當位與否（〈經法・六分〉），兩者內容形式有相關處，根據學者所說，帛書《黃帝書》時代在帛書〈九主〉之前，〔註48〕推論帛書〈九主〉說法受到帛書《黃帝書》的影響。學者都注意到《管子・七臣七主》與帛書〈九主〉內容形式相近，應該是《管子・七臣七主》藉鑑於帛書〈九主〉寫成。〔註49〕可見從「六順六逆」到「九主」、「七臣七主」，應有發展軌跡可尋。

但是帛書〈九主〉也有不同於帛書《黃帝書》的地方：

1. 關於道論與法。帛書〈九主〉套著天道理論形式講刑（形）名法則，沒有涉及天道內容。帛書〈九主〉的法指法則（禮數四則），是對君、佐、臣、民職分的規範，具有強烈的等級色彩，帛書《黃帝書》只有「諸陽者法天，諸陰者法地」（〈稱〉）所說的法則，性質與之相近，但是帛書《黃帝書》主體思想「法」，係通過天道內容來規範法度的。

2. 天的抽象義理化，君配天，天即道。帛書〈九主〉以君配天地（「神聖是則，以肥（配）天地」），天已經不是自然的天；帛書《黃帝書》的「天」，指的是日月星辰等自然界客觀變化規律，人主參天地，但未配天。〈九主〉的

〔註48〕 余明光，同注46。陳鼓應亦採其說，見《黃帝四經今註今譯》（臺灣：臺灣商務印書館，1995），頁14。

〔註49〕 見注45、46，李學勤和魏啓鵬說法。

「天」，性質比較接近《鶡冠子‧度萬第八》的說法：「所謂天者，非是蒼蒼之氣之謂天也，所謂地者，非是膊膊之土之謂地也。所謂天者，言其然物而无勝者也，所謂地者，言其物均而不可亂者也。」這兩種不同的「天地」意含，正說明了從帛書《黃帝書》到帛書〈九主〉對「天」不同的取義。

3. 「天乏（範）」、「天綸」說，將宇宙秩序倫理化。帛書《黃帝書》講「天理」，「四時有度，天地之李（理）也。」（〈經法‧論約〉）天理具有客觀規律性質；帛書〈九主〉講「禮數」，「禮數四則」強調等級地位；帛書《黃帝書》說：「盡天極，用天當」（〈經法‧國次〉），天極、天當強調合於天道客觀規律，帛書〈九主〉則以盡「天綸」即合於「天乏（範）」。

以上係附帶比較帛書《黃帝書》與帛書〈九主〉理論異同。之所以沒有納入本論文正題，主要帛書〈九主〉係《伊尹》五十一篇中的佚篇，應當放入《伊尹》書中討論。此篇雖經學者討論，認定是具有法家色彩的刑名學作品，但是與它同樣抄寫於《老子》甲本之前的作品性質卻不同，儒家作品〈五行〉在其前、講兵事的〈明君〉在其後，結尾也是儒家作品〈德聖〉，從四篇前後都有儒家作品來說，這或許是特別的安排，須要以四篇作整體討論，或者將來有新出土資料（包括《伊尹》書），可以解釋這四篇置於《老子》甲本前的原因。因此，本論文沒有將此四篇視為黃老作品列入主論文來討論。

進入正題前的說明：

1. 本論文帛書《黃帝書》原文，依據馬王堆漢墓整理小組（編），〈老子乙本卷前古佚書〉，載於《馬王堆漢墓文物》壹（北京：文物出版社，1980）

2. 引用古籍，注明書名篇卷，版本另見參考目錄。

3. 名詞的使用，大陸地區或與臺灣有不同，如辭彙，大陸作「詞匯」；託名，大陸作「托名」，依《漢志》應改為「託名」。為求行文一致，在引述學者文章時也都一併正以「辭彙」、「託名」。

4. 基於習慣用法，標示年代用「西元」。

第二章　帛書《黃帝書》成書年代、產生地域考

有關帛書黃帝書的書名篇名，我們已在第一章主張，應定名爲「帛書《黃帝書》」，以下文章即以此名稱之（若引學者原文，則仍以學者所命名稱稱之）。〔註1〕至於四篇思想是否爲一體系、可否爲一本書的問題，筆者採取正面的看法，第四章將有詳細的論證。在本章中，著力探討的是帛書《黃帝書》的成書年代、產生地域，因爲目前這些問題，一直處於未定論狀態，原因是：第一，《史記》中並沒有明確定義「黃老學」，對其源流及學術傳播狀況，說法有落差。第二，古史傳說如黃帝、蚩尤材料的運用，有斷代上的困難；戰國以來，不同的地域文化又有兼融的趨勢，以此作爲地域文化的歸屬，不容易精確。第三，漢初以前古書的形成與流傳，都經過長久的時間，現存傳本的面目，存在著後人對古書「增、修、編」等的情形。影響了學者對材料的眞僞判斷及斷代上的誤差。〔註2〕由於以上原因，造成用以論證的材料，都可能產生「對材料的不同理解，可以得出彼此相反的結論。」的情形，〔註3〕所以在論證中，特別要避免主觀獨斷。本章特別從學者的觀點及運用的材料，剖析其中矛盾處，采納合理的材料及觀點。同時，更進一步提出新材料、新觀

〔註 1〕學者所命名稱，包括帛書《黃帝書》、黃帝四經、黃老帛書等，參見本章附錄「學者研究一覽表」。

〔註 2〕李學勤，〈對古書的反思〉，《簡帛佚籍與學術史》（臺灣：時報文化出版社，1994），頁30～31。

〔註 3〕白奚，〈常見的論證方法之局限〉，《稷下學研究》（北京：三聯書店，1998），頁98。

點，使可能的模糊帶縮小，結論更趨精確化。本章附錄「表一、成書年代爲戰國晚期初之推論表」、「表二、學者研究帛書《黃帝書》成書年代、產生地域及作者一覽表」，以簡明扼要方式羅列論點，並附圖「戰國時期淮泗地區」，作爲對照參考。

第一節　成書年代考

　　帛書《黃帝書》，唐蘭首先認定四篇即《漢書藝文志》道家類中的「黃帝四經」，同時也是《史記》所記最早的「黃老言」，〔註4〕於是學界乃掀起一陣探討「黃老學」的熱潮。帛書《黃帝書》被學者公認爲黃老學的代表作品，而且學者大都將其成書的時代等同於黃老學的起源，可見帛書《黃帝書》成書時代的重要性。

　　由於先秦沒有「黃老」之稱，對於「黃老學」的起源與傳播，都要依最早紀錄黃老學的《史記》。但是《史記》中對於「黃老學」的源流說法卻有三種：第一，在〈申韓列傳〉中，說韓相申不害之學「本於黃老而主刑名。」；第二，在〈孟荀列傳〉中說慎到、田駢、接子（接予）、環淵這些稷下學士「學黃老道德之術，因發明序其指意。」；第三，在〈樂毅列傳〉又說「樂巨公學黃帝老子，其本師號曰河上丈人，不知其所出。」於是學者便根據申不害、慎到、樂巨公的年世來推斷黃老學的起源，而有了戰國中期以前、中期、晚期的說法，詳細內容如下：

一、學者說法評析

　　儘管有學者對帛書《黃帝書》體裁是否統一、是否一時之作提出許多看法，但是基本上他們都同意帛書《黃帝書》的主體思想，大抵是推衍老學的道論，完成刑名治國的根本大法，這樣的一個思想體系。所以筆者以爲，對於此書成書年代的推斷，當以此思想體系具雛型時爲上限，四篇成書時爲下限，用這樣的標準來推論考定。根據這個標準，筆者將學者對成書年代的看法，依戰國中期以前、戰國中期、戰國晚期至秦漢間、漢初及其他，分爲四類，評析其說法的合理與矛盾處，作爲筆者推論帛書《黃帝書》成書年代的參考基礎。

〔註4〕唐蘭，〈馬王堆乙本卷前古佚書的研究〉，《考古學報》（1975：1），頁7～16。

　　按：本論文所述之戰國時代，採用起自孔子卒後一年（478B.C.）至秦統一天下（221B.C.），分初、中、晚三期，三期劃分依照錢穆《先秦諸子繫年》〈諸子繫年通表〉，〔註5〕初期西元前 478～371 年，共 108 年；中期西元前 370～301 年，共 70 年；晚期西元前 300～221 年，共 80 年。本論文所提及之先秦諸子，其生卒繫年，如果沒有特別說明，則依錢穆同上引書〈諸子生卒年世約數〉為準。

（一）戰國中期以前

　　主張戰國中期以前的說法，主要有以下幾點：

1. 帛書《黃帝書》早於申不害、慎到。
2. 帛書《黃帝書》早於《孟子》、《莊子》內篇。
3. 帛書《黃帝書》早於《管子》四篇。
4. 《國語・越語下》所記為戰國初期范蠡思想。
5. 帛書《黃帝書》在長沙子彈庫楚帛書之前。
6. 《史記》申、慎列傳與樂毅列傳中所說的黃老系統不同。

　　按：以上所列篇章，除了《孟子》、《莊子》內篇外，都與帛書《黃帝書》思想內容相關。《孟子》、《莊子》內篇，此二者雖非黃老作品，但是因為著作時代確切，可以反映當代的思想特色，以佐證帛書《黃帝書》的成書年代，這是在陳述學者說法前必須先說明的。

　　以下分 6 點分別陳述與評析學者說法：

　　第 1 點，帛書《黃帝書》早於申不害、慎到的問題。

　　唐蘭認為帛書《黃帝書》即《黃帝四經》，屬於黃老之言的黃帝言，它是黃老學之祖，因為《史記》提到最早學黃老的是申不害，《史記・老莊申韓列傳》說：「申子之學，本於黃老而主刑名。」所以申不害學的黃老就是帛書《黃帝書》及老子。至於它成書時代，依申不害相韓時為西元前 351 年，唐蘭因此推斷「黃帝之言……其下限不能延到申不害時代。」也就是「西元前 400 年前後」。〔註6〕

　　【評析】如果這種說法能成立，則須說明司馬遷所說「本於黃老」的「黃」是指《黃帝四經》（帛書《黃帝書》），或者將《申子》之言與帛書《黃帝書》

〔註5〕錢穆，《先秦諸子繫年考辨》〈先秦諸子繫年通表〉通表第一、二、三（臺灣：東大出版社，1990），頁 527～576。以後提及則以《繫年》簡稱。

〔註6〕唐蘭，同注4，頁 10。

比對其思想之「本」。先說比對《申子》：由於《申子》已佚，依據現存馬國翰《玉函山房輯佚書》輯佚內容，並無法得出具體的結論，甚至有學者對其是否本於帛書《黃帝書》持完全相反的看法，〔註7〕所以分析申不害的學說，應該要以史載或諸子書的材料為主，再旁證輯佚之文，如此，才能說明司馬遷所說申子之言「本於黃老」的「黃」與帛書《黃帝書》的關係程度，並且回應評析唐蘭說法。

　　從現存《韓非子》相關的材料內容來看，《韓非子‧定法》說：「申不害言術，而公孫鞅為法。術者，因任而授官，循名而責實，操生殺之柄，課群臣之能，此人主之所執。法者，憲令著於官府，刑罰必於民心，賞存乎慎法，而罰加乎姦令者也，此人臣之所師。」〈外儲說右上〉又載申子進術於韓昭侯，因其所好而設計御下之術。可見《韓非子》是將申不害用術與商鞅行法分為兩家看待。但是《史記‧申韓列傳》說：申子之學「主刑名」，韓非「喜刑名法術之學」，〈商鞅列傳〉又說：商鞅「少好刑名之學」。〔註8〕於是就有學者將「刑名」都看成一樣，並稱申商之法。〔註9〕《史記‧申韓列傳》集解引《新序》也注意到了這個問題，說：申子之書「號曰術，商鞅所為書號曰法，皆曰刑名，故號曰刑名法術之書。」已指出申、商雖同稱「刑名」，但有術、法的差異，錢穆《先秦諸繫年‧申不害考》也認為一般以申、商並稱法家，其實兩者學術絕不相符，他說：「申子以賤臣進，其術在於微視上之所說以為言⋯⋯其歸在於用術以御下，與往者商鞅吳起變法圖強之事絕不類。」認為司馬遷所說「申子卑卑，施之於名實。」正是指此。而申子之後，「游士既漸

〔註7〕認為申不害學術出自帛書《黃帝書》的，如曾振宇，他指出《申子》思想中的「道論、正名、因循無為」與帛書《黃帝書》相通相近。但是他也點出申不害非黃老學者，而是「術家」，其學主要是「1.主張君主獨斷。2.馭臣之術。」說見〈申不害術家說再認識〉，《文史哲》（1994‧6），頁18。
　　　反對申不害學術出自帛書《黃帝書》的，如劉澤華，他認為司馬遷在申、慎列傳中說的「黃老」是廣義的黃老，申、慎佚文中並沒有將黃帝、老子思想結合起來，與帛書《黃帝書》已將二者作完美的結合，有明顯的時代先後距離。說見《中國政治思想史》先秦卷，（浙江：浙江人民出版社，1996），頁416～417。

〔註8〕《史記‧商鞅列傳》稱商鞅「少好刑名之學」，據桓譚《新論》謂商鞅受李悝《法經》以相秦，錢穆《繫年》考其年世在李悝晚世，或先卒，商鞅不及見，蓋聞聲私淑。證明《史記》所說「刑名」之指。《法經》已佚，據《晉書‧刑法志》所說，李悝之法指刑罰律文，此亦「刑名」之義。

〔註9〕《鹽鐵論‧申韓》：「申子任法，其說與商君同符。」

盛，爭以投上所好，而漁獵釣勢，在上者乃不得不明術以相應。」「申子之前，固猶無需乎虛無因應，變化無爲，若黃老道德之所稱也。」〔註10〕郭沫若在《十批判書・前期法家的批判》中也持申、商學術相異的看法，甚至將申子從法家中劃出，稱爲「術家」。〔註11〕

釐清了申不害的刑名之學與「術」的關係，有助於探討「申子之學，本於黃老而主刑名」的涵義。依上所論，申不害的術，是考核督責臣下的方法，稱爲「形名」，如《韓非子・揚權》所說：「君操其名，臣效其形。形名參同，上下和調。」同書〈定法〉也說：「申不害……雖用術於上，法不勤飾（飭）於官之患也。」有學者根據《淮南子・要略》認爲「形名之術起於申不害，是申不害爲解決韓國新舊制度間的矛盾而創行的方法。」〔註12〕侯外盧《中國思想通史》說：「法家和道家的關係密切，也不是偶然的，尤其涉及『術』的思想，所謂『君人南面之術』（《漢書藝文志》），正是兩者相結合的產物。」〔註13〕所以說申不害的思想可能是道法思想的過渡，〔註14〕通過申不害的術，才會產生成熟的「道生法」思想，如帛書《黃帝書》者。至於申不害之前，是否有黃老思想，在無法找到更確切的證據之前，也不能斷言絕對沒有，或許依許抗生的說法，可以保留一定的彈性：

> 申不害本刑名、尚無爲，其學說是「本於黃老」系統的……黃老之學應當至遲在西元前四世紀中葉就已經出現。書缺有間，我們對於申不害的黃老之學傳布的具體狀況，尚難作出具體的推斷；但可以肯定，到了齊宣王之時（西元前 320 年至西元前 302 年），黃老之學確已盛行于世了。〔註15〕

「『本於黃老』系統」，這「系統」一辭，便把黃老學之祖與帛書《黃帝書》

〔註10〕錢穆，同注5，〈申不害考〉，頁 239～240。

〔註11〕郭沫若，《十批判書》〈前期法家的批判〉，（人民出版社，1954）文中說：「申子雖被漢以後人稱爲法家，其實他和李悝、吳起、商鞅等的傾向完全不同，嚴密地說時應該稱爲術家的。」

〔註12〕葛志毅、張惟明，《先秦兩漢的制度與文明》〈黃老帛書與黃老之學考辨〉（黑龍江：黑龍江教育出版社，1998），頁 164。

〔註13〕侯外盧主編，《中國思想通史》第一卷（北京：北京人民出版社，1959），頁 596。

〔註14〕《漢書・藝文志》說愼到「先申韓，申韓稱之。」於是有學者便主張「申不害和韓非所稱乃是愼到的黃老之言。」（白奚，同注3，頁 138）其實這是《漢志》之誤，據《史記》，申不害年世固在愼到前。

〔註15〕許抗生，〈略說黃老學派的產生和演變〉，《文史哲》（1979：3），頁 71。

關係拉開來，應該是比較持平的看法。

此外，帛書《黃帝書》強調統一及「帝」的說法，也與《申子》時代不同。申不害「學術以干韓昭侯，爲相十五年，國治兵強，無侵韓者。」(《史記・申韓列傳》)他和商鞅都是富國強兵的能臣，依照他們尊君的思想，在時代推波下，必然強調一統與稱帝，但是考察申、商之言並沒有此現象。〔註16〕余明光從時代性也看出其中的差異，因此，他對唐蘭的說法也作了修正，他認爲：「《四經》中所反映的這一歷史主題（按：指強調統一與帝），正好說明它成書的年代，是與《孟子》書處於同一時期，即戰國中期左右。」〔註17〕也就是說，他將成書時代已挪後爲孟子時代，屬於戰國中期以後，六國稱王的劇變時代。余明光不再堅持帛書《黃帝書》在申不害之前，這種說法應該是比較合理的。因爲申、商死時，孟子尙有三十幾年年壽，〔註18〕韓、秦新君稱王，尙在申商死後十幾年，〔註19〕至於六國稱王，〔註20〕非申、商年世所及。孟子見梁惠王，說「不嗜殺人者能一之。」(《孟子・梁惠王》)已是西元前 320 年，〔註21〕《史記・孟荀列傳》記孟子到了晚年才退而與萬章之徒著書立說，〔註22〕則《孟子》書成於戰國中晚期以後，更可旁證孟子的一統觀念，也是在晚年時受時局影響而有此言。

所以根據以上論點，唐蘭以《申子》之言本於黃老的「黃」是帛書《黃帝書》，帛書《黃帝書》是黃老學之祖的說法是不能成立的。

至於帛書《黃帝書》是否早於愼子的問題，根據《史記・孟荀列傳》的

〔註16〕 《史記・商鞅列傳》載商鞅以「帝王之道」說秦孝公希望孝公能「比德於殷商」，孝公稱「久矣吾不能待」。可見商鞅的帝王之道指儒者所稱的殷商賢君，非帛書《黃帝書》〈十六經〉的黃帝面貌。

〔註17〕 余明光，《黃帝四經與黃老思想》，（黑龍江：黑龍江人民出版社，1989），頁20。

〔註18〕 申不害比商鞅晚一年死，孟軻還有三十幾歲的年壽。據錢穆，〈諸子生卒年世約數〉，申不害西元前 400～337 年，商鞅西元前 390～338 年，孟軻西元前 390～305 年。同注 5，頁 617。

〔註19〕 據錢穆考證，秦惠文王十三年，西元前 325 年，秦稱王。同年，韓宣惠王八年，韓稱王。同注 5，〈秦始稱王考〉、〈韓始稱王考〉。

〔註20〕 《史記・魯世家》記魯平公元年，六國皆稱王。時西元前 322 年。

〔註21〕 錢穆，同注 5，〈孟子遊梁考〉。

〔註22〕 《史記・孟荀列傳》：「齊威王、宣王，用孫子、田忌之徒，而諸侯東面朝齊，天下方務合從連橫，以攻伐爲賢。而孟軻乃述唐虞三代之德，是以所如者不合。退而與萬章之徒，序詩書，述仲尼之意，作孟子七篇。」

材料：「（稷下先生）慎到趙人，田駢、接子齊人，環淵楚人。皆學黃老道德之術，因發明序其指意。故慎到著十二論，環淵著上、下篇，而田駢、接子皆有所論焉。」慎子也學黃老道德之術。於是有學者根據《漢志》著錄「慎子」書自注：「先申韓，申韓稱之。」這一條材料，認爲慎到比申不害年世早，又《四庫全書》說慎到思想爲「道法之轉關」，可見慎到對黃老學的發展有突出性的理論貢獻。既然申、韓所稱乃是慎到的黃老之言，而帛書《黃帝書》作爲黃老學的奠基之作，時代應該比慎到更早。〔註23〕但是此說法根據的史料（「先申韓」）及學者的論證，並無法明確說明慎到年世早於申不害，實際上慎到等人是齊宣王時得意於稷下的學士，他們的年世已在戰國中期約西元前 350 年以後，〔註24〕所以慎子年世並不早於申子，於慎子所學黃老道德術與帛書《黃帝書》的關係，移於下文「（二）戰國中期」來討論。

【結語】根據上述評析推論，申不害所「本」的黃老，應該解作「黃老系統」，而非指帛書《黃帝書》。

第 2 點，帛書《黃帝書》是否早於孟、莊內篇的問題。

陳鼓應主張成書時代在戰國中期或以前，理由與孟、莊有關：〔註25〕第一，「戰國中期及以前的子書不使用『道德』、『精神』、『性命』等複合詞，而後期的子書則使用。」他舉出《孟子》、《莊子》內篇均無以上幾個複合詞，而在《莊子》外雜篇及《荀子》則出現了這幾個複合詞。根據這點來考察《黃帝四經》，出現「道」、「德」、「精」、「神」、「性」、「命」，卻無「道德」、「精神」、「性命」的複合詞出現。「這四篇帛書寫成於戰國中期或以前，至少與《孟子》、《莊子》內篇同時。」第二，在《黃帝四經》，氣的概念尚未形成一個獨立的範疇，如《經法・觀》中的「夜氣」只是普通名詞，到了《孟子》卻發展成「浩然正氣」。《莊子》全書中「氣」都是重要概念，故《黃帝四經》較《莊子》內外篇都要早。

【評析】關於上述第一項，只能證明帛書《黃帝書》成書在《莊子》外雜篇及《荀子》之前，並不能證明早於《孟子》、《莊子》內篇，這點論者也已說明「至少與《孟子》、《莊子》內篇同時」。又，陳鼓應在〈先秦道家研究

〔註23〕白奚，同注3，頁 138、97。
〔註24〕根據《史記・孟荀列傳》、《鹽鐵論・論儒》說法及錢穆《繫年》〈慎到考〉。
〔註25〕陳鼓應，《黃帝四經今註今譯》〈關於黃帝四經成書年代等問題的研究〉（臺灣：臺灣商務印書館，1995），頁 35～37。

的新方向〉一文中指出，孟軻晚年才與萬章之徒著書立說。〔註26〕時在孟軻去齊之後，即齊宣王八年，西元前 312 年以後，〔註27〕其時代已是戰國中期偏晚，若說「至少與《孟子》、《莊子》內篇同時」，根據《孟子》著書年代的說法，並無法推論出「四篇帛書寫成於戰國中期或以前」的結論。第二項，帛書《黃帝書》中「氣」的概念未形成獨立的範疇問題：「氣」字在帛書四篇中出現五次，「血氣」（〈十六經·五正〉）、「氣者心之浮也」（〈十六經·行守〉）「星辰雲氣」（〈道原〉），此三次顯然沒有哲學意含，然而，〈十六經·觀〉提到「地氣」、「夜氣」，此章主要呈現陰陽與刑德思想結合的特徵，「氣」在其中已經具有特殊意含，譬如「地氣」，〈十六經·觀〉說：

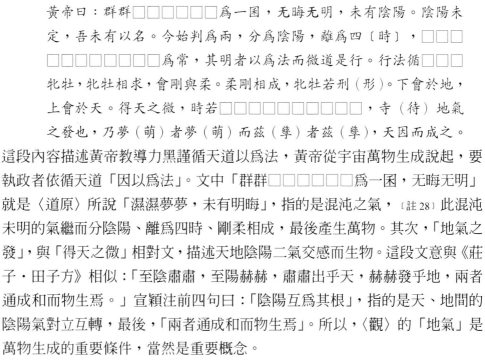

> 黃帝曰：群群□□□□□爲一囷，无晦无明，未有陰陽。陰陽未定，吾未有以名。今始判爲兩，分爲陰陽，離爲四〔時〕，□□□□□□□□□爲常，其明者以爲法而微道是行。行法循□□□牝牡，牝牡相求，會剛與柔。柔剛相成，牝牡若刑（形）。下會於地，上會於天。得天之微，時若□□□□□□□□□□，寺（待）地氣之發也，乃夢（萌）者夢（萌）而茲（孳）者茲（孳），天因而成之。

這段內容描述黃帝教導力黑謹循天道以爲法，黃帝從宇宙萬物生成說起，要執政者依循天道「因以爲法」。文中「群群□□□□□爲一囷，无晦无明」就是〈道原〉所說「濕濕夢夢，未有明晦」，指的是混沌之氣，〔註28〕此混沌未明的氣繼而分陰陽、離爲四時、剛柔相成，最後產生萬物。其次，「地氣之發」，與「得天之微」相對文，描述天地陰陽二氣交感而生物。這段文意與《莊子·田子方》相似：「至陰肅肅，至陽赫赫，肅肅出乎天，赫赫發乎地，兩者通成和而物生焉。」宣穎注前四句曰：「陰陽互爲其根」，指的是天、地間的陰陽氣對立互轉，最後，「兩者通成和而物生焉」。所以，〈觀〉的「地氣」是萬物生成的重要條件，當然是重要概念。

接下來說「夜氣」，上引同篇〈觀〉說：

> □□贏陰布德，□□□□民功者，所以食之也。宿陽脩刑，童（重）陰長夜氣閉地繩（孕）者，〔所〕以繼之也。夫並時以養民功，先

〔註26〕陳鼓應，同注25，頁11。

〔註27〕錢穆，同注5，〈孟子去齊考〉。

〔註28〕李學勤引〈道原〉開首：「文中『濕』疑爲『混』之誤，『夢夢』猶云『芒芒』，《莊子·繕性》崔注：混混芒芒，未分時也。」說見〈帛書道原研究〉，載於《馬王堆漢墓研究文集》（湖南：湖南出版社，1994），頁 1～5。

德後刑，順於天。

依帛書整理小組的看法，這一段是陰陽刑德的論述。整理小組引《管子・四時》「陽爲德、陰爲刑」詮釋說：「陽氣極盛時陰氣即開始萌生，與此相應，德亦將爲刑所代替，反之亦然。帛書謂『贏陰』之時，當『布德』；『宿陽』之時，當『脩刑』，蓋以此故。」此說極是。依此，「夜氣」句當斷爲「童（重）陰長、夜氣閉、地繩（孕）」，意思如《淮南子・天文》：「晝者陽之分，夜者陰之分。」以及同書〈原道〉所說：「與陰俱閉，與陽俱開。」整句解釋是「陰氣極盛，深夜盡、地氣閉合，正是地氣在蘊釀由陰轉陽之時。」在此處，夜氣與陰陽概念聯系，具有陰陽刑德的內涵，已不是普通名詞。

金春峰以「帛書思想的核心是陰陽刑德思想。」〔註29〕此說極是，因爲陰陽學說的基本理論是：將觀察天文自然所得，構築成天道思想，並與人事結合，以爲執政者「敬授民時」、「四時教令」的依據，〔註30〕帛書《黃帝書》的論述框架也基本如此，只是它沒有將陰陽與五行結合，成爲鄒衍一派的陰陽家，因此學者推論：「《四經》將前人零星的有關思想材料系統化，完整地表達出來……連同敬授民時的理論一起，正是後來被成爲四時教令思想的全部內容。四時教令的思想在《四經》中尚未完全成熟，但已基本確立，後來的《管子》將其進一步發揮發展，成爲鄒衍學說的重要理論來源。秦漢時期的重要著作《呂氏春秋》、《淮南子》和《春秋繁露》都深受其影響。」〔註31〕正說明帛書《黃帝書》在陰陽學說發展史上的重要性。

至於「夜氣」在《孟子》書中發展成「浩然正氣」，是否可以斷定帛書《黃帝書》在《孟子》之前？首先，根據帛書《黃帝書》陰陽刑德思想的色彩，它的成書時代應當更接近戰國晚期的作品《管子》〈四時〉、〈五行〉，試引文說明之。〈四時〉說：

陰陽者，天地之大理也；四時者，陰陽之大經也。刑德者，四時之合也。刑德合於時，則生福，詭則生禍。

〈五行〉說：

通乎陽氣，所以事天也。經緯日月，用之於民。通乎陰氣，所以事

〔註29〕金春峰，《漢代思想史》〈帛書黃帝四經的思想和時代〉（北京：中國社會科學出版社，1997），頁38。

〔註30〕「四時教令」語出《史記》〈論六家要指〉論陰陽家；「敬授民時」語出《漢書・藝文志》陰陽家。

〔註31〕白奚，同注3，頁135。

地也。經緯星曆，以視其離。通若道然後有行。

〈十六經・觀〉：「重陰長夜氣閉地孕」，正是〈五行〉：「通陰氣以事地」的觀念；「先德後刑，順於天」（〈觀〉），則與〈四時〉：「陰陽刑德合時」的思想相應，都與陰陽家「敬授民時」思想相關，所以帛書《黃帝書》的時代應該更接近〈四時〉、〈五行〉篇，屬於陰陽五行學說成立之前的作品。

其次，《孟子》「夜氣」說雖然發展為「浩然之氣」，但屬於修養論；正如《莊子》內篇中的「氣」論發展成人生觀，兩者都沒有帛書《黃帝書》中的陰陽刑德思想。反而到了《莊子》外雜篇、〔註32〕《管子》〈四時〉、〈五行〉，這些晚出的篇章中才出現陰陽刑德一類思想。

【結語】由此可以說明，帛書《黃帝書》成書晚於《孟子》、《莊子》內篇。

第3點，帛書《黃帝書》早於《管子》四篇的問題。

《管子》四篇〈心術上〉、〈心術下〉、〈內業〉、〈白心〉，首先是由郭沫若將它們從今本《管子》八十六篇中分出，斷定它們是稷下黃老學者宋鈃、尹文一派的著作。〔註33〕這樣的說法曾經獲得許多學者的認同，〔註34〕但是也有愈多的學者認為不是宋鈃、尹文遺著，不應將兩人劃歸黃老學派，主張者如馮友蘭、張岱年、朱伯崑等，〔註35〕後來，隨著馬王堆帛書《黃帝書》的出土，比較兩者的研究論文愈來愈多，學者的主張多已趨向認為《管子》四篇應該是稷下學宮的產物，屬於道家黃老學，於成書時代應該在戰國晚

〔註32〕 如上文所舉〈田子方〉的「地氣」說。「虛靜配陰陽」說，也是帛書《黃帝書》的思想重心，《莊子》〈天道〉〈刻意〉等篇都有相似思想。《管子》四篇也有這種情形，論者以為四篇當屬戰國晚期作品。見下文討論。關於《莊子》外雜篇中的黃老思想，也可以作為旁證帛書《黃帝書》成書年代，但它仍屬於《莊子》系統，當另文討論。

〔註33〕 郭沫若，他據《莊子・天下》所記宋鈃、尹文一系，彭蒙、田駢、慎到一系，關尹、老聃一系，視為稷下黃老學的三派，其中宋鈃、尹文著作了《管子》四篇，說見〈稷下黃老學派的批判〉，同注11。

〔註34〕 早期學者如劉節，《古史考存》，1958年：杜守素，《先秦諸子批判》，1950年：潘富恩、施東昌，〈論宋尹學派形而上的思想特徵〉，《復旦學報》，1908年5期。見陳師麗桂，《戰國時期的黃老思想》〈管子中的黃老思想〉，（臺灣：聯經出版社，1991），頁113～114。

〔註35〕 馮友蘭，《中國哲學史新編》第二冊（臺灣：藍燈書局，1991），頁107。張岱年，《中國哲學史史料》，（北京：三聯書店，1982），頁48。朱伯崑，〈管子四篇考〉，載於《中國哲學史論文集》第一輯（山東：山東人民出版社，1979），頁107～123。

期，〔註36〕可見，如能確定《管子》四篇的時代，對於推論帛書《黃帝書》
的成書年代有很大的助益。因爲，帛書《黃帝書》的思想及語句，與《管子》
四篇的密合度高，根據學者研究，多認爲是《管子》四篇承襲帛書《黃帝書》
（如許抗生、王博等）。所以只要確立《管子》四篇的成書年代，帛書《黃
帝書》下限年代便可確定。茲歸納整理主張《管子》四篇完成於戰國晚期的
論證如下：

（1）王博認爲「四篇吸收了宋鈃、尹文、愼到、田駢及接予等的學說，
它一定要較它們晚。」同時引述李存山對《管子》四篇與《莊子》
比對研究的結論作爲輔證，李文說：「《管子》四篇不僅『揣摩』過
《莊子》內篇，而且『揣摩』過《莊子》外、雜篇中的較早作品。」
〔註37〕因此結論《管子》四篇創作年代「在戰國後期，《莊子》之
後，《繫辭》寫作之前。」〔註38〕丁原明也引李存山意見，認爲《管
子》四篇作爲稷下黃老學的綜合，它比田駢、愼到、接子、環淵的
學說，要產生得更晚。〔註39〕

（2）陳鼓應引許抗生的意見，也認爲《管子》四篇晚於帛書《黃帝書》。
許抗生以「道」、「氣」、及「虛靜」三方面，論證《管子》四篇承襲
發展帛書《黃帝書》三篇（〈十六經〉除外的三篇）的思想。第一，
《管子》四篇繼承了〈經法〉等所講的「道」爲「虛无形」，認爲「虛
无无形謂之道」並解釋「天之道，虛其无形，虛則不屈，无形則无
所位㳄，〔註40〕无所位㳄，故徧流萬物而不變。」（〈心術上〉）這樣

〔註36〕也有例外主張在戰國中期，《孟子》之前的，如白奚，同注 3。但因他仍以郭
　　　　沫若說法爲據，所以在這部分不討論其意見。

〔註37〕李存山，《中國氣論探源與發微》，（北京：中國社會科學出版社，1990），頁
　　　　155。

〔註38〕王博，〈黃帝四經與管子四篇〉，《道家文化研究》第 1 輯（1992），頁 199～213。
　　　　按王博師朱伯崑說法：《繫辭》文先秦已有，今本《繫辭》非出一時一地一人
　　　　之手，其成書下限年代在秦漢之際。見朱伯崑，〈帛書本繫辭文讀後〉，《道家
　　　　文化研究》第 3 輯（1993），頁 36～46。

〔註39〕丁原明，《黃老學論綱》，（山東：山東大學出版社，1998），頁 69～70。他推
　　　　斷，《管子》四篇產生在莊周卒年西元前 286 之後。但是他主張帛書《黃帝書》
　　　　是南方黃老學，不出於稷下，所以不存在稷下黃老學影響南方黃老學發展的
　　　　問題。

〔註40〕王引之以「位」當作「低」，「低　」即「抵　」也。下同。說見郭沫若等《管
　　　　子集校》下冊，頁 642。

的解釋比〈經法〉更進了一步。第二,《管子》四篇第一次明確地肯定了「道」即是物質性的精氣或氣。〈經法〉說:「道者,神明之原也。……建於地而洫（溢）於天,莫見其刑（形）,大盈冬（終）天地之間而莫見其名。」四篇則清楚地回答這充滿天地之間,具有無限神妙功能的就是「精氣」,〈內業〉說:「凡物之精,比則爲生。〔註41〕下生五谷,上爲列星;流于天地之間,謂之鬼神;藏於胸中,謂之聖人。是故此氣……。」「精也者,氣之精者也。」。第三,《管子》將〈經法〉的「虛靜」思想進一步,提出「靜因之道」的學說。〔註42〕後來,許抗生又提出〈內業〉有「道德」連用的複合詞,在帛書《黃帝書》中沒有這種現象。補充說明了他的論點。〔註43〕

（3）王博也提出相近於許抗生的說法,同時他注意到帛書《黃帝書》中「當」字的特殊性,〈白心〉:「建當」、「非無當,雖利不行。」「當」的用法應是承襲帛書《黃帝書》而來。

【評析】以上說法,特別要提到許抗生的意見,他曾主張帛書《黃帝書》完成時間不同,〈經法〉等三篇在戰國中期,〈十六經〉的時代在戰國後期,「很可能尚在韓非思想產生之先。」因爲,〈十六經〉中討論統一問題,以及刑德思想,都是戰國後期的特徵。〔註44〕關於統一問題,余明光也曾就這個問題提出看法,如本節（一）第 1 點;關於刑德思想,根據本節（一）第 2 點論述刑德思想的時代特色,都可以說明許文的疑慮是有道理的,即,帛書《黃帝書》的成書年代並非在戰國中期。但是帛書《黃帝書》成書年代有沒有晚到韓非思想產生之前?依照前面學者所得的結論,《管子》四篇完成於戰國晚期,其上限是《莊子》外雜篇早期作品,下限是《繫辭》完成之前,因此,帛書《黃帝書》成書年代有沒有晚到韓非思想產生之前。

【結語】論證到此,我們大抵可以推論帛書《黃帝書》成書時代,即:下限在《莊子》外雜篇早期篇章之前,上限約在《孟子》、《莊子》內篇之後。

〔註41〕「凡物之精」的「凡」,張舜徽校爲「氣」,讀作「氣,物之精」,說見《周秦道論發微》（臺灣:木鐸出版社翻印,1983）,頁 278。比,戴望《管子校正》作「此」。

〔註42〕許抗生,同注15。

〔註43〕許抗生,〈黃老之學新論讀後的幾點思考〉,《管子學刊》（1993:1）,頁 64～67。

〔註44〕同注15,這是許抗生1979年的觀點,後來1993年的文章則稱「四篇古佚書成書於戰國中期」,見注43。

也就是《荀子》時代或稍前。帛書《黃帝書》早於《管子》四篇，而且兩者時代接近，《管子》四篇完成於戰國晚期。

第4點，《國語・越語下》所記爲戰國初期范蠡思想的問題。

由於〈越語下〉所記范蠡之言與帛書《黃帝書》內容重出頗多，學者一般都認爲是帛書《黃帝書》引〈越語下〉，將〈越語下〉作爲戰國初年的范蠡思想，〔註45〕其思想可以說是道家黃老之學的雛型。〔註46〕因此，推斷帛書《黃帝書》成於戰國中期以前的學者，更是重視這條材料。

【評析】根據帛書整理小組引〈越語下〉對照帛書《黃帝書》的材料統計：〈經法〉五次，〈十六經〉十二次，〈稱〉三次，〈道原〉零次，總共有二十次。這些與〈越語下〉相似的材料，其基本論點與〈越語下〉的篇旨相符，都是講「天道環周」的思想。魏啓鵬認爲：〈越語下〉代表戰國初年范蠡的思想，「而由范蠡總其成的天道環周理論，則作爲吳越爭霸的思想成果，形成了最早的黃帝之言學派。」〔註47〕李學勤引侯外廬主編的《中國思想史綱》及任繼愈主編的《中國哲學發展史》，說明兩書對范蠡的天道思想都有相同的看法，即從自然規律來理解「天道」，並且將原理應用到軍事思想，以強調「時」的概念來突顯在戰爭中及時掌握時機的重要性。〔註48〕魏啓鵬、李學勤的說法基本已總歸學者的看法，有其肯切性，尤其是指出〈越語下〉范蠡的天道思想是帛書《黃帝書》的前驅。

但是肯定〈越語下〉是范蠡的思想，並不代表〈越語下〉成書於范蠡時代，以現有的材料來看，似乎還不足以論證〈越語下〉出於戰國初年。尤其〈越語下〉的天道思想，「古之善用兵者，贏縮以爲常，四時以爲紀。无過天極，究數而止。天道皇皇，日月以爲常。明者以爲法，微者則是行。」其中「贏縮」是天文專門術語，指的是行星運動的疾或遲，又稱「逆行」（依規則運動稱「順行」）。〔註49〕根據研究古天文的學者說法，大約在戰國中期西元

〔註45〕除了唐蘭、龍晦外。唐蘭認爲〈越語下〉晚出，是〈越語下〉引帛書《黃帝書》。唐蘭，同註4。龍晦認爲帛書《黃帝書》引用的是《漢志》所載《范蠡》二篇，但此書已佚。龍晦，〈馬王堆出土《老子》乙本前古佚書探原〉，《考古學報》（1975：2），頁23～31。

〔註46〕陳鼓應引王博語，同註25，頁43。

〔註47〕魏啓鵬，〈黃帝四經思想探源〉，《中國哲學》第4輯（1980），頁188。

〔註48〕侯外廬主編，《中國思想史綱》上冊，（中國青年出版社，1980），頁39。任繼愈主編，《中國哲學發展史》先秦卷（北京：人民出版社，1980），頁130～131。

〔註49〕《史記・天官書》。

前 360 年間，天文家測度五行星的運行，發現行星有逆行的現象。〔註 50〕之後天文學家根據此發現製定新曆，帶動了當時代的曆法改革風潮。〔註 51〕曆法新制的發明，標誌著科學技術的進步，軍事、政治思想也隨之躍進。關於此點，在下文中會詳細引述資料，在第三章中還有專論。這裏用以說明，文獻中出現「贏縮」的時代，應當是戰國中期以後的觀念，譬如屬於戰國中、晚期時代的長沙子彈庫楚墓，其出土的帛書有關日月星辰「贏縮逆亂」的記載，以及時代更晚，對五星運行逆留現象記載更完備的馬王堆帛書《五星占》，都可以說明天文學家對行星運行的觀測日益進步的情形。可見，〈越語下〉有關「贏縮」的天道思想與用語，正好說明其成書時代不會早於戰國中期，因為新的天文辭彙應當是後人嵌入文中的。

現在回到帛書《黃帝書》。它不但有「贏縮」、「逆順」的天道思想，而且還將之法則化，提出「動靜不時謂之逆」、「逆則失天」（〈經法・四度〉），以及「贏陰布德」（〈十六經・觀〉）的陰陽刑德思想。前面提到，〈越語下〉范蠡的天道思想是帛書《黃帝書》的前驅。

【結語】現在我們可以進一步說，〈越語下〉成書時代在戰國中期西元前360 年以後，則帛書《黃帝書》應當是要更晚的。

第 5 點，帛書《黃帝書》在長沙子彈庫楚帛書之前的問題。

長沙子彈庫楚帛書，學者簡稱「楚帛書」。由於楚帛書記述四時形成的概念、記述天象的用語，和帛書《黃帝書》有相似處，所以李學勤、王博、丁原明等據此主張帛書《黃帝書》是南方作品，且成書在戰國中期以前。關於帛書《黃帝書》的地域，下文還有討論，在此先就其成書時代探討。

【評析】楚帛書是迄今唯一見到的戰國古文帛書，根據出土帛書的墓所發掘的陶器證明，墓葬年代在戰國中、晚期之交，即西元前 300 年左右。〔註 52〕楚帛書的內容分為三部分，李學勤依照內容性質來命名，記天象者名〈天象〉，

〔註 50〕 日人新城新藏，《中國天文學史研究》，（臺灣：翔大出版社影印 1933 年譯版），頁 629。

〔註 51〕 朱文鑫《曆法通志》推測顓頊曆制定年代在西元前 370 年左右，新城新藏《中國天文學史研究》推斷在西元前 360～350 年前。楊寬將兩種說法並陳，指出「顓頊曆的測定當在西元前三百六十年左右。」見《戰國史》第十一章〈曆法的進步〉（臺灣：谷風版，1986），頁 543～544。陳遵媯指出戰國中期是「曆法確立時期」，說見《中國天文學史》曆法・曆書（臺灣：明文書局，1988），頁 109～110。

〔註 52〕 湖南省博物館，〈長沙子彈庫戰國木　墓〉，《文物》（1974：7）。

記四時之分者爲〈四時〉，記每月宜忌者爲〈月忌〉，〔註53〕本文從之。楚帛書的內容性質有不同的說法：陳夢家認爲是早期的月令，〔註54〕李學勤、李零認爲與陰陽數術、曆忌有關，〔註55〕饒宗頤認爲不但具有曆忌性質，還有陰陽家「敬順民時」的思想，推測它是「楚國天官書之佚篇」。〔註56〕關於作者，李學勤、饒宗頤都指出與楚國掌天文的羲和之官唐昧、甘德關係密切。〔註57〕至於楚帛書的時代，陳夢家認爲約在西元前300年稍前。〔註58〕

　　由上文可知，楚帛書當是在戰國中期曆法新制發明以後的作品。〔註59〕帛書《黃帝書》中的用語和概念與楚帛書相似，表示它不可能早於戰國中期曆法新制之前。至於兩者孰早？李學勤以楚帛書〈四時〉提到的古史傳說，主張楚帛書〈四時〉不會早於〈十六經・觀〉。他說〈四時〉講包（伏）犧之時，至道窈冥，其後才分陰陽；〈十六經・觀〉沒有談到包犧，然後以黃帝口吻說出陰陽之分，暗示陰陽之分在黃帝時代；而《文子・上禮》則在神農、黃帝前加一伏犧氏，可見《文子》晚於〈四時〉。但是他也認爲，〈四時〉的古史傳說與〈十六經・觀〉不同，它作爲陰陽數術作品，也與帛書《黃帝書》思想流派有異。〔註60〕這樣的說法，也某一程度的表明兩者孰先孰後的問題

〔註53〕李學勤，同注2，〈楚帛書中的天象〉，頁37。原載《湖南考古輯刊》第一輯（1982）。

〔註54〕陳夢家遺著，〈戰國楚帛書考〉，《考古學報》（1984：2），頁137～157。

〔註55〕李學勤，同注2。
　　　李零，《長沙子彈庫戰國楚帛書研究》（北京：中華書局，1985）。

〔註56〕饒宗頤，〈楚帛書之內涵及其性質試說〉，刊載於饒宗頤、曾憲通，《長沙子彈庫楚帛書研究》，（北京：中華書局，1993）。

〔註57〕李學勤引楊寬《戰國史》指出唐昧死於西元前301年。饒宗頤引劉桓《中國古代之星歲紀年》第一章指唐昧死於秦昭王初年（按：秦昭王六年約西元前301年。）。甘德比唐昧年世稍晚，兩人說法大致相同。見前揭書，同注2、56。
　　　《史記・天官書》以甘德爲齊人，《正義》引《七錄》以爲楚人。

〔註58〕李學勤，同注2，頁153。陳夢家將出土帛書的墓定爲戰國中期西元前350年，是根據舊資料，1973年發掘此墓，已確定墓葬時代爲戰國中晚期（約西元前300年）。但是陳文又據五行說的影響，認爲鄒衍主運學說與《管子・玄宮圖》約同時，鄒衍生卒年在西元前305～240年，帛書時代在西元前300年稍前，是陳文較確切的論證結果。

〔註59〕據新城新藏說法，他認爲戰國中期的曆法新制應該就是甘德及魏人石申的發明，同注50。他的說法亦爲楊寬同意，同注51，第十一章〈曆法的進步〉，頁546～547。

〔註60〕李學勤，同注2，〈楚帛書和道家思想〉。

還沒有確定答案。

　　筆者以爲，帛書《黃帝書》與楚帛書〈天象〉中「贏絀」、「德匿」、「五正」用語相同，「當、常、逆、亂」等詞，在帛書《黃帝書》中也常用；楚帛書〈四時〉講包（伏）犧之時，至道窈冥，其後的內容，李學勤認爲：「從陰陽數術的角度，記述了四時形成，日月之行和宵朝、晝夕（夜）的劃分等等。所表達的學說雖然不同，但從整體來看，仍與〈觀〉章所講混沌狀態『無晦無明，未有陰陽』，『今始判爲兩，分爲陰陽，離爲四時』，〈道原〉篇所講恒無之初『混混夢夢，未有明晦』等語，互相一致。」〔註61〕由此可見，雖然楚帛書作爲陰陽數術的作品，其性質與講道法的帛書《黃帝書》不同，但是兩者的相同點都集中在天象用語及四時陰陽之分的概念上，顯示它們反映同時代的流行思潮。甚至也有學者點出，楚帛書是早於帛書《黃帝書》的，例如饒宗頤。他認爲楚帛書的「德匿」一詞與陰陽刑德的「刑德」不同，不同意李零將帛書《黃帝書》的「德虐」釋爲「德匿」，將之解釋爲陰陽刑德思想，認爲「此時刑、德分開之觀念尚未明顯」，〔註62〕所以帛書《黃帝書》的陰陽刑德思想晚於楚帛書。

　　【結語】由此可知，帛書《黃帝書》的時代不會比楚帛書更早，但是卻是有可能晚於楚帛書的。

　　第6點，《史記》申韓列傳與〈樂毅列傳〉所說黃老系統不同的問題。

　　主張帛書《黃帝書》成書在戰國晚期以後的學者，根據的是《史記》〈樂毅列傳〉所載黃老的傳承系統，認爲黃老之祖應該產生於戰國末年的河上丈人時代，也就是帛書《黃帝書》的成書時代，主張者如鍾肇鵬、吳光、劉毓璜等。主張戰國中期以前說的學者，認爲〈樂毅列傳〉所說的黃老是北方系統，比南方黃老系統晚。帛書《黃帝書》屬於南方系統，成書於戰國中期以前，後來經過稷下學者的傳播，帛書《黃帝書》在北方產生影響，戰國末年河上丈人的黃老學派就是如此而來的，主張者如李學勤、丁原明等。

　　【評析】關於南、北系統的說法，牽涉到帛書《黃帝書》產生地域的問題，在下一節「產生地域」中再詳論。至於戰國晚期的河上丈人是否是黃老之祖，因涉及晚期說法的論點，我們在「戰國晚期說」作討論，這裏提出幾點，並綜合前面所討論的結果，對這問題試作回答：

〔註61〕李學勤，同注2，〈楚帛書和道家思想〉，頁88。
〔註62〕饒宗頤、曾憲通，同注56，頁313。

（1）河上丈人系統傳至蓋公「爲曹相國師」，說明他們所傳的黃老言在漢初朝廷中流傳，《史記》所記漢初人所說的黃老言，與帛書《黃帝書》有多處相合，鍾肇鵬認爲漢初人「曾見過它，直接間接地加以引用。」說明帛書《黃帝書》與河上丈人系統關係密切。

（2）帛書《黃帝書》若被歸爲早期黃老學，產生於南方；愼到等稷下學士被視爲稷下黃老學派的創立者，與《管子》四篇被視爲北方黃老系統，他們都受帛書《黃帝書》影響。這種說法，牽涉到愼到以及《管子》四篇的時代：根據本節（一）第 1 點結論，愼到時代屬於戰國中期以後，申不害所「本」的黃老，應是黃老「系統」，而非指帛書《黃帝書》；根據本節（一）第 3 點結論，《管子》四篇成書於《莊子》外、雜篇早期作品的時代，帛書《黃帝書》時代稍前於此。由此可知，帛書《黃帝書》作爲戰國中期以前的黃老之祖是值得懷疑的。

（3）根據本節（一）第 2 點，結論帛書《黃帝書》晚於《孟子》、《莊子》內篇，早於戰國晚期的《管子》〈四時〉、〈五行〉；本節（一）第 4 點，《越語下》中所用的天文術語只能產生於戰國中期西元前 360 年以後；本節（一）第 5 點，子彈庫帛書的時代在戰國中晚期之交稍前，與帛書《黃帝書》時代接近。由此可知，帛書《黃帝書》成書於戰國中期以後的可能性較高。

（4）帛書《黃帝書》與河上丈人傳承的黃老學關係密切，但是帛書《黃帝書》是否就是經由河上丈人傳播，或成書於他，還須有新的材料才可能作進一步的討論。

綜上所論，筆者基本認爲：帛書《黃帝書》思想較接近稷下學宮的特質，成書時代應在戰國中期以後，下限在晚期初年，大底是可信的。其餘一些爭議，例如文中出現的楚語、楚諺，有學者因此將之劃入南方黃老系統而推遲其成書時代，關於此點，因涉及晚期說法的論點，以及產生地域的問題，所以在本節（三）以及第二節還將進一步討論。

【結語】河上丈人傳承的黃老學關係密切，但是帛書《黃帝書》是否就是經由河上丈人傳播，或成書於他，以現今材料而言，並無法論證。

（二）戰國中期

主張戰國中期說者，主要論點有三：

1. 帛書《黃帝書》非黃老學之源。
2. 根據《史記·孟荀列傳》記載稷下諸子愼到等，「皆學黃老道德之術，

因發明序其旨意。」認爲他們是稷下黃老學派的創立者。帛書《黃帝
書》最可能成書於此時期，時間可能在愼到之後。

3. 帛書《黃帝書》與《管子》中的黃老學是一體系。

第 1 點，帛書《黃帝書》非黃老學之源的問題。

主張的學者認爲，最早的黃老學不是帛書《黃帝書》，因爲黃老學是一個
學說系統，帛書《黃帝書》是黃老學的系統發展所形成的著作。至於黃老學之
源的說法，學者的主張便頗歧異，有范蠡思想說、田齊威王遠紹黃帝說，以及
《列子》說。(1) 范蠡思想說：魏啓鵬認爲范蠡思想形成最早的黃帝之言學派；
(2) 田齊威王遠紹黃帝說：劉蔚華、苗潤田認爲田齊威王時期曾有遠紹黃帝、
一統的霸志，稷下學士愼到等即根據統治的願望，「經過思想加工使之轉化爲一
種系統的理論」，稷下黃老學派的形成就是由此產生，帛書《黃帝書》則是稷下
黃老學的著作之一；〔註63〕 (3)《列子》說：胡家聰認爲齊宣王、湣王時期是
稷下黃老學興盛期，帛書《黃帝書》成書在此時，與《管子》黃老學、田駢、
愼到學派、宋鈃尹文學派，成爲此時期的黃老新學派。在此之前，屬於列禦寇
學派之作的《列子》，其〈天瑞〉形成稷下黃老學的源頭。〔註64〕

【評析】以下就黃老學之源三說評析：

（1）范蠡思想說

魏啓鵬提出「天道環周」的思想，認爲它是帛書《黃帝書》的思想核心，
這個思想的形成在春秋末的吳、楚，到了范蠡，「用『贏縮轉化』來概括天道
環周的規律，占星術的術語，已經被改造爲哲學的概念。」他引《太史公素
王妙論》：「黃帝設五法，……如范子可謂曉之矣。」說明黃帝與范蠡的關係：
「由范蠡總其成的天道環周思潮，則作爲吳越爭霸的思想成果，形成了最早
的黃帝之言學派。」〔註65〕關於范蠡思想及《國語・越語下》的成書問題，
已在本節（一）第 4 點討論過，說明《越語下》作爲帛書《黃帝書》的源頭
之一，應該沒有多大疑義；但是依《越語下》所用的天文術語來看，它的成
書時代應在戰國中期（西元前 360 年）以後。其次，其引《太史公素王妙論》
將黃帝與范蠡聯系，這種說法是更晚出的，因爲在戰國中期以後，有關天文

〔註63〕劉蔚華、苗潤田，《稷下學史》（北京：三聯書店，1992），頁 360～368。
〔註64〕胡家聰，《稷下爭鳴與黃老新學》（北京：中國社會科學出版社，1998），頁 10
～11。
〔註65〕魏啓鵬，同注 47，頁 188。

曆數的創制及兵法思想，才出現愈多託名黃帝的情形（第三章專論），范蠡思想與天道相關，應該是在這個時期或以後被聯系起來，但是並不是在戰國初年范蠡的時代。所以，我們同意「由范蠡總其成的天道環周思潮，形成了最早的黃帝之言學派。」但是它的時代，應該是在戰國中期以後。

（2）田齊威王遠紹黃帝說

劉蔚華、苗潤田所說田齊威王（名「因資」）有一統的霸志，根據的是《陳侯因資敦》銘文：

> 隹（唯）正六月癸未，墬（陳）医（侯）因資曰：皇考孝武趄（桓）公，龏（恭）截（哉）大慕（謨）克成。其雎（惟）因資颺（揚）皇考，熨（昭）緟（統）高且（祖）黃啻（帝），侎（弭）飼（嗣）趄（桓）、文，淖（朝）萻（問）者（諸）医，合（答）颺（揚）氒（厥）悳（德）。者（諸）医（侯）寅薦吉金，用乍（作）孝武趄（桓）公祭器鐘（敦），台（以）鑄（蒸）台（以）嘗，保有齊邦，枼萬（萬）子孫，永爲典尚（常）。〔註66〕

劉、苗認爲齊威王搬來黃帝，其目的至少有兩點：「其一是爲鞏固田齊政權服務。」「田氏是黃帝之冑，姜氏是炎帝之冑，黃帝戰勝炎帝的傳說，便成了田齊替代姜齊的神聖理由。」「其二是爲其兼并天下的合理性作旗幟、找藉口。」黃帝承天帝恤民之德，通過不斷的征伐，最後把當時許多分散、流徙的部落統一起來，定居於黃河流域。黃帝成爲中原文明的共主。這些黃帝傳說「進入春秋戰國時代則更廣爲流傳，以至於『學者所共述』（《史記・孟荀列傳》）。田氏既爲黃帝之冑，在諸侯并爭的歷史條件下，完全有理由成爲天下之共主，承繼黃帝統一天下的偉業。」〔註67〕這些說法，是從社會歷史條件方面來看稷下諸子創立黃老學的根由。劉、苗又進一步指出，從思想文化背景方面看，黃老之學是百家爭鳴進入高潮的戰國中期形成的。因爲黃帝之

〔註66〕「敦」係臨淄齊故城傳世青銅器陳侯四器之一。陳侯四器相關資料及研究，參見徐中舒〈陳侯四器考釋〉，文載《中央研究院歷史語言研究所集刊》第三本第四分，1933年。又收於《徐中舒歷史論文選輯》（北京：中華書局，1998），頁405～444。

又，釋文據郭沫若《兩周金文辭大繫圖錄考釋・因資鐘（敦）》（上海：上海書店出版社，1999），頁219～221。

按：桓公指威王之父陳侯午，桓、文指春秋齊桓公、晉文公。

〔註67〕劉蔚華、苗潤田，同注63，頁362～363。

學的基本精神是「順應自然、修明法典、安天下」，「啓發了人們把黃學和老學結合起來，以老學克服黃學的理論不成熟，以黃學摒棄老學的消極無爲」，「在這一合流過程中，戰國初期以來的形名法術之學與儒家的德禮仁義等合理內容，也爲老學的改造和黃老之學的形成，提供了重要的思想資料。」這些說法都是相當合理的，它提供了稷下黃老之學創立的歷史與思想文化根由，同時也就是爲帛書《黃帝書》產生的前題，提供了很好的背景說明。但是要說明的一點是，劉、苗提到的黃帝之學與魏啓鵬所說的黃帝之言學派，兩者在本質上沒有差別，它們都是戰國中期（西元前 360 年）以後，將天文學新知識與黃帝創制傳說結合所形成的學派，這是講黃帝之學很重要的共同點，我們不能僅看到越國范蠡與齊稷下地域之異，便分述其源流。〔註68〕

（3）《列子》說

胡家聰主張黃老學之源是《列子》〈天瑞〉篇，根據的是劉向《敘錄》：

列子其學本于黃帝老子，號曰道家。……孝景黃帝時貴黃老術，此書頗行於世。及後遺落，散在民間，未有傳者。且多寓言，與莊周相類，故太史公司馬遷不爲列傳。

胡家聰認爲《列子》書性質本于黃老，屬於道家，此書如〈天瑞〉、〈黃帝〉、〈湯問〉、〈力命〉等篇，其中每引《黃帝書》，或用「黃帝曰」，或記黃帝事，可見劉向所言列子學「本于黃帝老子」並非無稽之談。他將《列子》學視爲稷下道家黃老之源，論點如下：

（1）他分析了《列子》上述各篇材料後說：「在老子學傳播後，曾有一部託黃解老的《黃帝書》出現，而後又被列子學傳承引述，這是無可懷疑的事。很可惜，《列子》書所引頗爲零碎，無法探知其書的原貌。」由於《列子》中反映齊國的記事最多，而且田齊又尊崇黃帝，所以他推測《列子》中所謂《黃帝書》「大有可能來自齊國。」〔註69〕

（2）〈天瑞〉、〈黃帝〉兩篇最有代表性，他將〈天瑞〉定位爲「天、地、人」一體說，爲稷下黃老學，是田駢、慎到「學黃老道德之術」的前驅；〈黃帝〉篇則多處解釋關尹、老聃學派的道家觀點，足見列子學直接傳承《莊子‧天下》的這一學派。〔註70〕

〔註68〕關於這點，下文「二、成書年代推論」還會說明，第三章也有詳細論述。
〔註69〕胡家聰，同注64，〈稷下黃老學的源頭—《列子》〉，頁 322～325。
〔註70〕胡家聰，同注64，頁 335、346。

（3）〈天瑞〉篇中的《黃帝書》是「託黃解老」的「黃帝老子之言」，與
　　其他託黃帝的各種發明創造不同，〈天瑞〉篇屬於《史記》所說愼
　　到、田駢等「皆學黃老道德之術」。

胡家聰將《列子》〈天瑞〉、〈黃帝〉分別列出傳承的論點，主要考慮到《莊
子》外、雜篇中的黃老言論，它的性質偏重於修身體道，與一般講道法結合
的黃老學略有差異，他認爲《莊子・天下》篇中所記田駢、愼到之學，傳承
自〈天瑞〉，後來「愼到來到稷下，參與威、宣時變法革新，其思想由體道轉
爲『尚法』，揚棄了只重保全自身的消極因素，轉而宣揚以人民爲本的天下爲
公、立法爲公等法家學說。」〔註71〕他的說法照顧到性質有出入的養身一系
黃老學，有其周全的考量。其論點說明黃老學非止於一源，至少包括結合黃
帝傳說與新知識及創制發明的學派（包括范蠡思想及威王時的稷下學派），以
及《列子》託黃解老的黃老養身學，〔註72〕這種觀點是值得重視的。

【結語】根據上文推論，帛書《黃帝書》顯然前有所承，並不是最早的
黃老學。

第 2 點，稷下諸子愼到、田駢等是稷下黃老學派的創立者，帛書《黃帝
書》最可能成書於此時期，時間可能在愼到之後的問題。

《史記・孟荀列傳》：「愼到趙人，田駢、接子齊人，環淵楚人。皆學黃
老道德之術，因發明序其旨意。」同書〈田完世家〉記載齊宣王喜文學游說
之士，「田駢、接予、愼到、環淵之徒，七十六人，皆賜列第爲上大夫，不治
而議論，是以齊稷下學士復盛。」愼到、田駢、接予、環淵等年世相當，根
據錢穆《繫年》推斷，大約在西元前 350～275 年（環淵稍早，在西元 360～
280 年）。依據司馬遷說法，他們在齊宣王、湣王時期得意於稷下學宮，原因
在他們所「發明序其指意」的「黃老道德之術」。所以一般認爲，他們是稷下
道家黃老學派的創立者。主張帛書《黃帝書》成書在戰國中期者，也都指出
在這時期完成的可能性最高，至於較確切的時間，應該是比「由道入法」的
先驅愼到、田駢之學稍晚。以上說法可以胡家聰代表，他的論點是：

（1）根據《管子》與帛書《黃帝書》比較，考察「道、法」思想結合的
　　歷史條件，認爲「道」可有共性，但是「法」卻依各國而「異政」，

〔註71〕胡家聰，同注64，〈田駢、愼到學派〉，頁293。
〔註72〕有關黃老學之源的詳細論述參見本論文第三章「天道思想與黃帝造說源流
　　　　考」，《列子》與黃老養身學的相關問題，參見同附論「養身學與黃帝」。

　　　　帛書《黃帝書》的政論、法制都出於齊國，所以應當是出於稷下學
　　　　宮。

（2）《管子》黃老學與帛書《黃帝書》的撰著年代大體上平行。推斷帛
　　　　書《黃帝書》撰著不早於威王變法前，也不能晚於襄王以後。

（3）帛書《黃帝書》〈稱〉篇集錦格式的體裁是四篇中最早作品，以
　　　　之與《慎子》殘篇比對多相合，但〈稱〉顯係摘抄自《慎子》。因
　　　　此他推斷帛書《黃帝書》作於《慎子》可能性大。〔註73〕

　　【評析】劉蔚華、苗潤田看法基本相同，認為慎到、田駢、環淵、接子
創立了稷下黃老學，帛書《黃帝書》應該成書於此時期。但是他並沒有區分
出帛書《黃帝書》是否晚於《慎子》，只是推測帛書《黃帝書》中帶有楚文化
特色的內容，可能是環淵的言論，而且還保留地說：「至于帛書中其他內容則
可能收錄了稷下黃老其他學者的言論。至於究屬何人將稷下黃老學者的言論
匯編成冊，有待於進一步研究。」〔註74〕也就是說，他認為帛書《黃帝書》
是匯編稷下黃老學者的言論，當然包括慎到等。所以他的說法與（3）的說法
並不違背，成書的帛書《黃帝書》必然要晚於慎到等稷下諸子。

　　【結語】帛書《黃帝書》成書至少在慎到之後。

　　第3點，帛書《黃帝書》與《管子》中的黃老學是一體系的問題。

　　主張者如許抗生，在本節（一）第 3 點論帛書《黃帝書》早於《管子》
四篇，曾引許抗生說法論證《管子》四篇承襲發展帛書《黃帝書》三篇的思
想（許以〈十六經〉較晚出）。他認為帛書《黃帝書》如果是最早黃老學著作，
那黃老學應產生於楚國，時代在戰國中期，至於齊國的黃老學（如《管子》
四篇），很可能是稷下楚籍學士環淵將南方黃老學傳播到齊國來的。

　　【評析】根據前述第1、2點，帛書《黃帝書》顯然前有所承，並不是最
早的黃老學，但是它的成書時間在慎子之後，根據第 3 點，帛書《黃帝書》
早於《管子》四篇，而《管子》四篇時代約在戰國晚期西元前 286 年以後，
統一之前。〔註75〕綜合這些論點，可以推斷帛書《黃帝書》的成書上限為慎
子之後、下限為《管子》四篇之前。

〔註73〕 胡家聰，同注 64，甲、乙說在頁 6～7，丙說在頁 126～128。
〔註74〕 劉蔚華、苗潤田，同注 63，頁 368。
〔註75〕 《管子》四篇時代，見本節（一）第 3 點結論。西元 286 年是以莊周卒年為
　　　　準，參見注 39，丁原明之說。

【結語】帛書《黃帝書》早於《管子》四篇，《管子》四篇約在戰國晚期286年以後，統一之前。

（三）戰國晚期至秦漢之間

主張帛書《黃帝書》成書於戰國晚期至秦漢之間者，有以下論點：

1. 《史記・樂毅列傳贊》記載黃老學者的傳承世系，才是真正黃老學。
2. 戰國中後期以後要求統一的歷史發展，反映在帛書《黃帝書》思想中。
3. 帛書《黃帝書》中的語詞「黔首」流行於戰國晚期，「理」的概念起於戰國中期。
4. 帛書《黃帝書》兼采各家各派，融鑄為黃老之學。
5. 依《史記》記載，漢初流行的黃老之言應是帛書《黃帝書》。

以上論點以鍾肇鵬與吳光為主，兩人主張基本相似，所以只引鍾肇鵬者為代表。

第1點，《史記・樂毅列傳贊》記載黃老學者的傳承世系，才是真正的黃老學。

這是主張此時代成書說法的主要依據。此文記河上丈人的黃老學傳承如下：

> 樂臣〔巨〕〔註76〕公學黃帝、老子，其本師號曰河上丈人，不知其所出。河上丈人教安期生，安期生教毛翕公，毛翕公教樂瑕公，樂瑕公教樂臣〔巨〕，樂臣〔巨〕公教蓋公。

安期生，齊人，以方術聞名。皇甫謐《高士傳》說，秦始皇東巡時見過他。楚漢相爭時，他因蒯通的引薦「嘗干項羽，羽不能用其策。」（《漢書・田儋傳》）樂巨公，趙人，活躍於秦漢間，《史記・樂毅傳》記載：「趙且為秦所滅，亡之齊高密。」又說樂巨公弟子蓋公，也在高密、膠西一帶，後來「為曹相國師」。關於河上丈人的年世，唐蘭曾經以師徒相傳五代，三十年為一世，推測黃帝之言流行於西元前四世紀以前。鍾肇鵬認為三十年一世是指父子相繼，和師徒傳授不同，他根據《高士傳》：「當戰國之末，諸侯交爭，馳說之士咸以權勢相傾，唯丈人隱身修道，老而不朽，傳業於安期生，為道家之宗焉。」將河上丈人年世定在戰國末期。

鍾肇鵬認為先秦著作沒有「黃老」一詞，「黃老」並稱是漢代人的說法。

〔註76〕「巨」誤為「臣」，《史記》〈集解〉、〈索隱〉：「臣公一作巨公。」《史記・田儋列傳》，「學黃老術於樂巨公。」

他認為儒、道、墨、法、陰陽家、雜家所講的，或有假託黃帝之辭，但是並不是專門的黃老之學。黃老學的特點是：（1）綜合戰國中期以來的百家言黃帝；（2）以道法為主，兼采名家、陰陽家、儒家、墨家兼容並包的學派；（3）黃老學派起於民間新興地主階層，如河上丈人等人都是隱士。根據以上三點，他認為只有戰國末年，與雜家形成的時代相同的帛書《黃帝書》，才是符合漢初人所說的黃老之言。

【評析】上文鍾肇鵬所說，真正的黃老學者是河上丈人一系，但是司馬遷在〈申韓列傳〉、〈孟荀列傳〉有關黃老的說法又如何解釋？後來鍾肇鵬在《中國哲學發展史》即以黃老學的廣義、狹義的說法，區別說明了兩者的差異：

> 從廣義上講，以黃帝的名義或者不用黃帝的名義，只要它是以道法為主，兼采各家的綜合性思潮，都可以看作是黃老之學。從狹義上講，只有正式以黃帝、老子命名的學說才是名符其實的黃老之學……司馬遷在《史記・樂毅傳贊》中說：（引文）……這是記載狹義上的黃老之學傳授關係的最具體的資料。〔註77〕

這種廣義與狹義的區別，在相當程度上說明了黃老學的發展史，如果根據本節（一）、（二）的評析結論，再加上鍾肇鵬主張的廣義、狹義說法，或許我們可以據以推測司馬遷對於黃老學之源的處理態度，即：司馬遷在〈申韓列傳〉說申不害「本於黃老」、〈孟荀列傳〉說稷下學士慎到等「學黃老道德之術」是回溯黃老學之源；〈樂毅列傳〉記載的河上丈人傳承，代表漢人認知的黃帝、老子之言。如果這個推測沒有錯的話，那麼我們便須認真考慮鍾肇鵬認為帛書《黃帝書》經由河上丈人傳承的說法。前面說過，慎到等是稷下黃老學的創立者，他們的卒年約在戰國晚期（西元前 270 年），距秦統一天下（西元前 221 年）不過五十年，河上丈人老壽，的確有可能傳承稷下黃老學。

【結語】依據上論，如果帛書《黃帝書》在戰國晚期之初完成，那麼與河上丈人的關係當然就更密切了。

第 2 點，戰國中後期以後要求統一的歷史發展，反映在帛書《黃帝書》思想中的問題。

鍾肇鵬舉《韓非子・五蠹》：「當今爭於氣力」〈八說〉：「當大爭天下」，

〔註77〕鍾肇鵬，收於任繼愈主編《中國哲學發展史》秦漢卷，（北京：人民出版社，1985），頁 100。

映證帛書《黃帝書》〈十六經‧五正〉:「今天下大爭,時至矣。」〈十六經‧果童〉:「兼有天下」,這些都是反映戰國末期要求政治統一、結束分裂局面的思潮。

【評析】有關這個說法,金春峰舉《孟子‧梁惠王》:「不嗜殺人者能一之。」反駁之,認爲統一問題在《孟子》時就已提出,〔註78〕這個意見是值得重視的,不能因爲某些語句相似,便定其時代。但是《孟子》見梁惠王,及至著書時,也已經在戰國中、晚期(西元前320年)以後,對於要求一統的思潮來說,都屬於歷史發展的進程,正如帛書《黃帝書》之後的《韓非子》,許抗生認爲以學術思想發展來說,同樣以客觀世界準則來詮釋發揮老子的「道」,《韓非子》的說法顯然成熟得多,認爲「〈十六經〉的時代很可能尚在韓非思想產生之先。」〔註79〕可見從孟子、帛書《黃帝書》到《韓非子》反映著不同程度的統一思想的這個角度來看,也可以據以推論帛書《黃帝書》成書下限。

【結語】〈十六經〉有關統一的說法,其所反映的時代,在韓非思想產生之先。

第3點,帛書《黃帝書》中的語詞「黔首」流行於戰國晚期;以及此書「理」的概念的使用接近戰國晚期《韓非子》的問題。

先就前說陳述,鍾肇鵬認爲「黔首」一詞流行於戰國晚期,在《禮記‧祭儀》、《戰國策‧魏策二》、《韓非子‧忠孝》中都使用過,《呂氏春秋》更有十七見。《史記‧秦始皇本紀》記載:始皇二十六年「更名民曰黔首」,正式使用「黔首」一詞,可見「黔首」流行於戰國晚期,帛書《黃帝書》〈十六經‧姓爭〉兩次出現「黔首」,正是用當時流行的辭彙。

【評析】關於「黔首」一詞產生時代的問題,金春峰認爲這個辭彙不會晚於戰國晚期,他根據《戰國策‧魏策二》所記之事在魏惠王死時,「其時間至遲在西元前334年……在此之前,『黔首』必早被使用和流傳。」〔註80〕李解民則以詳細的統計分析,得出如下的結論:(1)《戰國策‧魏策二》這段文字是有關「黔首」最早的記載,魏惠王死于西元前319年,這段文字又見於《呂氏春秋‧開春論》。(2)文中提到帛書《黃帝書》〈十六經‧姓爭〉兩處

〔註78〕金春峰,同注29,頁40。

〔註79〕許抗生,同注15,頁74。

〔註80〕金春峰,同注29,頁44。

說到「黔首」，唐蘭據此斷定帛書《黃帝書》成書在西元前四世紀的說法提出不同看法，認為「唐蘭的斷代作為寫作的上限似比較穩當。」（3）「黔首」之稱，在戰國時的秦及他國已經使用，但並不常見，大量使用在秦始皇二十六年之時，以行政手段改「民」為「黔首」。（4）「黔首」和「民」兩者的含義有相通處，有混用現象，甚至在《呂氏春秋・懷寵》還出現「士民」、「黔首」對舉的情形。顯示嚴格意義的「民」地位高於「黔首」，所以「民可稱黔首，黔首非必民。」〔註81〕

李解民的統計分析是中肯的，根據這些材料，可知在《戰國策・魏策二》所記魏惠王事以前，文獻並沒有使用「黔首」的記載，魏惠王的死或有異說，〔註82〕但是依據錢穆《繫年》考魏惠王死在西元前 319 年，應當是較可靠的說法。因此，「黔首」流行的時代，不會在戰國中期以前，應該是確定的。根據這個方法，我們進一步統計比較「黔首」與「民」在帛書《黃帝書》的使用情形：「黔首」只在〈十六經・姓爭〉出現兩次，和「黔首」相對的「民」字，卻出現七十五次，且分布於四篇中。從這個統計結果顯示，帛書《黃帝書》的時代是習用「民」的，「黔首」只是孤立地出現。原因為何？是帛書抄寫者之誤，或者是開風氣之先？帛書抄寫於漢文帝時，當時已不用「黔首」多年，應不致於是抄寫之誤；如果是開風氣之先，考「黔首」在〈十六經〉使用的含意，〈十六經・姓爭〉出現兩次「黔首」，句子是：「天地已成，黔首乃生。」〔註83〕同樣的句子也出現在同篇〈十六經・觀〉：「天地已成，而民生。」仔細比較〈姓爭〉與〈觀〉文意，可以確定「黔首」與「民」只是用詞的置換，意旨都是相同的，從無特定意義的混用角度來推測，這可能是「黔首」和「民」混用的初期時代。

【結語】依照最早使用「黔首」的《戰國策・魏策二》資料來定上限，即西元前 319 年以後。這個時代與我們推測帛書《黃帝書》成書時期，也是相合的。

關於「理」的概念使用所反映的時代性，鍾肇鵬認為從《孟子・告子》以後，《莊子・秋水》、〈則陽〉都使用「理」的概念，到了《荀子》多了起來，

〔註81〕李解民，〈民和黔首—兼評秦始皇『更名民曰黔首』〉，《文史》第 23 輯（1984），頁 61～65。

〔註82〕金春峰也承認這點，見注 29，頁 44。注文提到魏惠王死於何年說法不一，他採范文瀾《中國通史簡編》說法。

〔註83〕前一句「已」字模糊，為整理小組補上。

《韓非子》、《呂氏春秋》講這個概念更多。他說：「『名理』這個概念當起於『理』概念之後。〈經法〉中有〈名理〉篇，它提出『審察名理』，『循名究理』這種概念和理論的提出，只能是戰國晚期的作品。」〔註84〕

【評析】有關這些論點，金春峰曾提出異見，他認為：(1) 先秦沒有「名理」作為一個概念使用的例證。(2)〈經法‧名理〉篇中名與理是兩個概念。他認為稱邏輯為「名理之學」是後人的說法，《墨子‧小取》提出「察名理之實」大概是稱邏輯為名理學的由來。〔註85〕金春峰所言極是，其點出《墨子‧小取》「察名實之理」，應該就是帛書〈名理〉「循名究理」所本，只是〈名理〉基本上還是講社會、政治的是非公平，並不是朝邏輯的名理學上講。根據金春峰的論點，帛書《黃帝書》中的「名理」只能依「循名究理」來講，不能作為認定它在《韓非子》、《呂氏春秋》之後的例證。另外，金春峰也提到帛書《黃帝書》中「理」的主要含義指名分或刑名，還沒有出現《莊子‧則陽》講的「萬物之理」概念，直到《韓非子‧解老》講「道者，萬物之所然也，萬理之所稽也。」「從本原層次上強調道是一般規律，理是事物的規定性，思維水平比帛書提高了一步。」〔註86〕

【結語】根據這樣的說法，也可以證明帛書《黃帝書》的成書時代，應該在《莊子‧則陽》之前，更不會晚於《韓非子‧解老》。

第4點，帛書《黃帝書》兼采各家各派，融鑄為黃老之學的問題。

主張此說的學者，主要根據《史記‧自序》司馬談〈論六家要指〉說道家「因陰陽之大順，采儒墨之善，撮名法之要。」認為這正是帛書《黃帝書》黃老學兼融并包的特點，並將之與《呂氏春秋》時代相提，視之為戰國末期作品。

【評析】有關這個論點，帛書《黃帝書》和《呂氏春秋》或許都適用司馬談的基本定義，但是帛書整體思想成熟度未及《呂氏春秋》，即可知兩書時代的距離，所以根據司馬談的說法，並不能得出帛書《黃帝書》成書戰國末年《呂氏春秋》的時代。

【結語】帛書《黃帝書》具備司馬談所說「道家」的特色，但是未可具此定其成書與《呂氏春秋》同時代。

〔註84〕鍾肇鵬，同注77，頁85。
〔註85〕金春峰，同注29，頁43～44。
〔註86〕金春峰，同注29，頁25。

第 5 點，依《史記》記載，漢初流行的黃老之言應是帛書《黃帝書》的問題。

鍾肇鵬舉出〈陳丞相世家〉陳平言：「我多陰謀，是道家所禁。」道家禁陰謀，不見於其它書，只有出現在帛書《黃帝書》〈十六經〉的〈順道〉：「不陰謀」及〈行守〉：「陰謀不祥」。《史記·淮陰侯列傳》蒯通對韓信說：「成敗在於決斷」、「蓋聞天與弗取，反受其咎；時至弗行，反受其殃。」與〈十六經·兵容〉：「因天時，與之皆斷」「天固有予有奪，……天予而弗受，反隨以殃。」蒯通說「蓋聞」表明不是自己的話，鍾肇鵬推測「可能在安期生那裏見到這幾篇帛書。」〔註87〕

【評析】上述所論，只能證明漢初人看過帛書《黃帝書》，漢人將之視為道家言。既使安期生那裏有「這幾篇帛書」，但是也不能推論帛書《黃帝書》成書在安期生所處的戰國末年時代。

【結語】「漢初人看過帛書《黃帝書》」不能推論其成書時代在戰國末秦漢年間。

（四）漢初及其他

主張帛書《黃帝書》成書於漢初說的論點有二：

1. 帛書《黃帝書》遠紹稷下，近接河上丈人，是漢初官學。
2. 帛書《黃帝書》包含曹參相齊、為漢（惠帝）相等漢初實政內容。

以上論點主要以劉毓璜為主。他認為：「縱觀『黃老』帛書，在主流思想下遠紹稷下，近接河上丈人而來，以官學的支配形態居于封建國家的決策地位。」「黃帝、老子這兩個名號在齊國陰陽家的撮合下，結合了不解之緣，發展為有體系的黃老之學，又在漢代特定的歷史條件下取得了一些實踐的經驗，以罕見的風采載入『帛書』。」〔註88〕

【評析】根據上述說法，筆者有三點看法：第一，按照這種「漢初官學」的說法，帛書《黃帝書》當不致湮沒著者之名。第二，《史記·曹相國世家》記載曹參相齊、為漢（惠帝）相，得力於向蓋公學習的黃老言，劉毓璜說的正是指此「實踐的經驗」「載入『帛書』」，將帛書《黃帝書》成書推遲到漢惠帝以後，但是並不能解釋司馬遷為何沒有進一步說曹參以後的黃老傳承，甚至提到這個「官學」。第三，漢初學者得寵於君上者，如高祖時的陸賈，文帝

〔註87〕 鍾肇鵬，同注 77，頁 86。
〔註88〕 劉毓璜，《先秦諸子初探》（江蘇：江蘇人民出版社，1984），頁 217、218。

時的賈誼，都有著作傳世，按照他們書中思想特色來看，已從「道法」轉向「儒道法」相摻，更多在治平之初的安民政策下，強調儒家的忠、孝、仁、義、禮等內容，〔註89〕與帛書《黃帝書》強調的道法思想特色已經有著時代的距離，更遑論他們是「黃老」思想的「推波助瀾」（劉毓璜語）者。由以上三點推論，帛書《黃帝書》不可能成書於漢初。

【結語】如帛書《黃帝書》屬於「漢初官學」，當不致於湮沒著者之名。司馬遷《史記》沒有進一步記載曹參以後的黃老傳承，也沒有提到有這個「官學」。

此外，還有其他對於帛書《黃帝書》相關問題提出看法而值得參考者，也一併錄後。

例如裘錫圭反對《黃帝四經》的名稱，其說法有幾點值得注意：第一，四篇體裁不同，篇幅長短懸殊，只有一篇提黃帝，不像一本書。第二，思想內容積極，與《隋志》載黃帝四經「去健羨、處沖虛」不符。但是，裘錫圭主要觀點仍認為帛書《黃帝書》思想基本一致，與司馬談所說的道家思想接近，應當就是西漢流行的道家思想，只是其著書時代與抄寫時代（漢文帝時或稍前）會有一距離，所以推論是戰國時代作品。

加拿大學者葉山對〈稱〉篇的見解有可取之處。他認為：〈稱〉篇「不是一部系統完整的著作中的一個有機的部分，而是一部引自早期文獻或口頭名言的格言集錦匯編。從這部匯編中，帛書其它文章的著者吸取了靈感。也就是說，這意味著其它文章著于這一格言匯編之後。而且若《慎到》一書確實是以上提到的引言的原出處，那麼帛書的其它部分一定晚于《慎到》。」〔註90〕茲簡要歸納他的說法，第一，〈稱〉篇著作時代最早，帛書其他三篇係作者根據〈稱〉篇發展。第二，《慎子》若是〈稱〉篇的原出處，其他三篇當不早於〈稱〉篇。關於第一點，我們在前文中討論稷下黃老學派的創立時，已經討論了慎子作為帛書《黃帝書》成書上限的可能，葉山的說法，更確定帛書《黃帝書》最早作品的時代上限。關於第二點，李學勤曾認為「這個見解很重要」，〔註91〕提醒研究者重視〈稱〉篇在詮釋帛書《黃帝書》時所占的重要地位。

上列這些觀點，對於整體性理解與詮釋帛書《黃帝書》內容特色有其重

〔註89〕陳麗桂，《秦漢時期的黃老思想》（臺灣：文津出版社，1997），頁167～177。

〔註90〕葉山，〈對漢代馬王堆黃老帛書的幾點看法〉，載於《馬王堆漢墓研究文集》（湖南：湖南出版社，1994），頁21。

〔註91〕李學勤，同注2，〈〈稱〉篇與〈周祝〉〉，頁312～313。

要性，因爲係個別說法，所以不錄於前列四部分。

本小節整理學者對成書年代的說法，共分四部分：（一）戰國中期以前、（二）戰國中期、（三）戰國晚期至秦漢之間、（四）漢初及其他，對照筆者之推論共十六點，附錄於「表一：成書爲戰國晚期初之推論」，請參考對照。

二、成書年代推論

以上從學者說法評析帛書《黃帝書》成書年代，論定其上限在《孟子》、《莊子》內篇之後，下限是《管子》四篇成書以前（《管子》四篇成書相當於《莊子》外、雜篇早期作品時），根據孟軻、莊周卒年（西元前 305 年、290年），大約是戰國晚期之初。以下再分「時代特點」、「學術思想發展」、「辭彙特點」三方面證成此結論，將成書年代上、下限定爲西元前 300～286 年。

（一）從時代特點看

1. 天文學發達的時代

戰國中期的曆法改革是劃時代的，它標誌著從「依辰觀象」、「土圭測日至」時代跨入一個新的紀元，即，曆元的確立，行四分曆（夏正或顓頊曆），採行歲星紀年法，〔註92〕陳夢家名之曰「曆法新制發生時代」，〔註93〕陳遵嬀稱之「曆法確立時期」，新城新藏名之爲「曆法制定時代」，都可以清楚的表明戰國中期曆法新制在曆法史上的重要性，比如陳遵嬀《中國天文學史》說：

> 曆法確立時期應當在戰國中葉，當時採用四分曆，以 365 1/4 日爲一
> 年，以七十六年爲安排頻大月和置閏的共同周期。從此以後，制定
> 與改革曆法就成了我國古代天文學的一項主要任務。〔註94〕

日人新城新藏《中國天文學史研究》說：

> 春秋中葉以前用二十八星宿觀測月的運動，稱爲「依辰觀象時代」；
> 春秋中葉至戰國中期，用「土圭測日至」，稱爲「曆法準備時代」；
> 戰國中期 350～360 年間，採用四分曆，稱爲「曆法制定時代」；太
> 初曆制定以後（104B.C.）稱爲「曆法時代」。〔註95〕

可見戰國中期約西元前 360～350 年期間，正是曆法改革史上翻新巨變的時

〔註92〕新城新藏，同注 50，頁 1～25。
〔註93〕陳夢家，同注 54，頁 156。
〔註94〕陳遵嬀，同注 51，頁 202。
〔註95〕新城新藏，同注 50，頁 1～25。

代，在那個時代，它的影響是多層面的，而且也改變了人們對宇宙自然界的認知，譬如《孟子・離婁下》說：「天之高也，星辰之遠也，苟求其故。千歲之日至，可坐而致也。」，顯示當時的曆法精確性，已爲世人所信。〔註96〕《莊子・天下》記惠施學說「南方無窮而有窮」、「我知天下之中央，燕之北、越之南是也。」已有南、北極、中央的思想。〔註97〕《孟子》、惠施以後，書籍篇章出現大量的天文術語或思想，包括數術家（如長沙楚帛書）、兵家（如《尉繚子》）、史書（如《戰國策》、《逸周書》）、月令書（《禮記・月令》、《呂氏春秋・十二紀》）、諸子書（如《荀子》、《韓非子》）等。

而戰國中期以後興起的黃老學，其天道思想便是奠基在古羲和之官「敬授人時」（《書・堯典》）的作爲，運用此時期的天文新知所建立起明天道、推人事的治國理論。根據古天文學者的研究，戰國中期的天文學家，通過儀器測得行星運行順逆的「度數」，〔註98〕計算出年、月、日合朔閏終始循環的曆法，解決了舊曆法失閏的困擾，使得置閏方法更趨於精密嚴格。正是處在這種天文新知影響的時代，黃老學者即主張，執政者應該根據這些天文新知的「度數」，制曆法、定度量、正形名、立法則，以天道律曆的度數，聯繫規範彼此的關係，構築成一套天、地、人相參的有機網絡，以爲萬全的治國大計。

依帛書《黃帝書》出現的天文術語如「贏縮」、「逆順」（行星運動的疾或遲）、「天時」（觀測天文的式盤）、「度數」（日、月、星辰在周天行經的度數），已經政論化的情形來看，此書應該是處在曆法新制實行一段時間，爲世人公認精確的階段。根據新城新藏的說法：

> 西元前360年間，似周正變爲夏正的時代。將周正（建子之月爲孟春）改爲夏正（建寅之月爲孟春），相差兩個月的曆法，是當時很重大的改革。以夏正爲標準的顓頊曆，也是在此時期改革。

> 全面性地改夏正，可能在六國稱王之時，即西元前330年前後。

〔註99〕

〔註96〕新城新藏，同注50，頁15。
〔註97〕鄭文光，《中國天文學史源流》，（臺灣：萬卷樓圖書，2000），頁222。
〔註98〕根據1997年安徽阜陽汝陰侯墓出土的三件與星占有關的器物—式盤、占盤及一天文儀器。其中的式盤又稱「天時」，即《周禮・大史》說的「抱天時與大師同車」的「天時」。天文儀器是「有古度的儀器」，應是式盤「定宿度所用」。參見嚴敦傑，〈關於西漢初期的式盤和占盤〉，《考古》（1978：5），頁334～343。
〔註99〕新城新藏，同注50，頁494、574。

依照上述的說法，大約西元前 330 年六國稱王、全面改行新曆的時代之後，甚至更晚，才有可能產生帛書《黃帝書》。

其次，帛書《黃帝書》中的有「五正」一詞，應該也與曆學有關。〈十六經・五正〉提到黃帝問闔冉說：「布施五正，焉止焉始？」闔冉說：「始在於身」、「五正既布，以司五明。左右執圭，以寺（待）逆兵。」後來文中記述黃帝接受建議，「上於博望之山，談臥三年以自求。」最後擒殺了「反義逆時」的蚩尤。〈五正〉的說法，後來爲《鶡冠子・度萬》承繼發揮：

> 天地陰陽，取稽於身。故布五正以司五明，十變九道，稽從身始，
>
> 五音六律，稽從身出。……敢問五正，鶡冠子曰：有神化，有官治，
>
> 有教治，有因治，有事治。

《鶡冠子》所說的「五正」指的是「五正」的不同層次，並非帛書《黃帝書》〈五正〉篇的本義，這點李學勤已點明。但是他解釋帛書《黃帝書》的「五正」，認爲從〈五正〉本文「中有正度」來說，「『五正』的本義當爲己身與四方之正。」〔註100〕此說便有商榷之處。因爲無論是帛書《黃帝書》還是《鶡冠子》，「度」字含義應該與天文術語「度數」相關，強調人君建立法則，必須依據客觀公正的準則，這個準則，就是天道律曆的度數，是一套天道觀的思想。依照陸佃注《鶡冠子》「取稽於身」的說法：「大禹以聲爲律，以身爲度，所謂取稽於身者耶。」這句話的意思是說：「身」如能法「天道」，掌握天時度數，其立法施政便能公正無私，像天時循環終始，萬用無窮，帛書《黃帝書》〈五正〉的「中有正度」的意思，應該也是這樣解釋。

再者，長沙楚帛書〈天象〉也有「五正」，學者都認爲與帛書《黃帝書》的「五正」關係密切，帛書〈天象〉記載：

> 群神五正，四興堯祥，建恒懌民，五正乃明。

依據李學勤所說，此處帛書〈天象〉「提到『五正』，有明顯的五行說色彩。」〔註101〕而其淵源應該是《尚書・洪範》，李零則將上引文的第一個「五正」解釋爲《左傳》的「五行之官」，《左傳・昭公二十九年》：「故有五行之官，……

顓頊曆實行於秦至漢太初元年（104B.C.），係將周正（以含有冬至之月爲正月）改爲夏正（以含有立春之月爲正月），同時以 366 年爲曆元。因此年正月之合朔適與立春節一致，又當甲寅日。同注 50，頁 16。（按：秦以十月爲歲首）

〔註100〕李學勤，同注 2，頁 102。

〔註101〕李學勤，同注 2，頁 45。〈天象〉釋文據李學勤。

－46－

木正曰句芒，火正曰祝融，金正曰蓐收，水正曰玄冥，土正曰后土。」第二個「五正」讀爲「五行之政」，「古代典政之官叫正，官所司事也叫正。」〔註102〕饒宗頤講法與李零基本相同，同時他也提示楚帛書「五正」與《史記‧曆書》所記「五行、五官」的關聯性：「黃帝考定星曆，建立五行，起消息，正閏餘，於是有天、地、神、祇、物類之官，是謂五官，各司其序不相亂也。」〔註103〕從以上學者的看法可以知道楚帛書「五正」與五行說的關係，它與戰國中期西元前 360 年間，觀測五星、開創占星術、發展五行說，〔註104〕是一個潮流的延續。從這個角度來看，帛書《黃帝書》也具有陰陽家講五行的思想，只是書中陰陽刑德的思想最終沒有發展成陰陽五行學說。

由上論述可以推知，帛書《黃帝書》「五正」與楚帛書「五正」的時代應相差不遠，據學者考證，楚帛書的時代約在西元前 300 年稍早，因此，帛書《黃帝書》的時代也可以據此參考推斷。

2. 六國稱王到齊秦稱帝

《史記‧魯世家》：「平公立，是時六國始稱王。」據考證，魯平公元年是周顯王四十七年，西元前 322 年。〔註105〕前文提到全面改行夏曆的時期，與六國全面稱王時間是一致的，稱王的諸侯意謂自立爲正，不必奉周正朔，這就是《荀子‧解蔽》所謂「諸侯異政」的大勢。《史記‧曆書》說：「三王（按：三代）之正，若循環，窮則反本。天下有道，則不失紀序；無道，則正朔不行於諸侯。」稱王的諸侯，奉行新制曆法，因爲他們相信，「率天之正」〔註106〕可以藉此擺脫周正之不合時宜，建立新的統治秩序。

六國稱王的時代，開啓於西元前 334 年，齊威王與魏惠王會於徐州相互稱王。〔註107〕西元前 325 年，秦、韓稱王，西元前 322 年，燕、趙亦跟進（楚於武王時稱王，時西元前 706 年）。六國稱王的時代，代表大國爭霸之心愈趨

〔註102〕李零，同注 55，頁 60。

〔註103〕饒宗頤、曾憲通，同注 56，頁 263、326～327。

〔註104〕邵雍《皇極經世》：「五星之說，自甘公、石公始。」新城新藏考二氏時代在西元前 360 年間，同注 50，頁 629。其且以《左傳》中的天文曆法，應屬於西元前 350～360 年間的曆學新知，因而推斷是魏人石申根據古來的資料，潤以天文曆法而編纂的，《國語》的情形也是如此。同注 50，頁 575、672，以及〈由歲星之記事論左傳國語之著作年代及干支紀年法之發達〉之專論。

〔註105〕依據錢穆《繫年》，同注 5，〈魯平公元年爲周顯王二十七年〉。

〔註106〕《史記‧曆書》：「正不率天又不由人，則凡事易壞而難成矣。」

〔註107〕本段所引史料繫年，依錢穆《繫年》考證資料，同注 5。

強烈，兼并爭奪之戰亦成爲大勢，強權如齊秦者，遂有爭帝之事實。西元前
288 年，齊湣王與秦昭王約稱東、西帝。根據《史記‧田齊世家》，稱帝之心
始於秦，昭王派魏冉約齊稱東、西帝。西元前 288 年（齊湣王十三年，秦昭
王十九），秦齊稱帝，但是同一年又復爲王。原因是齊王接受蘇代建議，取消
稱帝，以破解秦約齊稱帝的陰謀。

　　帛書《黃帝書》說：「今天下大爭，時至矣。」（〈十六經‧五正〉）、「兼
有天下」（〈十六經‧果童〉）、「帝王之道」（〈經法‧論〉）、以及〈稱〉討論「帝
者」、「王者」、「霸者」的內容，都與上述六國稱王以來，霸者欲爭天下爲帝
的時代氣息相合。《史記‧商鞅列傳》記載商鞅說秦孝公「帝王之道」，其內
容還停留在「比德於殷商」。《孟子‧梁惠王上》記孟子與齊宣王對談「王之
大欲」，齊宣王且笑而不言，最後還藉孟子之口說出「蒞中國而撫四夷」統一
天下的欲望。可見齊宣王時，大欲還不能直接出口，但是到了齊湣王，稱帝
已經付之行動了。從商鞅到孟子，從孟子到稷下黃老學派，由王而霸，由霸
而帝的潮流，已然成局。而時代更晚的《管子》，記載更多討論「帝、王、霸」
的內容（如〈兵法〉、〈乘馬〉、〈幼官〉），正因爲作品時代更晚，其所反映的
潮流趨勢也就更明顯了。

（二）從學術思想發展看

1. 從《老子》成書看帛書《黃帝書》成書上限

　　帛書《黃帝書》對《老子》道論進行改造發揮，已是學者的共識。但是
它所根據的《老子》究竟是與之合卷的帛書《老子》，還是更早時期的《老子》，
這兩種看法影響了學者對帛書《黃帝書》成書年代的判斷。鍾肇鵬、吳光、
余明光都曾提到過《老子》成書的時代在戰國中期，所以帛書《黃帝書》成
書必然要更晚。〔註108〕許抗生則將老子思想與《老子》成書分別看待，「老子
思想可能產生較早，而形成完整的學說和《老子》成書的年代可能晚些。」
認爲帛書《黃帝書》的黃老學派產生於戰國中期，影響它的是指較早的老子
思想。〔註109〕

　　學者爭執的問題點，其實是早期《老子》與成書的《老子》，兩者思想差

〔註108〕鍾肇鵬，同注77，頁86。吳光，《黃老之學通論》〈老子其人其書時代考〉（浙
　　　　江：浙江人民出版社，1985），頁26～45。余明光，同注17，〈帛書所證老子
　　　　成書的時代〉，頁78～95。
〔註109〕許抗生，同注15，頁71。

距衍變，帛書《黃帝書》究竟是受到何者的影響？根據1993年出土的郭店楚簡《老子》，簡文共二千多字，與帛書《老子》在內容章節上有差異，它的時代若依墓葬時間西元前300年來判斷，〔註110〕應該在戰國中期就已經流傳。學者大多認同帛書《老子》有發揮改造郭店《老子》的情況，由此也可以說明，帛書《黃帝書》的時代至少不會早於帛書《老子》，或者與之並行，因此可以推論，帛書《黃帝書》成書應該不會早於西元前300年。

2. 從陰陽五行學成立看帛書《黃帝書》成書下限

以陰陽刑德思想發展來說，帛書《黃帝書》早於《管子》〈四時〉、〈五行〉。〔註111〕就陰陽思想結合五行學說的發展來說，帛書《黃帝書》有陰陽刑德，有五行說（「五正」），但是兩者並未合流；《管子》〈四時〉、〈五行〉已經有合流的初步基礎，到了鄒衍，陰陽五行學說才真正成熟，〔註112〕有學者認為《管子》這些篇章的作者可能是鄒衍，〔註113〕但是由於鄒衍著作失傳，我們無法以現存零星材料來證明與《管子》相關篇章孰先孰後，或許應將兩者時代平行考量。依此推論，則帛書《黃帝書》成書下限，必要參考鄒衍學說成型的時代。

據《繫年》〈鄒衍考〉，鄒衍年世在西元前305～240年。其早年曾仕燕惠王，燕惠王不用，後來之齊為稷下先生，因言五德終始而得意於齊，《鹽鐵論‧論儒》：「鄒子以儒術干世主，不用，即以變化終始之論，卒以顯名。」即記載鄒衍學術轉變的過程。可見鄒衍學說成型應在入齊為稷下先生前，若以鄒衍遊燕不被用的情形，估計他若在燕惠王元年（西元前278年）以後遊燕，不久應已來到稷下。所以鄒衍學說應該在燕惠王以後成型。〔註114〕

〔註110〕劉國勝，〈郭店楚簡國際學術討論會綜述〉，《文史哲》（2000：2），頁124～126。文章結語「在本次會議上，多數學者接受了郭店1號墓是戰國中期偏晚楚墓。其下葬年代約在西元前300年左右。」

〔註111〕前文一、（一）第2點。

〔註112〕白奚，同註3，頁247～248。文中認為《管子》〈幼官〉、〈四時〉、〈五行〉、〈輕重己〉四篇的陰陽五行圖式，標誌著陰陽五行合流的初步實現，而成熟於鄒衍。

〔註113〕劉蔚華、苗潤田，同註63，頁114。

〔註114〕《史記‧孟荀列傳》〈封禪書〉記鄒衍著有《終始》、《大聖》、《主運》。《漢志》有《鄒子》四十九篇，《鄒子終始》五十六篇。錢穆認為鄒衍作《主運》即《漢志》所載《鄒子》，內容似「月令」、「時則」，主五德相生。《終始》言五德終始，主相勝，即《漢志》之《鄒子終始》，係鄒子之徒於秦始皇時奏之，故其說見於《呂氏春秋‧應童》。說見〈鄒衍著書考〉，同註5。本文指鄒衍學說

又，《鹽鐵論・論儒》記齊湣王末年，矜功不休，稷下諸子慎到、田駢、接子、荀卿各分散。《史記・孟荀列傳》：「田駢之屬皆以死，齊襄王時，而荀卿最爲老師，齊尚修列大夫之缺，而荀卿三爲祭酒。」是齊襄王復興稷下時，田駢等諸子皆已死，而荀卿最得襄王器重。《繫年》考稷下先生田駢等皆散在齊湣王十五年（西元前 286 年），荀卿爲稷下老師在齊襄王六年時。〔註 115〕荀卿爲稷下老師是年（西元前 278 年），也正是鄒衍以儒術干世主，卻飽受冷落的時期。以學術大勢來說，帛書《黃帝書》固成書於鄒衍學說成型之前，而齊襄王六年以後，荀卿以儒學得意於稷下，依《荀子》〈解蔽〉、〈天論〉等篇批評慎到、田駢及天道思想的情形來看，帛書《黃帝書》應該在此時期已完成著作。也就是說，帛書《黃帝書》的成書下限應該在西元前 286 年以前，最晚不會晚於西元前 278 年。

（三）從辭彙特點看

帛書《黃帝書》成書於戰國晚期初，已論之於前。若以其辭彙特點來看，仍有可說者，如贏縮、逆順、度數、天時，本爲天文術語，後來用爲論政語言，其時已在戰國中期偏晚（說見本節一、（一）第 4、5 點及二、（一）第 1 點）；陰陽刑德、五正，顯示陰陽思想與五行說尚未合流，顯示其時在戰國晚期之初（說見本節一、（一）第 2 點及二、（一）第 1 點）；再如虛靜、理、黔首、帝等詞語的時代特性，也與前述時期若合符節（「虛靜」一詞，見本節一、（一）第 3 點（2）；「黔首」、「理」一詞，同節一、（三）第 3 點；「帝」一詞，同節二、（一）第 2 點）。

依帛書《黃帝書》使用辭彙特點來說，應該是保存了成書時的原文，抄寫者並沒有摻入漢人辭彙（如「黔首」一例）。所以依帛書《黃帝書》中使用的「最新」辭彙，應該可以對照考定其時代。

綜上之論，有以下 4 點結論：

1. 本節分爲兩部分，先從學者的觀點及運用的材料，剖析其中矛盾處，采納合理的材料及觀點，論定成書年代約數；再進一步從「時代特點」、「學術思想發展」、「辭彙特點」三方面提出新材料與觀點，證成此說，確定成書上限在西元前 300 年，下限在西元前 286 年，最晚不會晚於 278 年。

2. 筆者以爲，如果再參照帛書《黃帝書》文本所欲構建帝王之道的思想

之成型，以《史記・封禪書》：「鄒衍以陰陽《主運》顯於諸侯。」爲準。
〔註115〕錢穆，同注 5，〈128〉、〈143〉。

特色而言，下限定於稷下先生散去（西元前 286 年）是年，更能反映此書的時代性。前文曾說明齊湣王於西元前 288 年稱帝，當年，又取消稱帝，二年後，稷下先生散去，隔一年，六國攻齊（西元前 285 年），湣王被殺，事在西元前 284 年，雖然，稷下學宮復興於齊襄王六年（西元前 278 年），但是此時講黃老帝王之道者，或許已經轉型（如《管子》四篇等），而且此時荀卿儒學受到襄王重視，這些轉變，都可以說明將帛書《黃帝書》下限定於西元年 286 年而非晚至西元前 278 年，更有說服力。

3. 所以，筆者提出帛書《黃帝書》成書年代，即，戰國晚期之初，西元前 300～286 年。附錄「表一：成書年代為戰國晚期初之推論表」，以表格形式整理條列各小節討論評析的簡要說法，共二十一點，并作參考對照。

4. 根據帛書《黃帝書》成書年代的結論，我們要回應《史記》黃老學的說法，以及帛書《黃帝書》是否為黃老學起源的問題。

《史記》對於黃老學來源的說法有三，據本章結論，可以進一步釐清這三種說法其意義分別代表：〈申韓列傳〉所說申子所本的黃老是「黃老系統」，非指帛書《黃帝書》；〈孟荀列傳〉提到慎到等諸子，他們是稷下黃老學派的創立者；〈樂毅列傳〉所說的河上丈人的黃老學傳承，帛書《黃帝書》經由這支傳承的可能性大，但是帛書《黃帝書》成書稍早，約在戰國晚期之初。申、慎屬於廣義的黃老學系統，河上丈人一系屬於狹義的黃老學。依照上述帛書《黃帝書》的年代，它應該是上承申子、慎子，下開河上丈人的黃老學，如果從狹義角度看帛書《黃帝書》，它當是黃老學之源；如果從廣義來看，帛書《黃帝書》前承申、慎之跡，並非最早的黃老學。

第二節　成書地域考

關於帛書《黃帝書》成書地域判斷，龍晦曾以聲韻學角度，作出帛書《黃帝書》作者生長於淮楚的結論，已為學界所肯定，但是仍有一些問題值得進一步討論，例如成書的地點，以及作者生長的淮楚文化實際範圍等。有關成書地點，學者多以地域文化作為指標，以典籍中所載黃帝與蚩尤的形象判斷作品地域，因而產生越、楚、齊文化等不同的說法，本文在此基礎下評述成說，得出成書於稷下學宮的結論；有關淮楚文化生長背景的問題，本文則進一步探索論證，提出實際範圍應該是淮泗地區。所以本節的具體結論是帛書

《黃帝書》係具有淮泗文化生長背景的稷下學宮學者所寫成，帛書成書地域即淮泗文化與稷下學宮共同孕育而成。下文分別論述之。

一、學者說法評析

目前學者對於帛書《黃帝書》的成書地域，有鄭、越、楚、齊等四種說法。其中唐蘭提出作者是鄭國隱者的說法，主要根據是《漢書‧藝文志》道家類著錄《鄭長者》一篇，班固注曰：「六國時，先韓子，韓子稱之。」此書亡佚，無從察考，再加上他認為帛書《黃帝書》是法家刑名作品，與鄭國有密切關係，便將鄧析、鄭長者、申不害、韓非等同起來，認為是黃老學的系統。由於證據不充分，所以並沒有引起討論。其後龍晦以聲韻學角度研究帛書《黃帝書》的押韻，提出三點說法，主張作者生長於西楚淮南，同時也否定作者是鄭國人的說法：

1. 以帛書《黃帝書》中的淮楚方言、淮南地名及楚諺，說明作者生長於淮楚之地。〈十六經‧三禁〉：「剛強而虎質者丘」，「丘」字的用法說明這是西楚淮南人的方言；〈十六經‧果童〉（筆者按：章名「果童」係「五正」之誤）：「黃帝於是辭其國大夫，上於博望之山，談臥三年以自求也。」博望之山在淮南，與作者有地緣關係；〈稱〉：「兩虎相爭，奴（駑）犬制其余（餘）。」這句話見於《戰國策‧楚策》及《史記‧春申君列傳》，應是楚地諺語。帛書《黃帝書》作者是楚人，很自然地引用楚地諺語。

2. 帛書《黃帝書》與江淮地區及其毗鄰地區的著作中彼此相互承襲的情況，如《國語‧越語下》、《管子》、《淮南子》，范蠡或云南陽人、或云徐人，徐正是西楚。管仲為潁上人，劉安封地正是淮南。

3. 帛書《黃帝書》用韻文寫成，它的押韻情況大致與《淮南子》相同，都具有楚方言特色。

龍晦的說法普遍為學者認同，即，帛書《黃帝書》的作者與西楚淮南文化背景有密切關係，至於像帛書《黃帝書》這樣講「帝王之道」的論政作品，作者的論政對象、寫作地點在哪一國？龍晦並沒有說明。後來學者根據帛書《黃帝書》與《越語下》、《淮南子》、《管子》等書文句互引所呈現的地緣關係，分別作出越國、楚國、齊國等不同的說法。下文分別評述之。

（一）越國說

主張帛書《黃帝書》是越國人的作品，有魏啓鵬及王博。

1. 魏啓鵬提出帛書《黃帝書》的主體思想是「天道環周」，他舉出《孫子兵法》、《越語下》與帛書《黃帝書》文句的相關性，認爲帛書《黃帝書》根源於吳越文化，後來經過稷下學者整理匯編成書。〔註116〕

2. 王博同意根源於吳越文化的說法，並且將《孫子兵法》與《越語下》的成書，等同於孫武、范蠡的年代，因而推論帛書《黃帝書》是在戰國中期以前，由越國人所作的結論。〔註117〕

有關這些說法，以下分兩點討論。

【評析】有關第1點，帛書《黃帝書》成書的年代晚於《越語下》，這個觀點得到大多數學者的認同，所以認定《越語下》的成書年代是很重要的。關於《越語下》的成書年代，我們先前已經論證，帛書《黃帝書》和《越語下》出現的「天道環周」思想，其中牽涉到的「贏縮」、「逆順」、「天時」等用語，屬於天文術語，「贏縮」、「逆順」指的是行星運動的疾或遲，而發現行星逆行是在戰國中期西元前360年間，所以《越語下》的成書並不與范蠡年代相等，帛書《黃帝書》當然不可能產生於戰國中期以前。史載越滅於楚，在楚威王七年（西元前333年）。〔註118〕滅亡前的兩位國君無顓、無疆，衰象已露，固不可能產生帛書《黃帝書》那樣亟稱「帝王之道」（〈經法・論〉）、「兼有天下」（〈十六經・果童〉）的作品，可證帛書《黃帝書》不出於越人之手。

有關第2點，王博舉出《孫子兵法》有「黃帝勝四帝」託名「黃帝」的情形，以及「度、量、數、稱」等語辭，認爲在孫武的時代就已經出現這些與帛書《黃帝書》相關的資料，吳後來爲越所滅，所以帛書《黃帝書》的時代及地域，應該是戰國中期以前的越人作品。

關於《孫子兵法》的成書年代及地域，對此書研究多年的李零其意見值得重視，他說：

> 《孫臏兵法・陳忌問壘》所附殘簡提到「孫氏之道」是「明之吳越，言之於齊」，說明兩個「孫子」是一家之學……《吳孫子》和《齊孫

〔註116〕魏啓鵬，同注47。

〔註117〕王博，〈論黃帝四經產生的地域〉，《道家文化研究》第3輯（1993），頁223～240。

〔註118〕《史記》〈越世家〉、〈楚世家〉。

子》是由孫臏及其後學在威王和威王以後在齊國整理而成。〔註119〕
他認爲《孫子兵法》(下引文稱《吳孫子》)流傳於吳、越,但是整理成書是在
齊威王時代或以後,由孫臏及其後學在齊國完成。所以將《吳孫子》的成書等
同於孫武時代的看法,顯然是錯誤的。而且古書從流傳到整理成書往往經過一
段時期,後來的整理者,對古書「附益和增飾」,也是常見的。〔註 120〕李零說
明《吳孫子》整理完成的時代,在齊威王時代或以後,正可以合理解釋《吳孫
子》有「黃帝勝四帝」託名「黃帝」的情形,以及出現「度、量、數、稱」等
語辭,它們都與西元前 360 年間的天文發現有關,而非孫武時代事。

先論「黃帝勝四帝」事。《吳孫子・行軍》提到「凡此四軍之立,黃帝之
所以勝四帝也。」根據山東銀雀山出土竹簡《吳孫子》題名〈黃帝伐赤帝〉
的佚文,記述了黃帝南伐赤帝、東伐〔青〕帝、北伐黑帝、西伐白帝,「已勝
四帝,大有天下。」、「以利天下,天下四面歸之。」王博認爲與帛書《黃帝
書》〈十六經〉的黃帝形象非常接近,例如此篇的〈立命〉:「黃宗(帝)質始
好信,方四面,傅一心,四達自中……是以能爲天下宗。」以及同篇〈果童〉:
「黃帝〔問四〕輔曰:唯余一人,兼有天下。」這些說法是正確的。但是他
認爲吳越時代的孫武是最早依託黃帝的思想家,將依託黃帝的時代提前,則
顯然有誤。因爲,根據竹簡《吳孫子》佚文,這裏形成黃帝居中位,四帝以
顏色與方位相配的說法,與傳統說法「(黃帝)與炎帝戰於阪泉,與蚩尤戰於
涿鹿,北逐葷粥。」(《史記・五帝本紀》)、「黃帝七十戰而定天下。」(《六
韜》)不同,竹簡《吳孫子》佚文的說法明顯地規律化,比較接近「五行說」的表
現形式。

根據日人新城新藏的研究,他認爲「五行說」是在西元前 360 年間天文
學發現五星之後,藉五星運行的智識,發展出一套解釋天地一切事物原理的
五行說。〔註 121〕五行說後來運用於陰陽數術與《月令》一類作品,到了鄒衍
時才完備了陰陽五行的系統理論。上引竹簡《吳孫子》佚文顯然是受到當時
「五行說」的影響,將兵法與當時最進步的知識結合起來,形成了「黃帝勝
四帝」的說法。根據吳光的說法,這篇佚文反映了作者的理想,是作者所處

〔註119〕李零,〈出土發現與古書年代的再認識〉,收於《李零自選集》(廣西:廣西師
　　　　　範大學出版社,1998),頁 27、46。
〔註120〕李零,同注 119,頁 31。
〔註121〕日人新城新藏,同注 50,頁 634。

時代特點的寫照，而「五色帝」的觀念，在戰國以前已部分出現，但是沒有系統化，最早的五色帝循環系統是由鄒衍建立，他據此推論：「《孫子》佚文中所謂五色帝相互攻伐，最後由中央的黃帝戰而勝之，統一天下的局面，只能是戰國中期以後大國爭霸，力求統一天下的歷史趨勢的反映。」〔註122〕所言極是。根據齊威王時的《陳侯因齊敦》銘文，齊威王將世系接連到黃帝，除了表示其取代炎帝之後的姜齊政權的合理性外，也為其效法黃帝并兼天下的合理性找到理由。李零將《吳孫子》、《齊孫子》兩書整理完成的時代及地點，放在齊威王時或以後的稷下學宮，正可以說明竹簡《吳孫子》佚文出現託名「黃帝」的情形，正與齊威王時代的政治背景相符。

其次，王博認為《吳孫子・形》提到「度、量、數、稱」，在其他子書中並不常用，認為帛書《黃帝書》經常使用這些辭語，表明與《吳孫子》當有某種淵源關係。事實不然，「度、量、數、稱」等辭語在戰國中期以後大量出現，此現象係由天文學的相關知識發展而來的。前文說過，「度數」是指天文學家通過儀器測得行星運行逆、順的「度數」；「量」指度量，「稱」指輕重，即《淮南子・天文》所說：「古之為度量輕重，生乎天道。」、「律曆之數，天地之道也。」所謂「天道」、「天地之道」，係由執政者根據天文「度數」制曆法、定度量、稱輕重、正形名、立法則，以天道律曆之數聯系規範彼此關係，所建構成的一套表現天、地、人相參的大法，這套以表現宇宙秩序的治國大法，就是黃老學者的理想主張。帛書《黃帝書》也就是依此理念所構築的一套治國之道。而《孫子兵法・形》所說的「度、量、數、稱」，是運用在兵法中講地形，其內涵固與帛書《黃帝書》論政之言不同，但是可以確定的是，這些詞語被普遍性的使用，應該在戰國中期西元前 360 年間或以後。

【結語】根據上述論證，《吳孫子》並非完成於戰國中期以前的越國，它與帛書《黃帝書》的關係，應該和當時代祖述黃帝的風潮有關係，它們都是具有時代性語言的作品，由此得知出帛書《黃帝書》並非成書於越國。

（二）楚國說

主張成書地域在楚國的學者有丁原明、李學勤，他們的主要說法：

1. 帛書《黃帝書》的「五正」說與長沙楚帛書、《鶡冠子》的「五正」說是一個系統，異於《管子・四時》所說的「五政」。

〔註122〕吳光，同註108，頁115。

2. 帛書《黃帝書》的蚩尤形象與《管子》不同，所以帛書《黃帝書》近
   於楚文化，而非《管子》所代表的齊文化。

【評析】有關第 1 點，論者將帛書《黃帝書》〈十六經・五正〉、長沙楚
帛書〈天象〉、《鶡冠子・度萬》的「五正」，與《管子・四時》的「五政」作
對照，認爲這些作品都與陰陽數術相關，前三者屬於楚地或南方著作；《管子・
四時》講春、夏、秋、冬四時「發五政」，則出自北方學者之手。〔註123〕學者
以「五正」論述的內容及形式，將《管子・四時》與前三者區分開來，表面
上看，的確有內容與形式的不同，但是，如果從同樣是陰陽數術作品的角度
來看，以「刑德」之說作爲對照，將會有不同的結論。首先，帛書《黃帝書》
中講「刑德」思想，近於《管子・四時》的「刑德」之說，如〈十六經・觀〉：
「宿陽脩刑，童（重）陰長夜氣閉地繩（孕）者，〔所〕以繼之也。夫並時
以養民功，先德後刑，順於天。」《管子・四時》：「陰陽者，天地之大理也；
四時者，陰陽之大經也。刑德者，四時之合也。刑德合於時，則生福，詭則
生禍。」兩者都以刑德作爲執政依據。其次，楚帛書三篇無「刑德」的說法，
有人說可能是〈天象〉中的「德匿」，但是並不確定，〔註124〕《鶡冠子》的「刑
德」說與陰陽五行說參雜，如〈泰鴻〉：「照以三光，牧以刑德，調以五音，
正以六律，分以度數，表以五色，改以二氣。」這些說法應該是陰陽五行說
盛行之後的說法，與帛書《黃帝書》的素樸說法時代相距已遠，並不能據此
判斷帛書成書於楚地。可見以「刑德」說來對照，其結果卻是帛書《黃帝書》
近於《管子・四時》。所以僅以「五正」說來區分帛書《黃帝書》的南、北文
化歸屬，所得結論是牽強的。

第 2 點，蚩尤形象在帛書《黃帝書》與《管子》中不同的問題。主張者
認爲從《史記・封禪書》和《管子》來看，在齊人心目中，蚩尤乃是兵主及
黃帝六相之一，這與帛書《黃帝書》以蚩尤爲反義倍宗，且被黃帝誅死的形
象，顯然是不同的。〔註125〕論者多從炎、黃二族文化差異解釋，認爲黃帝姬
姓，蚩尤姜姓係炎帝之裔，史傳蚩尤對抗黃帝被殺，但是齊人是姜姓，還奉
蚩尤爲兵主，可見帛書《黃帝書》不屬於齊文化。

〔註123〕丁原明引李學勤、王博說，看法相似。同注39，頁48～49。

〔註124〕李零以楚帛書〈天象〉的「德匿」即帛書《黃帝書》的「德虐」，解爲「刑德」
　　　　之說。但是饒宗頤認爲楚帛書的「德匿」不可解爲「刑德」之說。李零，同
　　　　注55，頁57～58。饒宗頤，同注56，頁313。

〔註125〕丁原明引王博說法。丁原明，同注39，49～50頁。王博，同注117，頁228。

如果以此推論認定帛書《黃帝書》不屬於齊文化，但也無法得出楚文化的結果。因為楚文化作品如《楚辭》，基本上沒有出現黃帝的形象，以及炎黃、黃帝蚩尤大戰故事；楚帛書〈四時〉提到了炎帝、祝融，體現了楚人的古史觀念，〔註126〕它沒有提到黃帝，卻提到共工，共工依《山海經・海內經》說是祝融之子，也屬於楚先祖，在楚帛書中他是掌天時曆法者，與帛書《黃帝書》〈十六經・正亂〉將蚩尤共工並視為「反義逆時」的形象並不相同。〔註127〕李學勤也注意到這個問題，他說：「（楚帛書）〈四時〉不僅是陰陽家作品，思想流派與〈經〉（〈十六經〉）篇等有異，其中的古史傳說亦不一樣。其原因是不是有作者所屬背景的因素，有待專門研究。」〔註128〕所以將帛書《黃帝書》納入楚文化系統，並不恰當。

現在我們再回頭來看《管子》中的蚩尤形象。學者提到《史記・封禪書》記齊人自古有祀八神的傳統，蚩尤被祀為兵主，與《管子・地數》提到蚩尤善為兵器的說法相合，但是仔細考察〈地數〉相關內容，這種說法並不盡正確。〈地數〉內容是以桓公管仲問對，談地利之事，文中藉黃帝君臣問答形式，提到黃帝「欲陶天下而以為一家，為之有道乎？」伯高答說要善用山中醞藏豐富的金礦（銅金鉛錫赤銅鐵），封山祭之，修教十年，以免蚩尤受金制兵，造成諸侯相兼的局面。作者引用蚩尤制兵的傳說，並不是正面的肯定其行為，反而黃帝君臣問答的故事，才是文章主題。根據胡家聰在《管子新探》提到〈地數〉屬於〈輕重〉系列篇章，是談財經政策的作品，這一系列的作品所紀錄的財經政策並不屬於早期的姜齊，而是在田齊時代。〔註129〕姜氏是炎帝的後裔，田氏在篡齊取得政權後，為了和姜齊區別，遂有齊威王「祖述黃帝」的宣稱。〈地數〉作於田齊時代，這時的黃帝成了主位，炎帝族的蚩尤，遂從兵主形象退為負面的配角。《史記・封禪書》所記為齊人傳統信仰，《管子》是政論之作，採用古史傳說是為了詮解政治，不是傳布信仰。明白此等分別，自然就不必在諸子著作與齊地信仰上糾纏，對於看待帛書《黃帝書》中的蚩尤形象，也會有較客觀的角度。

其次是《管子・五行》，蚩尤為黃帝六相之一。〈五行〉篇不但提到蚩尤

〔註126〕李學勤，〈楚帛書中的古史與宇宙論〉，同注2，頁52
〔註127〕王博，同注117，232頁。
〔註128〕李學勤，〈楚帛書和道家思想〉，同注2，頁90。
〔註129〕胡家聰，《管子新探》（北京：中國社會科學出版社，1995），頁182。

爲黃帝六相之一，同時也提到炎帝族裔的祝融、共工（土師）：

> 昔者黃帝得蚩尤而明於天道。得大常而察於地利。得奢龍而辯於東方。得祝融而辯於南方。得大封而辯於西方。得后土而辯於北方。黃帝得六相而天地神明至。蚩尤明於天道，故使爲當時。大常察乎地利，故使爲廩者。奢龍辯於東方，故使爲土師。祝融辯於南方，故使爲司徒。大封辯於西方，故使爲司馬。后土辯於北方，故使爲李。

這篇作品將六相以天、地、四方分列，由黃帝統領之。蚩尤放在「明於天道」的位置，與蚩尤制兵的傳統形象不同。考先秦典籍並沒有類似的說法，可能是出於稷下的陰陽家，以「推而大之」、「推而遠之」、「先序今以上至黃帝」（《史記·孟荀列傳》）的方式，藉著推天道以明人事的手法，將來自不同文化的蚩尤、祝融、土師（戴望《管子》校正以爲「此官在唐虞爲共工」）等傳說，融合在以黃帝爲中心的旗幟下。

從以上分析可知，《管子》〈地數〉、〈五行〉兩篇的黃帝與蚩尤形象及其關係，都是在齊威王祖述黃帝的宣示以後，稷下學者對於規劃田齊作爲天下中心的藍圖，對「黃帝文化」所作的新詮說。所以《管子》篇章出現蚩尤新、舊形象，包含兵主的傳統說法、黃帝六相之一的新說，便不足爲奇，因爲他們都是已經納入「黃帝爲中心」的架構下出現的前後作品。帛書《黃帝書》中的蚩尤與黃帝的關係，也應當納入稷下尊黃帝的文化架構下考量，而非南方的楚文化。

另外，從山西出土文物魚鼎匕銘文記載有關「蚩尤入羹」的內容，也可以說明帛書《黃帝書》中的蚩尤形象源自西北地區，與南方無關。這件魚鼎匕出自山西渾源，舊爲羅振玉收藏，現藏遼寧省博物館。〔註130〕此器年代約在春秋戰國之交，是趙襄子滅代以前代的遺物，銘文把鼎中魚羹比做「蚩尤醢」，要下民以爲戒，這個匕就是盛魚羹的鼎所配，李零認爲這便是〈十六經·正亂〉醢蚩尤的故事的來源。〔註131〕由此可證，帛書《黃帝書》中黃帝醢蚩尤的故事，來源是北方而非南方。

【結語】帛書《黃帝書》與《管子》文化性質接近，從黃帝與蚩尤的關係判斷，其與田齊祖述黃帝之文化風潮關係密切，與楚文化作品長沙楚帛書、《鶡冠子》關係較遠。

〔註130〕《殷周金文集成》第三冊（北京：中華書局，1989），頁223～224。
〔註131〕同註119，頁84、頁283～284。

（三）齊國說

　　從上文論述可知，帛書《黃帝書》並非產生於越國，也非南方的楚國，最有可能產生的地點應該是齊國的稷下學宮。除了主張此說的學者較多，包括陳鼓應、劉蔚華、苗潤田以及胡家聰等，他們提出的論點合理，最重要的是戰國中期以後的學術重鎮在稷下，而稷下學者又以學黃老道德之術者為主流，這是《史記‧孟荀列傳》提供的最有利線索。以下列出主張齊國說的三點共同根據：

1. 《陳侯因𰠟敦銘文》記載：「其惟因𰠟揚皇考昭統，高祖黃帝，弭嗣桓、文，朝問諸侯，合揚厥德……保有齊邦。」說明自齊威王祖述黃帝以後，稷下黃老託名於黃帝立說的主要原因。

2. 稷下學宮在宣王、湣王時有許多黃老學者，著名者如田駢、慎到、接子、環淵，說明黃老思想在稷下有很大的勢力。

3. 《管子》書中的黃老作品占有一定的份量，其黃老思想與帛書《黃帝書》相同或相似之處。例如《管子》四篇的道論，〈四時〉、〈五行〉的刑德說，〈幼官〉、〈乘馬〉、〈兵法〉提到帝王霸的思想，以及〈勢〉抄自〈越語下〉而又表現於帛書《黃帝書》，都表明它們產生於稷下學宮的可能性。

　　【評析】上述說法，筆者基本認同，然而我們並不能據此簡化結論，以帛書成於齊國作結語。因為，根據龍晦的說法，作者可能是具有淮楚文化生長背景的楚人，這點是主張齊國說的學者也不能否定的。〔註132〕所以，如何解釋這種現象，則有進一步的討論空間。

　　【結語】稷下黃帝文化具體的形成原因，以及其與帛書作者可能具有淮楚地域文化生長背景，如何能將兩種現象統一解釋？又，淮楚文化是否可以籠統地以楚文化通稱？稷下學宮託名黃帝的風潮，是否還有其他因素？這些問題將在下文進一步探討。

二、產生地域推論

　　根據上文所得的結論，帛書《黃帝書》的作者可能是生長於淮楚地區，後來成為稷下學士，在稷下完成作品。下文我們將在此一推論基礎上，證成

〔註132〕劉蔚華、苗潤田，同註63，頁368。胡家聰，同註62，頁122。

這樣的說法。

（一）淮楚地區特點

　　江淮之地又稱淮楚，根據龍晦參考方以智《雅通》卷十三及顧炎武《日知錄》卷三十一，整理的說法是：

> 長江自歷陽（今安徽和縣）起斜北流到鎮江，以這段長江為標準，在江南蘇州等地區為江東，又叫東楚，省稱東或東方；在江北的彭城為西楚，省稱西或西方。《史記·項羽本紀》裏「急引兵西擊秦」，都是指的渡江而北，項羽自稱西楚霸王，也正是襲用了當時江淮人的方位觀念自稱的。

他還提到在「江淮地區及其毗鄰地區的著作中彼此相互承襲的情況。」用以說明「古佚書的作者正是生長於淮楚之鄉」。龍晦提到的相關著作人生長地或活躍區域，包括管仲，穎上人；范蠡，南陽人或徐人，活躍區為江淮、曾與諸侯會盟於徐州、徙都琅琊，渦陽有范蠡村。

　　考察這些區域涵蓋範圍：穎上，近壽春。渦陽在壽春北。徐，國名，故城在泗縣北，徐滅舒，占有江淮部分領域（《通志·氏族略》），春秋末滅於吳。南陽，齊之淮北，泗上之地（《史記·魯仲連傳》〈索隱〉）。徐州，齊邑薛縣（《日知錄》卷三十一）。琅琊在今山東膠縣南。這些區域（琅琊除外）基本上是淮泗流域範圍，以淮水為線，西起穎水，東到泗水，若包括琅琊，則經沂水延向黃海，此區域即龍晦所說「江淮毗鄰地區」，又稱之為「淮楚地區」。然而進一步考察龍晦所說地名所在位置，其實這片區域應該是以淮水、泗水為主線或向東延至沂水，確切地說，以地理位置來命名，稱之為淮泗流域應當更合宜。（見附圖）其次，龍晦認為帛書使用楚地諺語，用韻與《淮南子》接近，屬於淮南楚語；另外，徐（國）所在地稱西楚（說見本節一），因而命此地區「淮楚」，以表現帛書作者為淮楚人。筆者以為，「淮楚」之名，實際上是以籠統的「楚文化」來涵蓋統稱多種文化交融的現象，並無助於解析何以帛書呈現兼融不同文化或著作的特色，所以與其名之「淮楚地區」，不如稱為「淮泗地區」比較不易產生文化混稱問題，因此，下文將以「淮泗地區」稱之。

　　這片地區，不僅是在著作上有彼此承襲的文化融匯特色，由於淮泗流域位處齊、楚、魯、宋交會地，不但成為諸侯會盟之所（如徐州薛城），也是自古兵家爭逐之地，這些因素，都可以進一步證成帛書作者受到淮泗地域文化的影響。以下分兩點敘述之：

1. 兵家爭逐之地與文化的融匯

春秋時，位處江淮的群舒小國先是被徐國、楚國消滅，後來吳滅徐，勾踐滅吳，「越兵橫行於江淮東，諸侯畢賀，號曰霸主。」（《史記・越世家》）西元前 468 年勾踐將都城北遷至琅琊，實有與齊爭強之勢。至楚威王七年（西元前 333 年）越被滅，總計越都琅琊前後有百餘年（西元前 468～346 年）之久。琅琊近於齊境膠東，越都琅琊百年，齊越文化交流是很正常的，帛書《黃帝書》受《越語下》影響，《管子・勢》抄襲《越語下》的情形，或許都可以用這種因素來解釋。

其次，與帛書《黃帝書》內容有關聯性的楚帛書與《鶡冠子》，它們都被歸爲楚文化作品，但是已有論點指出，《鶡冠子》的作者背景，很可能是源於「徐文化」，據出土文物資料顯示，《鶡冠子》的作者很可能與徐國地域有關。西元 1982 年，紹興出土徐國湯鼎，湯鼎有銘文五行，研究者指出「此銘重心的誓詞二句，以俗、辱爲韻。《鶡冠子・泰鴻》叶錄、辱、足、俗、樸、濁。是其證。」〔註133〕《鶡冠子》書名「鶡冠」，內容又多言天道，與作者通曉兵事似有關聯。〔註134〕又如，馬王堆帛書《避兵圖》，其中有「作戎裝鶡冠、『大』字狀人形」，李零釋爲「太一」星，太一星在中間爲樞，與前面的三顆星即「天一」組成星座，太一鋒所指者爲兵敗。〔註135〕可見《鶡冠子》以「鶡冠」爲名，其作爲言天道、論兵的著作，應當有其文化淵源。研究徐鼎銘文的學者也指出，淮夷文化發達，擅長占卜，徐國又是淮夷文化之最，因此推測此墓主應當是巫祝一類人物，時代在吳滅徐，與勾踐同時，但是，「徐俗與勾踐的

〔註133〕董楚平，《吳越文化新探》（浙江：浙江人民出版社，1988），頁 218。

〔註134〕《漢志・諸子略》道家類著錄《鶡冠子》一篇，注曰：「楚人，居深山，以鶡爲冠。」然鶡冠取鶡鳥之勇健善鬥（《山海經・中山經》注），爲武冠，秦漢間常見，如秦始皇一號坑出土將軍俑即「頭戴鶡冠」（成耆仁，〈俑的概念〉，《兵馬俑秦文化》（臺灣：國立歷史博物館，2000），頁 83。）《後漢書・續輿服志》亦曰：「鶡雄雉，爲武冠。」今本《鶡冠子》十九篇，宋陸佃注，其內容言道家事而雜以刑名，亦包含龐煖論兵。《淮南子・兵略》記載「上將用兵，得天道。」天道即數術兵陰陽之類。黃懷信認爲楚人鶡冠子，係燕將龐煖的老師，遊學並定居於趙，喜以當地所產鶡鳥羽毛爲冠飾，並以爲號。說見黃懷信，《鶡冠子彙校集注》，（北京：中華書局 2004），頁 1～3。可知《鶡冠子》「以鶡爲冠」與其通曉兵事有關，後世曲解「鶡」爲「褐」，以爲貧賤隱居服（《文選・辨命論》李善注），是又誤矣。

〔註135〕同注 119，頁 250。

越俗異」。〔註136〕

再說楚帛書，原來皖北淮河流域原是徐人祖居地，戰國以後爲楚地，很可能屬於數術作品的楚帛書，其作者也可能受善於占卜的徐文化影響。

由上文論述可以說明：1.徐文化的特質與影響，它並沒有被楚文化取代，所以不能等同於楚文化。因爲徐國舊地在歷經吳、越兼併乃至楚滅越，直到《鶡冠子》的時代，都還保存著文化特性；2.徐、越文化屬性不同，越、楚文化也各有特質，它們都在此淮泗流域地區被保留下來；3.帛書《黃帝書》對這些文化採取兼融的態度，至少包括徐、越文化以及齊、楚文化，但是這其中仍以表現天道思想爲主，這或許與作者生長於兵家爭逐的淮泗地域背景有著密切關係，下文即就此問題進一步討論。

2. 天文星占學家輩出

戰國時代兼併頻繁，因應戰爭需求的天文星占學也相繼發達，江淮及淮泗地區產生不少的天文星占家。《史記・天官書》說：

> 田氏篡齊，三家分晉，并爲戰國。爭於攻取，兵革更起，城邑數屠。因以飢饉疾疫焦苦，臣主共憂患，其察禨祥、候星氣猶急。近世十二諸侯，七國相王，言從衡者繼踵。而皋、唐、甘、石，因時務論其書傳，故其占凌雜米鹽。……在齊，甘公。楚，唐昧。趙，尹皋。魏，石申。

甘公、唐昧、尹皋、石申，他們都是在七國相繼稱王（西元前 322 年）時代的人。楚唐昧及齊甘公，也可能生長於江淮、淮泗流域。甘公籍屬有數說，或曰齊（《史記》），或曰楚（《七錄》），《史記》〈集解〉引徐廣曰：「或曰甘公名德也，本是魯人。」正說明甘公生長於齊、楚、魯交會的淮泗地域。徐州薛城爲齊邑，後來魯取徐州（《呂覽・首時》），魯又滅於楚。甘公有可能是徐州人。饒宗頤認爲長沙楚帛書與甘德有密切關係，〔註137〕李學勤或疑是唐昧之作。〔註138〕總之，淮泗地區的天文星占學是發達的。帛書《黃帝書》的天道思想占重要分量，與楚帛書又屬同時期作品，正說明作者成長於此。

附論：龍晦曾以帛書《黃帝書》〈十六・五正〉的博望山在淮南，引《安徽通志》卷二十八《輿地志・山川》說明博望山在太平府（今安徽當塗）西

〔註136〕董楚平，同注 133，頁 214、217。

〔註137〕饒宗頤，同注 56，頁 314。

〔註138〕李學勤，〈論楚帛書殘片〉，同注 2，頁 75。

南，又名東梁山、天門山。如果這條證據可以成立的話，則它是帛書《黃帝書》中唯一的地名，又是黃帝休養生息之地，這將是判斷帛書《黃帝書》作於淮楚的重要指標，稷下便不可能是成書之地。但是經過考察，並非如此。「博望山」在帛書《黃帝書》中並非眞正的地名，更不能以此作爲判斷它與淮南地緣關係，原因如下：

如果這眞是安徽的東梁山，那麼依〈五正〉：「黃帝於是辭其國大夫，上於博望之山，談臥三年以自求也。」博望山既是黃帝「談臥自求」之地，在東梁山應成爲美談，可是《安徽通志》顯然沒有如此記載，此其一；《莊子・至樂》也有黃帝休養之地：「崑崙之虛，黃帝之所休。」成玄英〈疏〉：「崑崙，人身也…崑崙玄遠，近在人身。」崑崙取象「玄遠」，並非實指山名。畢沅注《山海經》云：「昆侖者，高山皆得名之。」可見神話傳說所出現的地名，取象居多，未可實指，此其二；依《讀史方輿紀要》卷十九「梁山」條，歷述太平府梁山史話，東梁山名「博望」，應始自南朝宋時，「宋於南岸分軍守禦，置戍博望」，「博望」應是扼大江關要之義。南朝以前東梁山稱爲天門山，一名蛾眉山，《左傳・昭公十七年》：「楚獲吳乘舟餘皇處」就是此地，當時並沒有博望山之名，此其三。以上三點說明帛書《黃帝書》的「博望山」並非實際地名。不能將這條材料作爲帛書《黃帝書》成書於楚（或越）的論證。

戰國時有博望城，《史記・田齊世家》：齊威王敗魏於馬陵，「三晉之王，皆因田嬰朝齊王於博望，盟而去。」博望在今山東博平縣西南（《讀史方輿紀要》卷三十四博平縣），它可能是最接近帛書《黃帝書》時代的地名，由於地理志均無附近有山的記載，當然也不能妄斷博望城附近必有山名博望。《漢書・張遷傳》記張騫封爲「博望侯」，顏師古注：「取其能廣博瞻望。」《三輔黃圖》載漢武帝爲衛太子開「博望苑」以通賓客，「博望」在漢時多以「廣博瞻望」取義名物，非拘於地名，若以此解說明帛書《黃帝書》黃帝談臥自求的「博望山」，應當是恰當的。

（二）稷下學宮的黃老學

淮泗地區有其特殊的地理、軍事、文化背景，所以戰國中期以後的黃老著作，如《管子》黃老作品、帛書《黃帝書》、《鶡冠子》，作者可能都具有此地文化匯萃的滋養。但是說到帛書《黃帝書》的成書地點，則不得不歸之於齊稷下。原因除了上文引學者所說三點外，稷下更以著重數術方技學爲特色，並以天道思想託名黃帝，貫徹威王祖述黃帝的一統雄心，在文化上形成一統

匯歸的趨勢，而帛書《黃帝書》便是在這種環境下寫成的著作。

1. 數術方技學發達

田齊稷下學宮歷史，據學者考證，從桓公午（西元前 374～357 年）到王建滅亡（西元前 221 年），長達百年，〔註 139〕它不但造就了戰國學術界「百家爭鳴」的盛世，也影響了秦漢的博士制度。〔註 140〕繼魏文侯禮賢之風，田齊稷下學宮爲學者設立論政的空間，稷下先生享有「賜列第爲上大夫，不治而議論。」的優沃條件，一時稷下成爲學術重鎭，在宣王時甚至達到「數百千人」，「賜列上大夫」者也有「七十六人」，其學派包括儒家、道家、名家、陰陽家。根據《史記・孟荀列傳》，宣、湣王時期以道家最盛，包括田駢、接予、慎到、環淵。襄王時有儒者荀卿，荀卿之後以陰陽家最盛，如鄒衍、鄒奭等。

除此之外，還有兵學，包括《司馬法》（《史記・司馬穰苴列傳》：「齊威王使大夫追論古司馬兵法而附穰苴于其中。」）、《吳孫子》、《齊孫子》（由孫臏及其後學在威王和威王以後在齊國整理而成）、今本《六韜》（《隋志》著錄《太公六韜》注：「周文王師姜望撰」），李零認爲：

> 稷下諸子中，陰陽家和道家有很大勢力。這兩家，陰陽家偏于陰陽天道，即數術；道家偏于養生，即方技，是以這兩種專門之學作背景。

他還提到一種講治國用兵之術的書，如《漢志》道家類的《伊尹》、《太公》、《辛甲》、《管子》。這些書又與法家、兵家、道家相關。〔註 141〕在〈說黃老〉一文中，他則直接點明黃老之術與數術方技的關係：

> 通過對陰陽家和道家的研究，我們可以看得比較清楚，它們是數術方技之學更直接的延續，而黃老之術又是融通二家與二學的新體系。〔註 142〕

考數術方技屬於專門之學，《漢志》中不列入諸子學派，章學誠《校讎通義》卷二曾以數術方技之學與兵書中的形勢、陰陽、技巧家之言，稱爲「法術名數」，以別於諸子的議論文辭。但是它在稷下受到重視，連帶諸子論政也都受影響，將之納入治國綱領，尤其是黃老學派、陰陽學派，這兩家學派以養生學、天道學推衍政治，並參以兵學，成了戰國中後期的學術主流。考其原因，

〔註 139〕孫以楷，《稷下學宮考述》，《文史》第 23 集（1984），頁 41～54。
〔註 140〕楊寬，同注 51，頁 489。
〔註 141〕李零，同注 120，頁 46～47。
〔註 142〕李零，同注 120，頁 289。

除了數術方技受到君主重視外，其實這些學者追求的是一套客觀公平的治國
大法，取代以禮論法的舊傳統。於是當時最先進的新知，爲人所公認的天文
學，逐衍爲天道思想；養身論藉著進步的醫學知識，成爲君主的養身寶鑑之
餘，還可以擁有「安徐正靜，柔節先定」（帛書《黃帝書》〈十六經・順道〉）
因循應變的治國智慧；兵學是因應戰爭，屬於當代必修之學。黃老學反復強
調的天之道、地之德，基本上就是在這種向天地取法，追求科學、客觀精神
的展現。

　　帛書《黃帝書》便是體現黃老學這種思維的代表作。它的天道思想、養
生論及兵學思想，都是重視數術方技科學的表現，所以將其成書地點放在稷
下的環境是很合理的。

2. 以天道學說託名黃帝的學術趨勢

　　魏啓鵬提到託名爲黃帝之言的原因，認爲黃帝與天文曆法、戰爭有密切
關係，〔註143〕這是很正確的看法。從另一個角度來說，天文曆數與兵法，基
本上屬於「數術方技」，戰國時代有許多創制發明，大多託名黃帝，以黃帝君
臣對問爲形式，形成一類託名黃帝的數術方技書，根據《漢志》所載秦漢以
來託名黃帝的書：

諸子略　道家四種七十八篇，陰陽家一種二十篇，小說家一種四十篇。

兵書略　兵陰陽一種十六篇。

數術略　五種九十四卷又三十三篇。

方技略　九種一百六十六卷。

由以上所列，可以清楚說明這種託名現象的分布情形。李零進一步主張
黃帝之言基本上與數術方技有關，託名黃帝主要是講發明：

　　（《世本》）〈作〉講發明，和帝系集中于黃帝是同步趨勢。這些「某
　　作某」的短語是戰國秦漢時期，以黃帝君臣對問爲形式的大批技術
　　書的敘事母題。

根據這種說法，我們看到託名黃帝講發明的相關著作，在稷下的例子也很多，
譬如《管子》及《孫子》。《管子》〈五行〉：黃帝「作五聲」、「立五行」、「以
正天時，五官以正人位」，〈任法〉：「黃帝之治也，置法而不變」，〈輕重戊〉：
「黃帝作鑽遂生火。」〈桓公問〉：「黃帝立明臺之議。」此外，《孫子》的「黃

帝勝四帝」故事，也是依託黃帝講發明，同時它也是現今所見依託黃帝最早的資料。據李零說法，《孫子》是齊威王和威王以後，由稷下學士整理而成。齊威王祖述黃帝，與稷下著作託名黃帝講發明，應該是可以聯系起來的。至於為什麼齊威王時會產生託名黃帝講發明？我們以為跟齊威王與魏惠王的徐州相王事有關。

齊威王二十四年（西元前 334 年）與魏會徐州相王，打破楚獨稱王的局面，「於是齊最強於諸侯，自稱為王，以令天下。」（《史記‧田齊世家》）這時期也正是天文學家甘公、石申發現五星（邵雍《皇極經世》）、採行四分曆新制的「曆法確立時期」（陳遵嬀《中國天文學史》）。石申是魏人，甘公依《史記》說法是齊人，他們制定的新曆法，也為齊、魏相王改元更始提供最好的服務，《史記‧曆書》說：「王者易姓受命，必慎始初。改正朔、易服色、推本天元、順承厥意。」威王制器銘文（《陳侯因資敦銘文》）祖述黃帝，與改元更始自立為王的行為合看，則祖述黃帝的聲明確可以使曆法新制的實行，更加具有放諸四海皆準的正當性。如果這個聯系沒有錯，由此可推論稷下重視數術，與道家、陰陽家重視天道思想，並託為黃帝之言，為的是貫徹威王祖述黃帝的一統雄心，同時在文化上形成以黃帝為中心的匯歸趨勢。

帛書《黃帝書》的時代在潛王稱帝時期，所以篇中除了頌揚黃帝外，還有帝王思想。〈十六經〉有八章託名黃帝講陰陽刑德和法術思想，〈經法〉、〈稱〉又有濃厚的帝王霸主張，正是稷下黃老學的特色。後來的《管子》〈五行〉、〈幼官〉、〈幼官圖〉形成以五色配五方「君服黃色」居中方的陰陽五行模式，〔註144〕直到鄒衍發展完成陰陽五行學說，遂將黃帝推向文化始祖，形成「學者所共術」（《史記‧孟荀列傳》）、「百家言黃帝」（《史記‧五帝本紀》）的風潮。

綜上所論，筆者作成以下結論：

1. 主張越國說的學者以《孫子兵法》有「黃帝勝四帝」的說法以及出現「度、量、數、稱」語辭，認為是孫武時代的產物，又將《越語下》的成書年代認定為戰國初期，而帛書《黃帝書》受其影響，因此判斷帛書《黃帝書》出自越人之手。根據研究《孫子兵法》的學者指出，其整理成書是在齊威王時代或以後，由孫臏及其後學在齊國完成；《越語下》出現戰國中期以後的天文術語，也說明其成書年代越國已趨衰亡，《越語下》是否出自越人之手？並

〔註144〕陳夢家：「五色配五方，始於《玄宮圖》，定于秦代，不復更易。」同注54，
　　　　頁149。

沒有肯定的答案，更何況帛書《黃帝書》受《越語下》影響，時代更晚，更不可能是越國人的作品。

2. 主張楚國說者，以「五正」說來判斷，認為長沙楚帛書、《鶡冠子》和帛書《黃帝書》的說法是一個系統，異於《管子·四時》。但是若以「刑德」說來對照，帛書《黃帝書》反而接近《管子·四時》，與長沙楚帛書及《鶡冠子》不相類，所以「五正」說並不能證明帛書《黃帝書》寫成於楚國。

3. 黃帝與蚩尤形象問題。戰國時代諸子百家言黃帝，主要是託名講發明創制，與古史傳說形象有不同。根據已知的資料顯示，《孫子兵法》是最早依託黃帝的，前面已經說過，《孫子兵法》整理成書是在齊威王或以後的稷下，所以一般認為《陳侯因咨敦》銘文由齊威王祖述黃帝，帶起稷下學士託名黃帝的風潮，應該是可信的。而且祖述黃帝的風潮達到極致，將黃帝推向文化始祖，也是由稷下學士鄒衍所完成。稷下作為創造黃帝、老子學中的黃帝之言，自然是居功厥偉。帛書《黃帝書》〈十六經〉、《管子》篇章中的黃帝形象，也是黃帝文化的作品之一。至於蚩尤，不論是源自北方傳說的「醢蚩尤」（〈十六經·正亂〉），或是齊人信仰的兵主形象（《管子·地數》），經過稷下學士之手，都成了烘托黃帝的配角，甚至時代較晚的《管子·五行》，還將蚩尤改造成為黃帝六相之一，與同是炎帝族裔的祝融、共工輔佐黃帝。

4. 龍晦以聲韻學角度研究帛書《黃帝書》的押韻，提出三點說法，證明作者生長於淮楚之地，他的說法基本已為學界所接受。但是本文指出他將〈十六經·五正〉提到的「博望之山」誤為實際地名，即今安徽當塗的博望山，這是錯誤的。帛書《黃帝書》中的「博望之山」並非實際地名，因而不能將這條材料作為判斷它與淮南的地緣關係。

5. 龍晦的第二點提到帛書《黃帝書》與江淮及其毗鄰地區的著作彼此相互承襲的情況，根據他所舉出的地緣資料察考，這個地區稱為「淮泗流域」更為恰當，以淮水為線，西起穎水，東到泗水，甚至延向沂水、琅琊之地。淮泗流域在戰國中期以後是齊、楚、魯、宋交會之地，更早時還有吳、越及徐文化。淮泗流域這個地區的共通點，除了文化交融頻繁外，也是兵家爭逐之地、天文星占家輩出的地區。

6. 帛書《黃帝書》成書地域須扣緊淮泗流域地區的文化特色來說。無論是越國說、楚國說還是齊國說，都不能離此地區特色來立論，這是大方向。其次是帛書《黃帝書》有特定的寫作背景，它重視數術方技及兵學，即「名

度法數」專門學科，又有託名黃帝的現象，這都是稷下著作重要的特色，所以帛書《黃帝書》的寫作成書地點應該可以確立是在稷下。

附

關於帛書《黃帝書》作者，劉蔚華、苗潤田認為是環淵，因為他既符合楚籍，又是稷下學士的環淵，〔註145〕然而根據他們所引證的資料，並無法證實這個說法。帛書的作者，還是以具有淮泗地域生長背景，大約在西元前300～286年在齊稷下學宮的學士，如本節所作出的結論為準。

表一：成書年代為戰國晚期初之推論表

學　者　說　法	推　論
戰國中期以前說：	
1. 帛書《黃帝書》早於申不害、慎到。	1. 申不害所「本」的黃老，應是「黃老系統」，而非指帛書《黃帝書》。
2. 帛書《黃帝書》早於《孟子》、《莊子》內篇。	2. 帛書《黃帝書》晚於《孟子》、《莊子》內篇，早於戰國晚期的《管子》〈四時〉、〈五行〉。
3. 帛書《黃帝書》早於《管子》四篇。	3. 《管子》四篇成書於《莊子》外雜篇早期作品的時代，帛書《黃帝書》時代稍前於此。
4. 《國語・越語下》為戰國初期范蠡思想。	4. 《越語下》產生於戰國中期西元前360年以後。
5. 帛書《黃帝書》在長沙子彈庫楚帛書之前。	5. 子彈庫帛書的時代在戰國中晚期之交（西元前300年）或稍前，帛書《黃帝書》時代也應在這時代或晚於此書。
6. 《史記》申、慎列傳與樂毅列傳所說的黃老系統不同。	6. 河上丈人傳承與黃老學關係密切，帛書《黃帝書》經由河上丈人傳播的可能性大。（詳下列10）
戰國中期說：	
1. 帛書《黃帝書》非黃老學之源。	7. 帛書《黃帝書》顯然前有所承，並不是最早的黃老學。
2. 稷下諸子慎到等是稷下黃老學派的創立者。帛書《黃帝書》最可能成書於此時期，時間可能在慎到之後。	8. 帛書《黃帝書》的成書時間在慎子之後。
3. 帛書《黃帝書》與《管子》中的黃老學是一體系，成書在前後關係。	9. 帛書《黃帝書》早於《管子》四篇，《管子》四篇時代約在戰國晚期西元前286年以後，統一前。

〔註145〕劉蔚華、苗潤田，同注63。

戰國晚期至秦漢之間：

1. 《史記・樂毅列傳贊》記載黃老學者的傳承世系，才是眞正黃老學。

2. 戰國中、晚期以後要求統一的歷史發展，反映在帛書《黃帝書》思想中。

3. 帛書《黃帝書》中的語詞「黔首」流行於戰國晚期，「理」的概念使用接近《韓非子》。

4. 帛書《黃帝書》兼采各家各派，融鑄爲黃老之學。

5. 依《史記》記載，漢初流行的黃老之言應是帛書《黃帝書》。

漢初說：

1. 帛書《黃帝書》遠紹稷下，近接河上丈人，是漢初官學。

2. 帛書《黃帝書》包含曹參相齊、爲漢（惠帝）相等漢初實政內容。

10. 帛書《黃帝書》經由河上丈人傳承可能性大。

11. 〈十六經〉有關統一的說法，所反映的時代，在韓非思想產生之前。

12. 帛書《黃帝書》使用「黔首」一詞情形，顯示在西元前 319 年稍後；此書「理」的概念使用，不會晚於《韓非子・解老》。

13. 帛書《黃帝書》具司馬談所說「道家」特色，但未可據此定其成書在《呂氏春秋》時代。

14. 不能據漢初人看過此書，就斷定成書時代在戰國末秦漢間。

15. 若是「漢初官學」，帛書《黃帝書》當不致湮沒著者之名。

16. 司馬遷爲何沒有進一步說曹參以後的黃老傳承，甚至提到這個「官學」。

17. 帛書《黃帝書》成於天文學發達的時代，以「五正」說推論其與楚帛書時代西元前 300 年相當。

18. 從六國稱王到齊秦稱帝，推論帛書《黃帝書》成於齊湣王時期（西元前 300～284 年）。

19. 帛書《黃帝書》採用的「老」，近於帛書《老子》，非郭店簡本未成書的《老子》，推論其成書時代在西元前 300 年以後。

20. 鄒衍陰陽五行說完成於西元前 278 年以後，推論帛書《黃帝書》成書在西元前 286 年以前。

21. 依辭彙特點如天文學術語、陰陽刑德、五正、虛靜、理、黔首、帝等，推論成書於戰國中期偏晚到晚期初。

表二：學者研究帛書黃帝書成書年代、產生地域及作者一覽表

說明：1. 表列先後依判斷帛書成書年代排列。
　　　2. 學者下行為文章寫作年代，著作出處見本論文附列參考書目。

學　者	帛書名稱	帛書主體思想	成書年代	產生地域	作　者	學者主要論點	重要材料
戰國中期（四世紀）以前							
唐　蘭 1975	黃帝四經	四篇體系一貫，以刑名之言為主，即黃帝之言。黃老並稱，重點在黃。	西元前 400 年前後。	鄭	鄭國隱者。根據《漢志》「鄭長者一篇」。以鄭具法治傳統以為鄭長者或為鄧析門徒。	1. 以《漢志》論證帛書四篇即「黃帝四經」。2. 《史記》稱學術「本黃老」，指的都是法家。3. 道家《管子》〈內業〉、〈樞言〉等和兵家《越語》是戰國後期作品。	◎《漢志》黃帝四經四篇。
龍　晦 1975	黃帝四經	四篇是一整體，出自一人。	四篇作於楚惠王 44 年（445B.C.）楚「廣地至泗上」時。	楚	西楚淮南人。	1. 四篇押韻情況一致。2. 依四篇的楚言、楚諺判斷作者出自楚。3. 四篇抄自《漢志》兵陰陽類「范蠡二篇」（佚書），而非《越語》。	◎以楚方言押韻特點，論證淮楚作品《淮南子》與四篇密合度高。
金春峰 1987	黃帝四經，簡稱帛書	陰陽刑德思想是帛書全部思想的核心	戰國中期前。	〔按〕未就帛書產生地域及作者發言。		1. 刑德思想即文武之道，源於春秋，後來帛書把刑德和陰陽結合進一步發展。2. 以《越語下》為戰國中期前作品，以其用語與帛書相近來斷代。《尉繚子》黃帝刑德說在孟子時，推測帛書在孟子前。3. 黃帝戰蚩尤形象流行於戰國初，與中期後為黃帝六相以及兵主形象不同。	◎《左傳》、《管子·四時》、《尉繚子》、《韓非子》的刑德比較。◎《左傳》與《管子·五行》、《呂覽·蕩兵》的蚩尤形象比較。
余明光 1989	黃帝四經	《四經》屬黃學，與老學同源異流。兩者同屬道家，但述「道」各異。	戰國中期			申、慎引用四經文句。	
李學勤 1994	黃帝書	《黃帝書》四篇屬黃老道家與《老子》二篇合抄，成為「黃老帛書」。	不晚於戰國中期	楚	楚	1. 黃老學源於楚。《越語》、《文子》、《鶡冠子》、《淮南子》屬南方道家，與黃帝書一系。《史記·樂毅列傳》載黃老源流係北方道家。2. 黃帝書與陰陽數術有相通處。並以數術書楚帛書〈天象〉「五正」、〈四時〉論證其晚於黃帝書《經》篇的〈五正〉、〈觀〉。論證黃帝書不晚於戰國中期。	◎子彈庫楚帛書年代下限（下葬年代）約西元300年。◎對陰陽五行與數術學說詳細分析。《左傳·昭公29年》「五行之官」屬陰陽數術。◎《越語下》、黃帝書中的「天時」指「式」盤，係兵陰陽家使用的數術工具。

學者年代	書名	思想特點	成書年代	地域	作者/說明	論證	備註
王博 1992 1993	黃帝四經	與范蠡、孫子思想有密切關係	成書在戰國中期以前	越	產生於越國的淮南之地，與范蠡、孫子有密切關係	1. 以「氣」論證四經早於《管子》四篇。 2. 四經蚩尤形象與齊俗、《管子》不類。 3. 南方道家反「義」，北方道家則不反對。 4. 以代表楚文化的子彈庫帛書與四經比較異同，論證四經為南方作品，但其黃帝形象與楚祠炎帝不同。 5.《越語下》為范蠡思想，四經受其影響。《孫子》思想亦為四經所繼承。《孫子》、范蠡依託黃帝，認為吳越有依託黃帝傳統。	◎以《史記・封禪書》、《管子》論證蚩尤在齊人心中兵主與黃帝六相之一。 ◎子彈庫帛書〈四時〉、〈天象〉、《山海經・海內經》的楚文化蚩尤形象。 ◎《御覽》472引〈太史公素王妙論〉
陳鼓應 1995	黃帝四經	一人一時之作	成書在戰國中期或以前，早於孟、莊、和管子四篇。	稷下	稷下學士。	1. 以漢語辭彙演變從單詞到複合詞的情形，考證至少與孟、莊內篇同時。 2. 據許抗生、王博氣論觀點，說明黃帝四經早於《管子》四篇。	◎田氏取代炎氏後裔姜氏而有齊，田氏是陳國公子完後代，老子也是陳人，可見田氏和老子有殊關係。
白奚 1998	黃帝四經	託黃帝立言，道法結合，以道論法，兼采百家。	戰國早中期，先于管、慎、孟、莊諸書。	稷下	稷下學宮佚名的早期黃老學者。	從學術思想史發展角度論說：包括人性論、認識論、陰陽五行、先秦子書的古史傳說系統發展等四部分論說。	對學者以「相似文句比對古籍定其時代先後」的論證方法提出批評。
丁原明 1998	黃老帛書	以老子道為主吸收諸子思想。	贊成唐蘭四世紀說	楚	楚人。	1. 主要受道家老子和吳起在楚變法影響。 2. 分南北黃老學，黃老帛書屬南方楚黃老學;《史記・樂毅列傳》反映北方燕齊黃老學源流。《管子》屬北方黃老學	◎長沙子彈庫帛書〈天象〉的「五正」。 ◎齊人的蚩尤形象，〈封禪書〉的兵主及《管子》黃帝六相與黃老帛書形象不同。
戰　國　中　期							
魏啓鵬 1980	黃帝四經	天道環周是思想體系的核心	思想體系一致，但非本書，也非一時一地一人之作。	稷下〈越〉按由越播至稷下	黃帝之言是一學派，與吳越爭霸有關，後由南而北傳播，後由齊稷下學者整理匯編成書。	1. 提出天道思想在四經中的地位。 2. 將春秋時的天道觀分三派，將楚的天道觀視為進步的思想。 3. 論證吳越文化相通，越自計然、范蠡、文種都具天道思想，而范蠡思想更形成最早的黃帝之言學派。 4. 四經中江淮方言、楚音韻的現象是經越人傳布的遺跡，在楚破越之後。	◎《史記・曆書》《史記・越王勾踐世家》 ◎《意林》引計然言。 ◎《御覽》472引〈太史公素王妙論〉

許抗生 1979 1993	四種帛書《黃帝書》	〈經法〉等三篇是黃老學中的老學。〈十六經〉是黃老學中的黃帝書。	〈經法〉等三篇早於《管子》四篇（戰國中期），〈十六經〉成於戰國後期，《韓非子》之前。	稷下、〈楚〉按：源於楚傳至稷下	黃老學源於楚，由楚人傳播於齊稷下，環淵是可能的人。	1. 根據《史記》申韓、孟荀列傳，以黃老之學形成於戰國中期。 2.《管子》四篇承繼發揮〈經法〉等三篇思想。 3.〈十六經〉重統一問題，是託黃帝立言的黃帝書。	◎以「道」由客觀唯心論，發展到物質性精氣的思想軌跡，論證〈經法〉〈道原〉的思想早於《管子》四篇。
劉蔚華 苗潤田 1992	黃老帛書	託黃帝名號，以老子學（道論）為基礎。	戰國中期	稷下	帛書中帶有楚文化的內容為環淵言論，其他則是收錄稷下黃老學者言論。	1. 環淵是稷下黃老的代表人物之一，又是楚人，跟帛書中的楚言楚韻最契合。 2. 環淵楚人，對《老子》的理解度較高。	◎對環淵及相關環淵的身世、學說的考察。
胡家聰 1998	黃帝四經	以「天地人」一體觀為中心思想，著重在「道法結合」。	齊宣王、湣王時期。	稷下	楚人，作於齊稷下學宮。	1. 區分出《管子》屬於道家黃老學的篇章，與《四經》比對分析。 2. 將稷下學分三時期，定位《四經》作於稷下學最興盛的第二期宣、湣時期。 3. 稷下黃老學屬君人南面術，主要特點為「因道全法」。《黃帝四經》為其中一派。	◎對《管子》各篇的思想類屬分析考察。
戰 國 晚 期							
鍾肇鵬 1981 1985	黃老帛書	以道法為主的黃學系統，它改造了道家老子的思想。	韓非以後戰國末年至秦漢之際	稷下按：非稷下	戰國末齊國人河上丈人一派，代表新興地主階級的下層思想。	1. 黃老學的起源和傳授應以《史記·樂毅傳》說法為主。 2. 黃老學派代表戰國末新興地主階級的下層思想。	◎帛書使用辭彙的時代特性。
吳光 1985	黃老帛書	以老子的道論為基礎兼采陰陽五行說和刑名理論。	韓非之後的戰國末期到秦漢之際	楚	與《鶡冠子》同時代的楚黃老學著作。非一時之作，非出一人之手，像是以道家著作為主的編寫。	1. 黃帝傳說盛行於戰國中後期。 2.《老子》成書於戰國中期，發揮老子之言的帛書其成書時代必然更晚。	◎《老子》成書於戰國中期。 ◎《左傳》、《國語》、《逸周書》成書於戰國時代。
漢 初							
劉毓璜 1984	黃帝四經	將道術結合（申子）和道法結合（慎子）貫通起來	漢初	稷下	曹相國、蓋公為休息生養所作	1. 就道術、道法結合的思想脈絡論四經於韓非。 2. 戰國中後期，陰陽家將各種黃帝傳說融為一體。 3. 四經是黃老學派的派生。	◎對《史記》所提的黃老資料以及《管子》中的黃老思想作分析。
其 他							
裘錫圭 1993	經法等四篇或馬王堆老子乙本卷前帛書《黃帝書》	四篇思想基本一致，與司馬談所說道家接近。是西漢流行的道家思想。	戰國時期			反對《黃帝四經》的名稱： 1. 四篇體裁不同，篇幅長短懸殊，只有一篇提黃帝，不像一本書。 2. 思想內容積極，與《隋志》載黃帝四經「去健羨、處沖虛」不符。 3. 提出「道法家」名稱。	

				各篇都有作者或作者群。〈經法〉作於同一時期，〈十六經〉由後人輯成。兩者主體思想在戰國要求統一的時代。	1. 帛書〈稱〉著作時代最早，帛書其他三篇作者根據〈稱〉發展。	◎提出《漢志》著錄及篇卷與秦漢前圖書流傳情形的落差，對學者考察帛書《黃帝書》可能產生的誤導。
葉　山 1994	黃老帛書	非一本書，各篇思想互無聯繫，應不是《黃帝四經》這本書。	戰國中晚期到西漢初		2. 《慎子》若是〈稱〉原出處，其他三篇當不早於〈稱〉。	
					3. 〈十六經〉輯成或在馬王堆主人時代。	

圖一：戰國時期淮泗地區

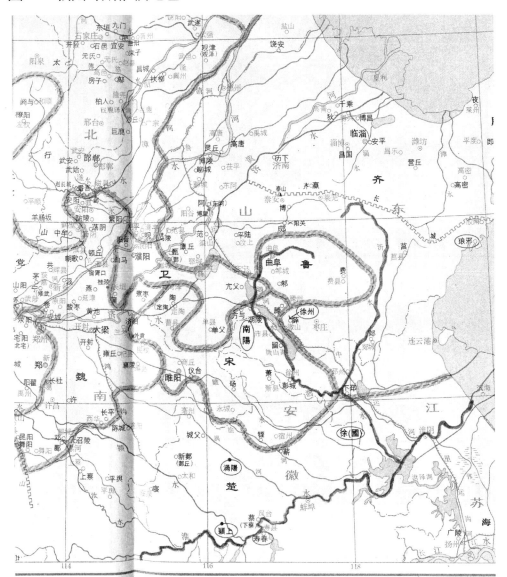

戰國時期黃河中下游地區（前 291 年）

郭沫若主編，《中國史稿地圖集》上冊，（上海：中國地圖出版社，1996），頁 21~22。

【地圖附加標示說明】

1. 潁上、渦陽、徐州、南陽地名以及徐（國），係筆者對照古今地名所附加。

2. 淮泗流域，指的是淮水中游以下（潁水以東）、泗水、沂水流域，以粗線標明。

3. 本論文所提及之地名，以圓圈標示。

第三章　戰國時期興起的天道思想與黃帝的關係

　　帛書《黃帝書》要旨在推天道以明人事，倡導以客觀公正的天道規律爲準繩，建立一套天、地、人相參的治國大法。〈十六經〉黃帝之言的內容，基本上就是在闡述這個主旨。由此可知，黃帝之言與天道思想，在帛書《黃帝書》中關係密切，是重要的理論基礎。戰國中期以後，天道思潮和託言黃帝的風氣日盛，過去舊說多以託言黃帝爲流行附會，沒有刻意引領造說，但是從近年出土材料，特別是帛書《黃帝書》的內容，使人更加對傳統說法產生質疑，即：託言黃帝或係有意識造說，而且與天道思想的發展關係密切。基於這樣的因素，我們有必要將天道思想以及託言黃帝的源始本末弄清楚，才能定位帛書《黃帝書》思想理論的時代性與規律性。

　　本章深入探討戰國時期興起的天道思想與黃帝的關係，從兵學、天文曆數與學術思潮三方面，論述「天道」從數術發展成爲天道思想的始末；其次，從黃帝傳說、託名黃帝的著作，探究黃帝從數術家造說，最後成爲創制發明的文化始祖的歷程，並作出：「經過稷下學士有意識地結合與造說（經歷五個階段），天道思想作爲戰國新時代的新思維，與塑造黃帝成爲創制發明的文明共主，兩者的發展時程同步」的結論。並且將帛書《黃帝書》定位在這五個造說階段中的第三階段。本章從兵學、天文曆數與學術思潮三方面，具體剖析天道思想興起的背景，特別是對於兵學、天文曆數等專門之學有深入淺出的演繹說明，這對於解析帛書《黃帝書》的內容、使用辭彙及理論基礎，都是重要而不可少的一環。

　　附論：「養生學與黃帝」，黃帝與養生學兩者的結合時間較晚，其形成與前述造說黃帝取徑亦不同，前者是由數術發展爲思想，養生家黃帝則是由愛身思想落實爲方技。然而養生家黃帝在秦漢以後大爲流行，其勢已凌駕戰國時代創制發明的黃帝，因爲非本章主題，所以列於附論，以明戰國時代黃帝形象變化梗概。

第一節　戰國時期興起的天道思想背景

　　「天道」的「天」，指的是自然界的天，其規律稱爲「天道」，包括日月星辰的運行、四時的變化、萬物的興衰榮枯等自然界變化的規律。在戰國以前，「天道」相對於人道而言，是遙遠莫測的，「天命靡常」（《詩・大雅・文王》）、「天道遠，人道邇，非所及也。」（《左傳・昭公十八年》）。到了戰國時代，人們面對「天道」的態度有了極大的轉變，孟子說：「天之高也，星辰之遠也，苟求其故，千歲之日至，可坐而致也。」（《孟子・離婁下》）日月星辰之會可以透過科學數據準確掌握，天與人的距離感便不再是遙遠的。〔註1〕荀子說：「天行有常」（《荀子・天論》）正是表現對自然界變化規律充滿著自信與掌握感。進入戰國時期，人們之所以對「天道」展現較前代進步的看法，原因就在於長期累積的天道知識，在戰國時期有了飛躍的進步。

　　戰國中期大約在西元前 360 年間，天文家測度五行星的運行，發現行星有逆行現象，之後天文學家根據此發現製定新曆，使置閏方法更精密嚴格，解決了長期以來失閏的困擾。從此日月星辰的運行被科學數據準確地掌握，新的曆法也以曆元爲基始，年、月、日七十六年一循環，天道遂可以終始循環、極而復反，如輪轉無窮般地運行，這就是戰國中期天文曆學間的大事，研究古天文學的學者將之名爲「曆法制定時期」。戰國中期以後的天道思想，遂在這樣進步的科學知識中吸收養分，發展出一套治國論政的大法。帛書《黃帝書》所說「天稽環周」（《十六經・姓爭》）等一系列環繞天道思想發展而成的學說，便是在這一波天道風潮中重要的作品。

　　戰國中期以後興起的天道思想，如上所述是奠基在天文曆學重要的創制

〔註1〕根據天文學者的解釋，「日至」是冬至日，全句意思是：「只要認眞求得某年的冬至時刻與回歸年長度值，便可依其內在的數理關係輕而易舉地推算出任意一年的冬至時日。」陳美東，《古曆新探》（遼寧：遼寧教育出版社，1995），頁 30。

發明而發展起來的思想。然而天道思想的風行，還有其他因素，譬如戰爭，需要更精確的天文星占技術提供天象、測定方位，以掌握攻守的先機，戰國兵事頻仍，兵家輩出，研究「天道」的知識技術，也相繼發達。另外，六國相王時代，由齊魏相王開啓序幕，改元正朔，也需要新曆法的支援，代表新紀元的天道思想，遂跟著諸侯國紛紛自立爲王的政治風潮而盛行。還有諸子的變法革新，也跟天文新知發展出來的宇宙論聯結，衍生出道法刑（形）名學。

　　本節歸結「天文星占學、兵學、道法刑（形）名學的發展，與戰國中期以後天道思想的興起，有著相互推衍的密切關係。」並以「戰國時期興起的天道思想」爲名，分三方面論述。

一、掠奪兼并的軍事新頁

（一）戰國中期魏齊爭強到齊秦稱霸勢力消長

　　戰國分爲三期，西元前 478～371 年爲初期，西元前 370～301 年爲中期，西元前 300～221 年爲晚期，各期主要強國勢力的消長情形，根據學者的研究歸納，分別是：初期由越到魏，中期前半先是魏、齊爭強，轉至齊、秦爭強，晚期齊勢漸衰，東方霸業由齊轉移至趙而歸於秦。〔註2〕三期以中期爲主，無論政治、兵事、科技、學術，在此時期都臻壯盛。〔註3〕（有關科技——主要指天文學、學術盛況下文還會論及，此處先說政治、兵事。）此間諸侯一一稱王，強兵并敵之勢尤勝從前，《史記・六國年表》稱：「六國之盛自此始，務在彊兵并敵。謀詐用，而從衡短長之說起。矯稱蠭出，誓盟不信，雖置質剖符，猶不能約束也。」大國間勢力的擴充、排擠，無不到達極致。尤其魏、齊相王後牽動諸侯相王局勢，到齊、秦約稱東、西帝，正是由霸而王，由王而爭帝的過程。在這段霸、王、帝的過程中，齊國扮演舉足輕重的角色，可以說，如果不是最後湣王驕矜好戰，自毀長城，以齊國當時之勢，最後一統天下之局未必屬秦，因此探索戰國中期事，當以齊爲主線。

　　西元前 391 年，齊康公酖溺酒色，不理朝政，被臣相田和遷到海上，只

〔註 2〕錢穆，《先秦諸子繫年》（臺灣：東大出版社，1990），頁 545、605～609。以下提到事件的繫年係根據此書。

〔註 3〕錢穆、楊寬看法基本相同。錢穆，同注 2。楊寬，《戰國史》上下冊（臺灣：谷風出版社，1986）

給予「食一城以奉其先祀」的待遇。〔註4〕五年後（西元前 386 年），田和請立為侯，周天子許之。田和國名仍沿齊，號曰太公，史稱「田氏滅齊而有之」（《史記・六國年表》）姜姓的齊已為田齊取代。〔註5〕西元前 376 年，宗室田午殺齊侯田剡自立，號曰桓公。西元前 358 年桓公午死，其子因齊於次年繼位，是為威王（此時未稱王）。齊威王初立時「諸侯并伐，國人不治」，但是威王唯才是用，以非宗室的鄒忌為相改革齊政，將齊政帶上軌道，贅婿出身的淳于髡為稷下先生，亦善進諫言，兵事上田忌推薦的孫臏，還是個刑餘之人。西元前 353 年，齊以田忌為將，孫臏為軍師，在桂陵打敗了當時強大的魏國。西元前 344 年，梁惠王（魏遷都大梁稱梁惠王）會諸侯於逢澤，得意於諸侯間，自立為王，〔註6〕齊舉兵伐之，次年，大敗魏於馬陵，「於是齊最強於諸侯」。〔註7〕魏國此役損失慘重，將領龐涓被殺、太子申被虜，魏國勢力由盛轉衰。馬陵戰後，齊亦自立為王，但是迫於諸侯壓力，遂邀魏會徐州相王（《戰國策・魏策二》），時在西元前 334 年。楚國還為此事興兵伐齊，圍徐州。錢穆對於齊、魏相王引起楚興兵一事的看法值得重視，其曰：

〔註4〕 《史記・田完世家》。下文言田齊事，出此篇者，不復另注。

〔註5〕 依《史記》及《竹書紀年》，田齊共十二世，即《莊子・胠篋》所說：「田成子弒齊君，十二世有齊國。」這十二世分別是：田常、田盤、田白、田悼子、田和、田剡、田午、齊威王、宣王、湣王、襄王及王建。
齊之田氏來自陳國，根據《史記・陳杞世家》記載，陳國開國君嬀滿，舜後，周武王封之於陳，是為陳氏。陳國後來被楚惠王所滅（西元前 478 年）。又，〈田完世家〉記田齊祖先田完奔齊事。陳國宗室陳完（即田完，田、陳古音同），因為受排擠而奔齊，成為齊桓公（小白）之臣。田完八世之後為田常。田常相齊簡公，弒簡公後立平公，從此田氏掌握齊國實政。平公死，宣公立，田氏由田常之子盤繼為宣公相，田盤死，其子莊子白立，田莊子死，其子悼子立（據〈索隱〉引《竹書紀年》），悼子死，其子田和立。田和相宣公，宣公死，康公立。康公時，田剡立，後為田午所殺（據〈索隱〉引《紀年》）。齊為姜姓，《世本・氏姓》：「炎帝，姜姓。齊，姜姓。」田氏（即陳氏）為舜後，嬀氏，《世本・諸侯》：「陳，舜後。」同書〈帝系〉：「舜是黃帝八代之孫。」清・茆泮林輯《世本》，收於《叢書集成》刊《十種古逸書》（臺灣：西南書局，1974），頁 57、30、12。

〔註6〕 魏惠王會諸侯於逢澤事，《史記・秦本紀》說法有誤，本文依錢穆《繫年》及楊寬《戰國史》之說。錢穆，見註2，頁 253～256。楊寬，同註3，下冊，頁 379～380 注文。

〔註7〕 《史記・田完世家》：「齊因起兵伐魏，大敗之桂陵，於是齊最強於諸侯。自稱為王。」齊自立為王在馬陵之役後，史記所稱桂陵之戰應是馬陵之戰，考辨見《繫年》，同註2，頁 265。

> 時七國稱王者，惟楚。故楚聞齊王而大怒，遂有圍徐州之舉。蓋齊、
> 魏相王一事，當是魏故屈下尊齊爲王，而齊亦未敢獨承，乃亦尊魏
> 爲王，實開當時未有之新局。〔註8〕

「開當時未有之新局」，說明了當時局勢的轉變，又曰：

> 梁、齊最先王，以其國勢之最強，諸侯自楚外，莫敢繼齊、梁稱王
> 者，以其力猶未與梁、齊抗衡也。〔註9〕

齊、魏相王，直到九年後（西元前325年）秦、韓始稱王，再兩年，燕稱王，
次年（西元前322年），趙稱王，繼秦、魏稱王後三年間各國陸續稱王，大局
底定，史稱「六國稱王」（《史記・魯世家》）時代，〔註10〕從齊、魏相王到六
國相王，其間已歷經十二年。正說明了齊、魏（梁）最強於諸侯的情勢。

　　西元前319年，威王之子宣王即位，齊國力仍強，諸子遊於稷下者「數
百千人」。西元前301年，宣王卒，子湣王初立，是年有垂沙之役，齊聯合韓、
魏伐楚，敗楚軍，殺楚將唐眛。〔註11〕爾後湣王好戰爭功，驕矜自恃，西元
前288年與秦約稱東西帝未果，又轉而滅宋（西元前286年），湣王之舉，大
有「欲以并周室爲天子」的態勢，使得「諸侯恐懼」，最後導至次年燕聯合六
國攻齊。西元前284年，臨淄都城失守，湣王敗亡走莒，被楚將所殺，齊幾
至滅國。湣王天子之夢，終因主客觀情勢而未能遂願。《荀子・王霸》論齊湣
王，頗能反映齊當時盛極而驟衰的情勢：

> 故彊南足以破楚，西足以詘秦，北足以敗燕，中足以舉宋。及至燕
> 趙起而攻之，若振槁然。

《史記・樂毅列傳》也說到：

> 當是時，齊湣王彊，南敗楚相唐眛於重丘，西摧三晉於觀津，遂與
> 三晉擊秦，助趙滅中山，破宋，廣地千餘里，與秦昭王爭重爲帝，
> 已而復歸之。諸侯皆欲背秦而服於齊。湣王自矜，百姓弗堪。於是
> 燕昭王問伐齊之事。

從「與秦昭王爭重爲帝」，到主動取消帝號，「諸侯皆欲背秦而服於齊」，此時
湣王的聲望達於極點，卻不思養望以服天下，好戰的湣王乃以滅宋取代稱帝

〔註8〕　同注2，頁277。按：楚稱王在楚武王37年（西元前706年），見《史記・楚
　　　　世家》。
〔註9〕　同注2，頁287。
〔註10〕　同注2，頁277～278。及相關考證篇章。
〔註11〕　《史記・楚世家》、〈樂毅世家〉。《呂覽・處方》亦記其事，「唐眛」作「唐蔑」。

之欲，滅宋後「齊南割楚之淮北，西侵三晉，欲以并周室爲天子，泗上諸侯、鄒魯之君皆稱臣。諸侯恐懼。」（《史記‧田完世家》）「矜功不休，諸儒諫不從，各分散。」（《鹽鐵論‧論儒》）這就是「湣王自矜，百姓弗堪」的寫照。反觀秦昭王用白起將，亟敗韓、魏，與湣王約稱東西帝時，其勢已盛，等到「樂毅起於燕，連趙破齊，湣王死，東方之霸國遂絕，惟秦獨強。」〔註12〕齊、秦的勢力轉移的關鍵便昭然若揭了。

齊自威王馬陵之戰成爲最強的諸侯，直到湣王被殺，齊之稱霸，時歷六十年，跨越戰國中、晚期，正是戰國由霸而王，由王而帝的爭強史。《史記‧六國年表》曰：

> 及田常殺簡公而相齊國，諸侯晏然弗討，海內爭於戰功矣。三國終之卒分晉，田和亦滅齊而有之，六國之盛自此始。務在強兵并敵。

司馬遷一再將田氏簒齊，與強兵并敵的戰國史聯繫，從他對田齊作爲戰國爭霸史導火線的評論，從另個角度來看，也可以說田齊在戰國霸王帝爭霸史扮演著舉足輕重的角色。

（二）田齊的兵學

上文陳述了田齊在戰國爭霸史上的重要地位，本文接著要說明的是田齊因爲有發達的兵學作爲後盾，所以能強於諸侯。

根據《漢志》的記載，與齊國有關的兵書主要有下列幾項：

六藝略‧禮家　《軍禮司馬法》百五十五篇

諸子略‧道家　《伊尹》五十一篇，《太公》二百三十七篇（包括《謀》八十一篇、《言》七十一篇、《兵》八十五篇），《莞（管）子》八十六篇

兵書略‧兵權謀　《吳孫子兵法》八十二篇，《齊孫子》八十九篇

關於《司馬法》，《史記‧司馬穰苴列傳》也有記載：

> （齊威王）用兵行威，大放穰苴之法，而諸侯朝齊。齊威王使大夫追論古者司馬兵法，而附穰苴於其中，因號曰司馬穰苴兵法。

《史記‧齊太公世家》也有關於《太公兵法》的說法：

> 周西伯昌之脫羑里歸，與呂尚陰謀修德，以傾商政。其事多兵權與奇計，故後世之言兵及周之陰權，皆宗太公爲本謀。

根據這兩條資料的相關說法，對照《漢志》有關齊國兵書的著錄，可以得到

〔註12〕同注1，頁293。

三點結論：

　　1. 田齊威王時，兵書開始作有系統的整理及撰著，古《司馬法》、《（吳）孫子兵法》，在整理前作的基礎上，重新編寫。

　　2. 《齊孫子》、《太公兵法》、《伊尹》、《管子》、《司馬穰苴兵法》，是在威王以及威王以後，由孫臏及其後學撰著。又，《司馬穰苴兵法》依據下文線索的推斷應是湣王時的將領穰苴所作。

　　3. 《史記・齊太公世家》說：「後世之言兵及周之陰權，皆宗太公爲本謀。」說明齊兵書對戰國以下兵學的影響是很大的。

　　以下依這三點論述之：

　　第 1 點，按照《史記・田完世家》及〈孫吳列傳〉所載，齊威王最重要的軍事家是田忌和孫臏，田忌以孫臏軍師，用奇計打敗魏師，尤其馬陵之役，使齊威王成爲最強的諸侯。孫臏是孫武後世子孫，自有其兵法傳承。《史記・司馬穰苴列傳》又稱齊威王時「用兵行威，大放穰苴之法，而諸侯朝齊。」顯然與上述說法相忤。司馬遷將穰苴視爲春秋齊景公時人，又說齊威王「使大夫追論古者司馬兵法，而附穰苴於其中，因號曰司馬穰苴兵法。」然而究竟在孫臏之前是否眞有穰苴其人？清人惠棟曾提出一些不同的說法：

> 司馬穰苴兵法，因號《司馬法》。《戰國策》齊閔（湣）王時，司馬穰苴爲政，閔王殺之，大臣不親，則穰苴乃閔王之將。以故齊南破楚，西屈秦，用韓、魏、燕、趙之眾猶鞭策者，蓋穰苴之力多。及穰苴死，而湣王亡矣。〔註13〕

惠棟引《戰國策・齊策》的說法，認爲司馬穰苴是湣王時人，同時也就說明了孫臏之前沒有穰苴其人，這樣的看法應該是比較合理的。至於齊景公時善於兵法的穰苴，司馬遷言之鑿鑿，若有其人，應如何解？根據《漢志・禮略》著錄《軍禮司馬法》，王先謙在〈補注〉中曾將歷來的三種說法並陳：（1）係《周官》所記，屬於周的政典，古代掌兵事之官稱司馬。（2）《史記》以爲是齊大夫穰苴作《司馬法》，田齊威王時追論古司馬法，將穰苴附列其中。（3）《隨志》說法，河間獻王所獻。《司馬法》今本有五篇。以上是〈補注〉所言大要。關於今本，《史記・司馬穰苴列傳》〈考證〉引沈韓欽說法，認爲今本前二篇是古義，後三篇「與孫、吳之旨不殊矣」應該是出於戰國。沈韓欽從今本《司馬法》的內容，說明古司馬法在戰國時代被整理過，與當時的兵法

〔註13〕錢穆引惠棟《禮書》，同注1，頁 264。

合編，這種可能性是很大的。換句話說，齊景公時的穰苴是否有其人未可明證，但是古兵法被泛稱司馬法，在戰國時代重新整理過，應該是很明確的。而這個整理古兵法的工作，根據《史記‧田完世家》，應該是在齊威王時代開始，地點是稷下，整理編寫者是通兵法的稷下學士。整理重編的作品包括古《司馬法》，以及第2點要提到的《（吳）孫子兵法》。

　　第 2 點，由於稷下重視兵學，除了整理古兵法之外，新作也頗多，如前面提到湣王時期將領穰苴的《司馬穰苴兵法》，威王時期軍師孫臏的《齊孫子》，還有《漢志》列於〈諸子略‧道家〉的《太公兵法》、《伊尹》、《管子》，都可能是齊威王及威王以後出自稷下的作品。茲論述如下：

　　先說《齊孫子》及《司馬穰苴兵法》，銀雀山出土的漢簡有《孫子兵法》及《孫臏兵法》，其中《孫臏兵法‧陳忌問壘》（按：陳忌即田忌）所附殘簡提到「孫氏之道」是「明之於吳越，言之於齊」，研究者認為：

> 說明兩個『孫子』是一家之學。……《吳孫子》和《齊孫子》是由
> 孫臏及其後學在威王和威王以後在齊國整理而成。〔註14〕

這個說法基本上是將《史記‧田完世家》提到齊威王「使大夫追論古者司馬兵法」中的「大夫」包括了孫臏，而且依照孫臏為齊立下的戰功而言，〈司馬穰苴列傳〉所說：「用兵行威，大放穰苴之法，而諸侯朝齊」應該是孫臏的寫照。那麼穰苴之法，應該是古司馬法之誤，由此推論，孫臏在威王時整理的兵法，除了其家學《孫子兵法》外，還有古《司馬法》。孫臏及其後學又陸續寫作《孫臏兵法》，齊自威王以來兵學熱潮不斷，到了湣王時還有穰苴之兵法陸續傳於世。

　　關於《伊尹》、《太公》及《管子》，《漢志‧諸子略‧道家》著錄《伊尹》，〈補注〉云：「《志》於兵權謀，省伊尹、太公而入道家，蓋戰國權謀之士著書，而託之伊尹也。」《太公》一書〈補注〉亦云：「後世之言兵及周之陰謀，皆宗太公為本謀，是太公之書尚矣。」還有《管子》，〈補注〉提到《管子》書也有本自《太公兵法》的內容（說見下文引《太公》〈補注〉）。研究者稱這些書是「陰謀書」，主要講「治國用兵之術」，與兵學的關係非常密切。正可以說明齊國兵學是發達的。〔註15〕

〔註14〕李零，《李零自選集》（廣西：廣西師範大學出版社，1998），頁 27、46。
〔註15〕同注 12，頁 47。李零提到的書還有《辛甲》、《鶡子》，本文主要以齊作品為對象，二書不明傳承，故不列於此。

　　第 3 點，《史記・齊太公世家》〈考證〉引葉夢得說法，認爲太公陰謀用間的說法出自《六韜》，說法來源是：「墨翟以太公干文王爲忤合，孫子謂之用間，且以嘗爲文武將兵，故尙權詐者，多并緣自見。」《漢志》著錄《太公》二百三十七篇，〈補注〉認爲《太公》爲後世言兵者所稱：

> 齊世家，後世之言兵及周之陰謀，皆宗太公爲本謀，是太公之書尚矣。……《大戴記・踐阼》篇、《呂覽》、《新書》、《淮南》、《說苑》所稱，皆是兵者，即《太公兵法》。《說苑・指武》篇引《太公兵法》最其先，亦《管子》書中所本耳。

《管子》爲齊稷下諸子所編，書中言兵的內容本自《太公》是合理的。《大戴禮記》以下的著作年代更晚，他們採用《太公》兵法的內容，正可以說明齊兵學在戰國時代受重視的程度。

　　《漢志・兵書略》將兵書分爲四種，其中「兵權謀」類共著錄十三家，劉向曾爲分類作了說明，〈補注〉進一步解釋說：「省伊尹、太公、管子、孫卿子、鶡冠子、蘇子、蒯通、陸賈、淮南王二百五十九篇重者，蓋七略中伊尹以下九家，其全書收入儒、道、縱橫、雜各家，又擇其中之言兵權謀者，重入於此，共得二百五十九篇。」其實這種說法並無法得到明確的證實，因爲十三家中今本僅存《吳孫子兵法》十三篇，《吳起兵法》今本三卷六篇，但是「所闕亡多矣」（〈補注〉），內容並不可靠。銀雀山出土漢簡《孫臏兵法》約十六篇，也沒有八十九篇之實。但是從另一個角度來看，如果〈補注〉詮釋《別錄》的說法沒有錯的話，他確是強調了兵學在戰國學術的地位，兵學已成爲戰國秦漢間諸子論政的必要內容。

　　1973 年山東臨沂銀雀山漢墓發掘出許多與兵學有關的竹簡作品，包括《孫子兵法》、《孫臏兵法》、《尉繚子》、《六韜》以及《王兵》，〔註16〕以地緣而論，這些作品與齊地關係最密切，如《孫子兵法》、《孫臏兵法》，前已論之。今本《六韜》與竹簡《六韜》內容略有出入。《隋志》著錄《太公六韜》注：「周文王師姜（呂）望撰。」據研究者指出，《六韜》應該是戰國中（晚）期齊地作品。〔註17〕這樣說來，《太公兵法》應當以司馬遷所說，是後世託名太公言兵的著作總稱。竹簡《王兵》據整理小組指出，「其內容錯見於今本《管子》

〔註16〕《銀雀山漢墓竹簡》共三輯（北京：文物出版社，1985）。此墓出土多爲論兵作品，還包括兵陰陽類。詳見下文〈兵學與天道〉。

〔註17〕唐書文，《六韜・三略譯注》（上海：古籍出版社，1999），頁3～7。

的〈參患〉、〈七法〉、〈地圖〉等篇中」，內容都是論兵，整理者還認爲《王兵》內容完整，當是《管子》抄自《王兵》。〔註18〕

　　總上所論，可知戰國兵學著作之所以發達，首倡於田齊威王，威王以後，宣、湣王仍然最強於諸侯，因此稷下兵學著作愈加興盛，從以上論述田齊兵學著錄中可以明證。

（三）兵學與天道

　　《漢志・兵書略》將兵書分爲四類，「兵權謀」、「兵形勢」、「兵陰陽」、「兵技巧」，其中「兵陰陽」就是「天道」在兵學中的運用。《漢志》對「兵陰陽」的定義是：「陰陽者，順時而發，推刑德、隨斗擊、因五勝，假鬼神而爲助者也。」所謂「推刑德」、「隨斗擊」、「因五勝」，都是屬於數術（王先謙〈補注〉），這些數術是由天文星占家操作，通過儀器的測度推衍行事吉凶，供軍事將領作爲戰術戰略的參考。「順時而發」，這個「時」，就是天時、地利的時，也就是「天道」。《淮南子・兵略》說：「明於奇賚、陰陽、刑德、五行、望氣、候氣、龜策、機祥，此善爲天道者也。」這裏的「天道」指的是奇賚、陰陽、刑德等「數術」的總稱。奇賚、刑德、五行在《漢志》都列於「數術略」（按：《漢志》「奇賚」作「奇胲」），「數術者，皆明堂義和史卜之職也。……六國時楚有甘公、魏有石申夫。」義和史卜就是天文星占家，《史記・天官書》稱之爲「傳天數者」。〔註19〕〈天官書〉說：「田氏篡齊，三家分晉，并爲戰國。爭於攻取，兵革更起，城邑數屠。因以飢饉疾疫焦苦，臣主共憂患，其察機祥、候星氣猶急。」可見天文星占術與戰爭有密不可分的關係，兵學中的「天道」，就是透過陰陽數術而表現的。

　　有關《漢志・兵書略》所著錄「兵陰陽」類的典籍今多不傳，銀雀山漢簡《地典》的出土彌補了這個缺憾。根據竹簡整理小組的說明，認定以黃帝與其臣子地典對話形式寫成的竹簡內容，就是《漢志・兵書略》兵陰陽類著錄的《地典》。〔註20〕從竹簡內容可以看出陰陽刑德術受到重視的程度。同墓出土的還有《天地八風五行客主五音之居》，此書是以風角五音推行用兵的主客勝負，學者認爲也是屬於兵陰陽之類。〔註21〕除此之外，還有一些陰陽、

〔註18〕同注16，第一輯，頁155～160。

〔註19〕《史記・天官書》以「甘公」爲齊人，「石申夫」作「石申」。」

〔註20〕同注16，第一輯，〈銀雀山漢墓竹簡情況簡介〉。

〔註21〕李零，《中國方術考》（北京：東方出版社，2000），頁56。

時令、占候的書，如《曹氏陰陽》等。〔註22〕羅福頤〈臨沂漢簡概述〉認為這類陰陽書及風角、災異、雜占簡與兵家之言有密切關係：

> 這類簡與諸兵書簡同出一號墓，文辭多斷續不可解，其中雖大多是陰陽數術迷信荒誕之辭，但仍不脫兵家之言，可能即《隋書・經籍志》所載《孫子兵法雜占》四卷中物，其書今雖不傳，但今《太平御覽》三百三十八卷有引《孫子占》存六條，其文辭與此占卜殘簡字句有相類似處。今日孫子十三篇僅見兵略，而不論及陰陽數術，疑杜牧所說曹操刪其繁剩者，正是風角占卜陰陽家言。則此諸殘簡可能是《孫子兵法》占，或《孫臏兵法》之附錄。〔註23〕

關於「諸殘簡可能是《孫子兵法》占，或《孫臏兵法》之附錄。」由於《隋志》所著錄的書已經亡佚，只能是推測，無法得到證實，但是他提到這些陰陽數術的內容「仍不脫兵家之言」，卻是值得注意的。而且此墓出土兵書與陰陽數術的數量相當可觀，更說明了當時此類書發達的情況。〔註24〕這些出土的兵書包括佚書與現今留存的傳本：佚書有《孫臏兵法》（《漢志・兵書略》稱《齊孫子》），傳本像《孫子兵法》、《尉繚子》、《六韜》（《孫子兵法》、《六韜》包括一些佚篇），還有篇題為《王兵》的作品，其內容又見於今本《管子》的〈參患〉、〈七法〉、〈地圖〉等篇中，屬於論兵性質，《墨子》殘簡一枚，與〈號令〉篇相合，此篇談攻守，也是論兵之作。與陰陽數術有關的作品：像先前提到《漢志》兵陰陽類的佚書《地典》，以及以風角占卜用於兵事的作品《天地八風五行客主五音之居》，還有《曹氏陰陽》。研究者指出，銀雀山漢墓是漢武帝初年的墓葬，竹書估計是文、景至武帝初期這段時間內抄寫成的。〔註25〕依照合理的推測，至少在戰國末年秦漢之際，兵書以及陰陽數術類的書籍，就已經非常流行。〔註26〕這點從馬王堆出土帛書以及阜陽出土漢簡中也有一定數量的陰陽數術作品，可以得到印證。

　　1973年在湖南長沙馬王堆三號墓中出土的帛書，大部分是失傳的古書，抄

〔註22〕同注16。

〔註23〕羅福頤，〈臨沂漢簡概述〉，《文物》（1974：2），頁35。

〔註24〕羅福頤提到：「現根據已整理出的竹簡，只《晏子》一書不是兵書。」同注16，頁34。

〔註25〕同注16。

〔註26〕許荻，〈略談臨沂銀雀山漢墓出土的古代兵書殘簡〉，《文物》（1974：2），頁27～31。

寫年代最晚在漢文帝初年。〔註27〕當中也有許多被學者認為是兵陰陽的作品，包括《刑德》甲、乙、丙篇，《五星占》以及《天文氣象雜占》。〔註28〕這些作品雖然屬於實用的性質，內容有的晚至墓葬年代，但是依照整體內容來看，其成書上限也有在戰國時期的。〔註29〕魏啟鵬即認為這些兵陰陽的作品與戰國時期天文學發達以來的累積有關，他說：「戰國中期以後，隨著天文學的發達和政治、軍事的緊迫需要，候星之術在兵陰陽家中已經占有不可忽視的重要地位。」說明了兵書與講陰陽數術的兵陰陽作品，在戰國中期以後流行的趨勢。

　　1977 年安徽阜陽雙古堆一號墓出土的竹簡，有《刑德》一書，據整理小組所引簡文，可知亦屬兵陰陽類作品。〔註30〕同墓出土還有三件天文儀器（附圖），分別是六壬式盤、太一九宮占盤以及上刻二十八星宿的圓盤（未定名），根據學者的研究，它們和天文、曆法都有密切的關係，其中六壬式盤還作為軍事用途，《周禮・大史》：「抱天時與大師同車。」「天時」就是式盤的早期名稱。至於二十八星宿圓盤上有古度，學者認為是作為式盤定宿度之用，因為將儀器上的宿度比對《開元占經》所輯甘德、石申《星經》的名稱和數據，只有「少數與此不同」，〔註31〕若依席澤宗所說，甘德《天文星占》八卷和石申《天文》八卷，成書約在西元前 370）270 年間，〔註32〕推測這式盤和二十

<hr />

〔註27〕曉函，〈長沙馬王堆漢墓帛書概述〉，《文物》（1974：8），頁 40～44。

〔註28〕篇題係根據〈馬王堆漢墓文物綜述〉，《馬王堆漢墓文物》（湖南：湖南出版社，1992），頁 9～10。

　　　　顧鐵符認為《天文氣象雜占》是兵陰陽的書，與《刑德》用於軍事占驗的性質相同。顧鐵符，〈馬王堆帛書〈天文氣象雜占〉內容簡述〉，《文物》（1978：2），頁 1～4。又收錄於《中國古代天文文物論集》，更名〈馬王堆帛書《雲氣彗星圖》研究〉，（北京：文物出版社，1989），頁 35～45。

　　　　席澤宗曾推測《五星占》為甘氏天文書的一部分，〈中國天文史上的一個重要發現—— 馬王堆漢墓帛書中的《五星占》〉，《文物》（1974：11），頁 28～36。李零認為《五星占》屬於占用兵的兵陰陽說，同注 17，頁 38～39。

〔註29〕如《五星占》的天象紀錄到漢文帝三年為止，席澤宗即據此推算出帛書的寫成年代約在西元前 170 年左右。席澤宗，〈馬王堆漢墓帛書中的《五星占》〉，《中國古代天文文物論集》（北京：文物出版社，1989），頁 46～58。（原載《文物》1974：11，署名劉云友。1989 年一文作過修改。）

　　　　如席澤宗認為《天文氣象雜占》的內容最早的上限在西元前 369～345 年之間或稍後。席澤宗，〈馬王堆漢墓帛書中的彗星圖〉，《中國古代天文文物論集》（北京：文物出版社，1989），頁 29～34。（原載《文物》1978：2）

〔註30〕阜陽漢簡整理組，〈阜陽漢簡簡介〉，《文物》（1983：2），頁 21～23。

〔註31〕嚴敦傑，〈關於西漢初期的式盤和占盤〉，《考古》（1978：5），頁 334～337。

〔註32〕同注 29，〈馬王堆漢墓帛書中的〈五星占〉〉。

八星宿圓盤的來源應該與之相差不遠。由於墓主是西漢第二代汝陰侯夏侯灶，其父第一代夏侯嬰曾助劉邦起義，多次立功，死於文帝八年，其子夏侯灶於次年嗣位，死於文帝十五年（西元前 165 年），〔註33〕所以墓葬品應該還會保存其父征戰的利器，特別是講用兵的《刑德》書和用於軍事的天文儀器。

　　以上從漢初重要的出土簡帛及天文儀器，反映當時（包括戰國秦漢時期）兵學重視陰陽數術的潮流，亦即以陰陽數術表現對「天道」的體察，如《淮南子・兵略》所說：「明於奇賌、陰陽、刑德、五行、望氣、候氣、龜策、機祥，此善爲天道者也。」

　　至於戰國時代的兵學運用天文星占術等科技新發明，究竟始於何時？按天文學史的推斷應該是在戰國中期以後。西元前 360 年間，天文學家甘公、石申發現行星有逆行現象，進而改革曆法，使中國進入「曆法制定時期」的時代（詳下文），這與《史記、天官書》所說：「田氏篡齊，三家分晉，并爲戰國。爭於攻取，兵革更起，城邑數屠。因以飢饉疾疫焦苦，臣主共憂患，其察機祥、候星氣猶急。近世十二諸侯，七國相王，言從衡者繼踵。而皋、唐、甘、石，因時務論其書傳，故其占凌雜米鹽。」可知軍事需要與天文星占術的發達，有著必然的互動關係。根據可考的資料，兵書中最早具體地出現兵陰陽思想的，當推銀雀山出土的佚書《孫臏兵法》，其中〈月戰〉篇已出現天時、歷（曆）數等辭語以及與日、月、星相關的星占術。〈月戰〉共分兩章（以圓點標誌）：

　　●孫子曰：間於天地之間，莫貴於人。戰□□□人不單（戰）。天時、地利、人和，三者不得，雖勝有央（殃）。是以必付與而□戰，不得已而後戰。故攄（撫）時而戰，不復使其眾。无方而戰者小勝以付曆者也。・孫子曰：十戰而六勝，以星也。十戰而七勝，以日者也。十戰而八勝，以月者也。十戰而九勝，月有……（缺字）〔十戰〕而十勝，將善而生過者也。

第一章「撫時而戰」、「无方而戰者小勝以付曆者也。」與天時、曆數有關。「撫時而戰」，《史記・歷書》：「撫十二節，卒明。」〈正義〉：「撫猶循也。」節指節氣，意思是循天時而戰。「以付曆者也」，「曆」作「曆」，《爾雅・釋詁》：「歷，數也。」推算歲時節候之法曰曆。「无方而戰者」整句是說作戰時，若沒有依

〔註33〕安徽省文物工作隊等，〈阜陽雙古堆西漢汝陰侯墓發掘簡報〉，《文物》（1978：8），頁 12～31。

靠其他條件，而獲小勝者，是因為符合於歷數。〔註34〕第二章內容有日、月、星與戰爭勝敗的關係，整理小組引《管子·四時》作為比對參考：「東方曰星……此謂星德……南方曰日……此謂日德……中央曰土……此謂歲德……西方曰辰……此謂辰德……北方曰月……斷刑致罰，無涉有罪，以符陰氣。大寒乃至，甲兵乃強，五穀乃熟，國家乃昌，四方乃備，此謂月德……日掌陽，月掌陰，星掌和。陽為德，陰為刑，和為事。」說明日、月、星與陰陽刑德有關。學者認為〈月戰〉這兩章所論乃戰爭與天象，特別是日、月、星的關係，應當就是《漢志》所說的「兵陰陽」類。〔註35〕

《孫子兵法》也出現天道知識運用在兵法的情形，例如《孫子兵法·勢》：

> 凡戰者以正合，以奇勝。故善出奇者，無窮如天地，不竭如江海。終而復始，日月是也；死而更生，四時是也。聲不過五，五聲之變，不可勝聽也。色不過五，五色之變，不可勝觀也。味不過五，五味之變，不可勝嘗也。戰勢不過奇正，奇正之變，不可勝窮也。奇正相生，如循環之無端，孰能窮之哉？

這一段文章所用的辭彙如「終而復始，日月是也；死而更生，四時是也。」以及「奇正相生，如循環之無端」（簡本作「奇正環相生，如環之毋端。」）也出現在戰國諸子的文章中，如《文子·自然》：「天圓而無端，故不得觀其形。」「輪轉無窮，象日月之運行，若春秋之代謝，日月之晝夜終而復始，明而復晦。」《莊子·齊物論》：「樞始得其環中，以應無窮。」〈則陽〉：「冉相氏得其環中以隨成。與物無終無始，無幾無時。」這些文章應該都是受「天道」思想影響的產物，如果以《莊子·齊物論》的時代來說，這篇一般認為係莊周所作，他生當齊威、宣王時期，此時《孫子兵法》（包括《孫臏兵法》）於威王時期及以後，由齊稷下大夫整理流傳於世，所以莊周作品受其影響也是可能的。同時這時代也正是天文學家能夠掌握日月星辰的運行，制定新曆解決了長期以往失閏的困擾，使年月日合朔閏終始循環，於是人們開始相信天道是終始循環而無窮的常道，就像孟軻所說：「天之高也，星辰之遠也，苟求其故，千歲之日至，可坐而致也。」（《孟子·離婁下》）表現出當時世人對曆法精確性的肯定。〔註36〕可見《孫子兵法》此篇應當是經過整理，加入戰

〔註34〕張震澤，《孫臏兵法校理》（臺灣，明文書局，1985），頁63。
〔註35〕同注34，頁62。
〔註36〕日人新城新藏，《中國天文學史研究》（臺灣：翔大影印1933年譯版，1993），

國中期當時的天文新知而產生的辭彙。因此，兵書中最早具體出現兵陰陽思想的，當推銀雀山出土的佚書《孫臏兵法》，而《孫子兵法》中有關天道的辭彙，應該是整理者所加。

二、天文曆法的革新

（一）天文曆法的新頁

　　根據研究古天文學的學者說法，戰國中期的曆法改革是劃時代的，它標誌著從「依辰觀象」、「土圭測日至」時代，跨入一個新的紀元──曆元統一，行四分曆（夏正或顓頊曆），採行歲星紀年法，陳夢家名之曰「曆法新制發生時代」，〔註37〕陳遵嬀名之為「曆法確立時期」，新城新藏名之「曆法制定時代」。從學者的說法中可以清楚的表明，戰國中期的曆法新制在曆法史上的重要性：

（1）曆法確立時期應當在戰國中葉，當時採用四分曆，以 365 1/4 日為一年，以七十六年為安排頻大月和置閏的共同周期。從此以後，制定與改革曆法就成了我國古代天文學的一項主要任務。（陳遵嬀，《中國天文學史》（臺灣：翔大影印 1933 年版），頁 202。）

（2）春秋中葉以前用二十八星宿觀測月的運動，稱為「依辰觀象時代」；春秋中葉至戰國中期，用「土圭測日至」，稱為「曆法準備時代」；戰國中期西元前 350）360 年間，採用四分曆，稱為「曆法制定時代」；太初曆制定以後（西元前 104 年）稱為「曆法時代」。（新城新藏，《中國天文學史研究》第一編，頁 1）25。以下 2）5 引文出處同）

（3）春秋中葉以後，已知十九年間插入七閏月的方法。（戰國中葉實行的）四分法（曆）即將十九年四倍之。經過七十六年後，年月日之關係適當為一循環。加上選擇冬至、合朔、夜半或旦，正相一致的時間，命為「曆元」，「古人所謂履端於始」。（頁 14）15。）

頁 15。

〔註37〕陳夢家遺著，〈戰國楚帛書考〉，《考古學報》（1984：2），頁 156。

（4）西元前 360 年間，似周正變爲夏正的時代。將周正（建子之月爲孟春）改爲夏正（建寅之月爲孟春），相差兩個月的曆法，是當時很重大的改革。以夏正爲標準的顓頊曆，〔註38〕也是在此時期改革。（頁 494）全面性地改夏正，可能在六國稱王之時，即西元前 330 年前後。但是魏國是在三四十年前，率先使用夏正的國家。（頁 574）

（5）「戰國時代中期，有甘公、石申二人，頗通曉天文，曾觀測五星而開占星術與五行說之基礎。」（頁 19）測度五星，始用歲星紀年法者，爲楚之甘公，魏之石申二人。（頁 629）最初的歲星紀年法以西元前 365 年算起，如《呂氏春秋・序意》：「維秦八年，歲在君灘（申）。」推算爲西元前 239 年。（頁 16）

（6）「古人把太陽和月亮經過天區的恒星分爲二十八星宿，日行一度，以周於天，凡三百六十五又四分之一度，也和地繞日一周爲一歲，亦三百六十五又四分之一日是一樣的。歲周日計，星宿度計。」（嚴敦傑：〈關於西漢初期的氐盤和占盤〉，《考古》（1978：5））

（7）「《甘石星經》測算行星運行，以『度』爲基本單位，……《五星占》已採用一度等於 240 分的進位制度，說明推算比較細密。」（徐振韜：〈從帛書五星占看先秦渾儀的創制〉，《考古》（1976：2））

（8）「我國講天文的專門書籍，最早的當推戰國時甘德所寫的《天文星占》八卷和石申所寫的《天文》八卷，成書年代在公元前 370 年到前 270 年之間，可惜這兩部書早已失傳，現存的《甘石星經》一書，系宋代人的輯錄，遠非本來面目。……令人慶幸的是，1973 年底在長沙馬王堆三號墓出土的帛書有"五星占"，約八千多字，共九部分（章），占文保存了甘氏和石氏天文書的一部分，其中甘氏的尤多……它向我們表明，當時

〔註38〕顓頊曆實行於秦至漢太初元年（104B.C.），係將周正（以含有冬至之月爲正月）改爲夏正（以含有立春之月爲正月），同時以西元前 366 年爲曆元。因此年正月之合朔適與立春節一致，又當甲寅日。同注 36，頁 16。（按：秦以亥月爲歲首）

（按：指帛書寫成年代）人們已經在利用速度乘時間等于距離
這個公式，把行星動態的研究和位置的推算工作有機地聯係起
來，這就比戰國時代甘、石零星的探討前進了一步，而成爲後
代曆法中“步五星”工作的先聲。……帛書的寫成年代約在公
元前 170 年左右。」（席澤宗，〈馬王堆漢墓帛書中的《五星占》〉，
《中國古代天文文物論集》（北京：文物出版社，1989），頁 46。）

　　綜合以上學者的說法，整理出以下重點：戰國中期採用四分曆，以 365 1/4
日爲一年，以七十六年爲安排頻大月和置閏的共同周期，此曆法的改革建立
了「曆法確立時期」或稱「曆法制定時代」（（1）、（2））。

　　此新曆設立「曆元」，以此曆元爲循環之始，經過七十六年後，年月日正
好爲一循環，回到七十六年後的那一年，又跟初始設立曆元那年的多至、合
朔、夜半或旦，正相一致，這就是古人所稱的「履端於始」（（3））。

　　這種四分曆法與周天子所頒行的曆法不同，新曆以夏正即建寅之月爲孟
春，取代周正建子之月爲孟春，相差兩個月的曆法，在當時可說是重大的改
革。魏國可能是率先使用夏正的國家，時間大約是在西元前 360 年間，全面
性地改行夏正，可能在六國稱王時期（（4））。

　　戰國中期的楚人甘公（《史記・天官書》作齊人）、魏人石申二人，曾觀
測五星而開占星術與五行說的基礎，並始用統一的歲星紀年，爲各國不同的
紀年法提供一方便的對照（（5））。根據馬王堆出土帛書〈五星占〉推測，戰
國時甘德所寫的《天文星占》八卷和石申所寫的《天文》八卷，成書年代在
公元前 370 年到前 270 年之間。〈五星占〉的占文保存了甘氏和石氏天文書的
一部分，並且在其基礎上有更進步的表現。〈五星占〉的寫成年代約在西元前
170 年左右（（8））。

　　從採用四分曆的「曆法制定時代」（西元前 360 年間）到太初曆制定後的
「曆法時代」（西元前 104 年），也就是戰國中期以後到漢初年間，正是天道
思想建構發展時期，所以了解西元前 360 年間發生的天文大事，應該有助於
理解戰國中期以後的學術思潮，對於諸子作品中相關的數術語詞，也可以有
清楚的時代定位。就學術思潮來說，以戰國中期西元前 360 年間爲分水嶺，
此後的諸子百家學說，也莫不以天文新知爲標榜，天文術語如「贏縮」、「逆
順」（行星運動的疾或遲）、「天時」（模仿宇宙結構的式盤）、「度數」（日月星
辰在周天行經的度數）、「終始」、「環周」（四分曆法七十六年年月日一循環）

等出現在論政、論兵的篇章中，例如前面提到的《國語‧越語下》，從文中大量運用與天文有關的知識來看，大概可以窺知其時代性。《孟子‧離婁下》：「天之高也，星辰之遠也，苟求其故。千歲之日至，可坐而致也。」的說法，顯示當時的曆法精確性，為世人所信。〔註39〕《莊子‧天下》記惠施學說「南方無窮而有窮」「我知天下之中央，燕之北、越之南是也。」已有南、北極、中央的思想。〔註40〕《孟子》、惠施以後，書籍篇章出現大量的天文術語或思想，包括數術家（如長沙楚帛書）、兵家（如《尉繚子》）、史書（如《戰國策》、《逸周書》）、月令書（《禮記‧月令》、《呂氏春秋‧十二紀》）、諸子書（如《荀子》、《韓非子》）等。還有使用統一的歲星紀年，取代各國間不同的紀年，例如屈原於《離騷》自道生辰：「攝提貞於孟陬兮，惟庚寅吾以降。」即捨棄了楚王幾年的說法，〔註41〕《呂氏春秋‧序意》：「維秦八年，歲在君灘（申）。」則兩者都一并採行。這些例子都說明了戰國中期以後天文星占學發達，所帶起來的天道思潮。

（二）天文星占在軍事的應用

從戰國到漢初年間墓葬出土的文獻中，可以發現一個現象，即數術類的作品特別多，用於軍事占卜的內容更占多數，印證了《史記‧天官書》所說，從戰國中期以來到六國相王時代，愈多的戰爭促使天文星占術愈發達的事實。到了漢初文帝時代，零星的兵革未息，所以在此時期出土的墓葬品仍保有許多兵陰陽類的數術書（見前文〈兵學與天道〉）。這類與天文星占有關的數術書到底種類有多少？從《漢志‧數術略》的著錄及小序中，可以略窺一二，但是此類書多已亡佚，所以並無法真正了解其內容。李零《中國方術考》曾經根據《漢志‧數術略》及出土文物，歸納與天文曆法有關的占卜，分為五類，較為清楚地說明了數術的內容其操作方法，他提到這些數術在軍事上的用途，以及從數術派生的陰陽五行說，有助於勾畫戰國中晚期陰陽數術發達的情況，筆者以為這些說法可以作為論述帛書《黃帝書》兵學及陰陽刑德等天道思想的背景參考，因此列出相關內容如下：〔註42〕

〔註39〕新城新藏，同注36，頁15。

〔註40〕鄭文光，《中國天文學史源流》（臺灣：萬卷樓圖書，2000），頁222。

〔註41〕王逸《楚辭章句》：「言己以太歲在寅，正月始春，庚寅之日，下母之體而生。」劉師培《古曆管窺》以為在楚宣王二十七年戊寅。

〔註42〕同注21，頁35～57。

1. 星氣之占

相當於《漢志‧數術略》的「天文」及「曆譜」。主要研究天象和曆數，也包括星象和雲氣之占。例如《甘石星經》、《淮南子‧天文》、《史記‧天官書》，馬王堆帛書《五星占》和《天文氣象雜占》。古代占書，用兵是一項重要內容。

2. 式　占

式占是以式，即一種模仿宇宙結構的工具進行占卜。它所用的工具有多種，方法也不一樣，但都與天文曆算關係密切。例如六壬式，它的結構及操作方式是：

> 其形式是模仿蓋天說的宇宙結構，上有圓盤象天穹，中心爲北斗，四周是二十八星宿和星象表示的十二月神；下有方盤象大地，也有與二十八星宿對應的星野和表示日月行度的天干地支。整個操作，也是模仿曆術推算，用天盤左旋（模仿「天左旋而地右轉」），視斗柄和月神在地盤上指示的辰位進行推算。

例如 1977 年安徽阜陽雙古堆西漢汝陰侯出土的兩件漆木式（六壬式盤及太一九宮占盤），便是漢初的重要實物。另外馬王堆帛書中用篆、隸二體分別抄寫的《陰陽五行》，也與式法有密切關係。式占的用途，從今傳本歸納，有專講式法的古代式經，如《道藏‧洞眞部》眾術類有《黃帝龍首經》、《黃帝授三子玄女經》等，也有講式法的古代兵書，如唐人李筌《太白陰經》卷九和卷十，宋人曾公亮《武經總要後集》卷十八至二一，明人茅元儀《武備志》卷一六九至一八五。值得注意的是李零提到式法與陰陽五行的關係，他認爲：

> 式法模擬天象，模擬曆數，目的是想創造一種可以自行運作的系統，以代替實際的天象觀察和曆術推算。……這種占卜被拓廣爲一種龐大的知識體系，在年代上還是比較晚的，主要是盛行於戰國秦漢時期。從式占派生的陰陽五行學說在戰國秦漢時期特別盛行，這是一種非常重要的歷史現象。

戰國秦漢時期興起的陰陽五行學說，依李零的說法是結合式法，將天象、曆數符號化和格式化，從而形成一個可以無窮推衍的系統思維。他認爲，這種思維模式，對中國的科學技術、宇宙理論和哲學思想，都產生深遠的影響：

> 戰國秦漢時期的陰陽五行學說就是以式法爲背景而形成的。它的特點是符號化和格式化，適于從任何一點作無窮推衍。所以，這種思

維模式一旦出現，很快便滲透于中國所有的實用知識，成爲囊括其
各分支的知識網絡和作一切相關分析的邏輯工具。它對中國的科學
技術、宇宙理論和哲學思想，無論從好的方面講還是壞的方面講，
都有深遠的影響。

他結論說，過去學者都認爲當時（秦漢時期）的人特別迷信，其實倒不如說
「其背景恰是在天文學的空前發達」，所以這一時期的人們顯得相當自信，「相
信自己已找到某些可以溝通天人的技術手段。」

3. 擇日和曆忌

擇日和曆忌是式法的派生，都屬于古代的「日者」之說。此類書是把各
種舉事宜忌按曆日排列，令人開卷即得，吉凶立見，不必假乎式占，非常方
便。因此這類書在古代很流行，從戰國秦漢一直到明清，傳統從未斷絕。古
代的擇日是以曆法配合禁忌，供人選擇，有「月諱」及「日禁」兩種。「月諱」，
是將一年分爲十二月，講每月宜忌，古代「月令」一類時令書就是從這種東
西派生。出土文獻中，長沙子彈庫戰國楚墓的帛書，就是按月列述宜忌的「月
諱」書。「日禁」，是按日旬干支，規定某日作事之宜忌。出土的日禁書較多，
墓葬時代在漢初以前的有：（1）1981 年湖北江陵九店楚墓出土的戰國楚日書。
（2）1980 年甘肅天水放馬灘秦墓出土的秦代日書。（3）1975 年湖北雲夢睡
虎地秦墓出土的秦代日書。（4）1977 年安徽阜陽雙古堆西漢墓出土的漢文帝
時期的日書。（5）1983～1984 年湖北江陵張家山西漢墓出土的漢初日書。這
類書應該就是早期的「黃曆」。

4. 刑　德

刑德是與陰陽概念有關的一種擇日之術，如《漢志・數術略》五行類有
《刑德》七卷，惜書已亡佚。在數術之學中，「刑德」是按曆日干支推定的陰
陽禍福。如《大戴禮・四代》「陽日德，陰日刑」，《太公》佚文「人主舉事善，
則天應之以德；惡，則天應之以刑」（《五行大義》卷二《論德》引），都是這
一術語的基本含義。從「陰陽」概念派生，「刑德」一辭有許多種用法，如《淮
南子・天文》以「日爲德，月爲刑」，馬王堆帛書《十六經・觀》以「春夏爲
德，秋冬爲刑」（《管子・四時》也有類似說法）。還有兵陰陽家以「順時而發，
推刑德，隨斗擊，因五勝，假鬼神而助之者也。」（《漢志・兵書略》兵陰陽
類小序）爲特點，如《淮南子・兵略》（按：當作〈天文〉）「凡用太陰，左前
刑，右背德」，就是以「刑德」表示陰陽向背，與主客攻守之勢有關。還有《尉

繚子・天官》「黃帝刑德，可以百勝，有之乎？」從尉繚子回答的內容中，可知當時流行的刑德之書主要是與「天官、時日、陰陽、向背」有關，而且言刑德是託名黃帝的。

5. 風角、五音

風角、五音是與陰陽五行學說有關的候風、候氣之說。風角是以季節風向變換和冷暖強弱來說明陰陽二氣的消長。五音則是以五音十二律（鐘律）的遞爲增減與之相應。候風、候氣和鐘律與天文曆法、觀象授時有密切關係，淵源很早（如殷代甲骨文四方風）。候風有一種用吹律聽聲的方法，這類數術與軍事有密切關係，如《六韜・龍韜・五音》和《太平御覽》卷三二八引《六韜》佚文都講到兵家所用的五音之術，《漢志・數術略》五行類也有《五音奇胲用兵》，《史記・律書》也是講用兵。出土文獻中，講風角五音，有銀雀山漢簡《天地八風五行客主五音之居》，此書是以風角五音推測行師用兵的主客勝負，屬於兵陰陽。風角與古代氣象學，特別是軍事氣象學，有密切關係。

以上引自李零《中國方術史》，用以說明天文星占等數術用於軍事的情況。另外，關於式盤、刑德術及天文術語「贏縮」、「逆順」，還有相關資料可以補充說明數術用於兵事的情形。

研究天文學的嚴敦傑也曾提出「式盤」用於軍事的說法，他在一篇討論安徽阜陽汝陰侯墓出土的三件與星占有關的器物—式盤、占盤及一天文儀器的文章中指出：〔註43〕式盤又稱「天時」，即《周禮・大史》說的「抱天時與大師同車」的「天時」。文章又說，式盤作用於軍事上，在「安營方位的決定」，以及在「昏濛失路」、「泥陷之地」時作爲方向盤，他引《淮南子・天文》：「堪輿行雄以知雌。」說明堪是天道，即式盤中的天盤，輿是地道，即式盤中的地盤。此說可以和前面提及李零的說法參看。

另外，與星占有關的「刑德」術，《尉繚子・天官》的說法是：「天官、時日、陰陽、向背」「刑以伐之，德以守之。」「天官」應該就是通曉天文星占學的「傳天數者」（《史記・天官書》）根據馬王堆帛書《刑德》，內容是「講太陰的刑德大游和刑德小游。」〔註44〕主要用於行軍作戰，屬於兵陰陽的作

〔註43〕同注31，頁335。

〔註44〕法・馬克，〈馬王堆帛書〈刑德〉試探〉，《華學》第1期（香港：中山大學出版社，1995），頁82～110。

品。〔註45〕總之，天文星占術運用在軍事上是非常普遍的，隨著戰國時代日益擴大的戰爭規模，戰爭所講求的「出奇制勝」、「變化無常」，更需要結合這種當時最先進的知識技術。

　　贏縮、逆順，本是天文術語，簡單的說是指行星運動的疾或遲，《史記・天官書》載有五星運動的狀態如順或逆、贏或縮、疾或遲、躁或靜，用以占驗兵事，最早發現五星有逆行現象的是戰國中期的甘公、石申，當時他們先是發現熒惑星（火星）有逆行現象，到了秦漢時陸續又發現其他行星也有這種現象。〔註46〕《漢書・天文志》說：「古代五星之推無逆行者，至甘氏、石氏經，以熒惑、太白爲有逆行。」《隋書・天文志》也說：「古曆五星并順行，秦曆始有金、火之逆。有甘、石并時，自有差異。漢初測候，乃知五星皆有逆行。」這些都是關於發現行星逆行現象的記載。馬王堆出土的帛書〈五星占〉，是秦漢之際天文星占家的作品，它上承甘公、石申《星經》餘脈，下開《淮南子・天文》先河，比《史記・天官書》還要早九十年，是現存最早的一部天文書。〔註47〕從文中可以看出天文星占運用於兵事的情形，其中行星運動順行、逆行與贏縮的變化，更是占驗的重要依據，如〈木星〉：

　　其失次以下一（若）〔舍〕二（若）〔舍〕三舍，是胃天（維）〔縮〕，

　紐，其下之〔國有憂，將亡、國傾敗；其失次以上一舍二舍三舍，

　是謂天〕贏，于是歲天下大水，不乃大列，不乃地動；紐亦同占。

〈火星〉：

　　〔熒惑〕無恒，不可爲〔逆〕，所見之〔國受〕兵革。

根據鄭慧生的譯文，前段是說：「歲星運行如果遲于正常行程一至二或三個星宿，那就叫做『天縮』，或者運行軌跡繞圈紐結，那麼它所在星宿對應的分野之國就會有憂患，將帥將要陣亡，國家也會覆滅。歲星運行如果超出正常行程一至二或三個星宿，那就叫做『天贏』，這樣的話該年就會天下發洪水，要不就是天裂，要不就是地震。如果也是運行軌跡繞圈紐結，所得的結果和『天

〔註45〕陳松長，〈帛書《刑德》乙本釋文校讀〉，《湖南省博物館四十周年紀念論文集》（湖南：1996），頁83～87。

〔註46〕《史記・天官書》：「故甘、石歷五星法，唯獨熒惑有反逆行。逆行所守，及他星逆行，日月薄蝕，皆以爲占。」〈考證〉：「言甘、石歷法，五星唯火星有逆行。至漢爲天數者，其法詳備，於是火星逆行所守，及土、木、金、水逆行，日月薄蝕，皆有占也。」

〔註47〕席澤宗，〈馬王堆漢墓帛書中的《五星占》〉，同注29。

贏』是一樣的。」第二段是說:「火星沒有常性,它不可以逆行。它如果逆行,出現在哪一個星宿的分野之國就會遭到兵災。」另外還有靜躁、主客、陰陽、刑德,也都與星占有關,總之,〈五星占〉是以占驗兵事為主。〔註48〕

(三)天文曆法與天道思想

兵學中的「天道」,後來被陰陽家及黃老學者用於論政,將數術的「天道」提升為宇宙萬物的最高指導原則,人要與天地相參,才能真正掌握宇宙天地無窮運轉的奧秘,這就是陰陽家、黃老學者所謂的「天道」思想。

戰國中期以後興起的黃老學,其天道思想便是奠基在古羲和之官「敬授人時」(《書‧堯典》)的作為,運用天文新知建立起明天道推人事的治國理論。根據古天文學者的研究,戰國中期的天文學家,通過儀器測得行星運行順逆的「度數」,〔註49〕計算出年月日合朔閏終始循環的曆法,解決了失閏的困擾,置閏方法更趨於精密嚴格。黃老學即主張,執政者應根據這些天文「度數」制曆法、定度量、正形名、立法則,以天道律曆之數聯繫規範彼此的關係,構築成一套天地人相參的有機網絡,以為萬全的治國大計。

這個有機網絡,以天道度數為根據,以數之「一」為名號,開展出「數始於一,終於十,成於三」(《史記‧律書》)的萬形萬法。「天道曰圓」(《淮南子‧天文》)「天圓而無端,故不得觀其形。」「輪轉無窮,象日月之運行,若春秋之代謝,日月之晝夜,終而復始,明而復晦。」(《文子‧自然》)所以人們能夠認知天道是終始循環而無窮的常道,最大的因素就在於曆法能夠掌握日月星辰的運行,使年月日合朔閏終始循環一樣。《管子‧樞言》說:「道之在天者日也,故先王貴明天道。」就是這個意思。帛書《黃帝書》也是以天道終始循環立論,如〈十六經‧姓爭〉:

> 天稽環周。

〈經法‧論約〉:

> 四時時而定,不爽不代(忒),常有法式,□□□,一立一廢,一生
> 一殺,四時代正,終而復始。

還有篇章中出現許多計數,從一到九都有,以〈經法‧論〉為例,便提到七個數:

〔註48〕鄭慧生,《古代天文曆法研究》(河南:河南出版社,1995),頁181〜217。
〔註49〕這個儀器,可能是《史記‧天官書》說的「璇璣玉衡」,或是《周禮‧大史》
說的「抱天時與大師同車」的「天時」。參見嚴敦傑,同注31,334〜343頁。

天執一以明三。日信出信入，南北有極，〔度之稽也。月信生信〕
死，進退有常，數之稽也。列星有數，而不失其行，信之稽也。

〔天〕定二以建八正，則四時有度，動靜有立（位），而外內有處。

天建八正以行七法。

六枋（柄）。

三名。

這就是黃老學所說的天、地、人相參，要客觀公正的「數」來說話（作爲立
法根據），要求執政者去私立公，這就已經接近了「數的管理」精神。《管子‧
幼官》：「法立，數得，而無比周之民，則上尊而下卑，遠近不乖。」《呂氏春
秋‧仲秋紀》：「凡舉事無逆天數，必順其時，乃因其類。」《淮南子‧天文》
說：「古之爲度量，輕重生乎天道。……故律曆之數，天地之道也。」其精神
都是一致的。

陰陽家講的「天道」著重在政治，偏於思想，與兵家將天道運用於戰術
戰略有不同。李零認爲：

> 數術之學在古代的實用知識中佔有重要的地位。牠是以天、地萬物
> 等自然現象即「天道」爲研究對象。這種學問在漢初司馬談的《六
> 家要旨》中本來叫作「陰陽家」。西漢末，劉向、劉歆校書，把陰陽
> 家的書分爲兩類，有家法可考和偏於思想的入於《諸子略》陰陽家；
> 無家法可考和偏於實用的入於《數術略》五行類。〔註50〕

《六家要旨》所載司馬談所講的陰陽家：「夫陰陽、四時、八位、十二度、二十
四節，各有教令。順之者昌，逆之者不死則亡，未必然也，故曰：使人拘而多
畏。夫春生夏長，秋收多藏，此天道之大經也。弗順，則無以爲天下綱紀，故
曰：四時之大順，不可失也。」其中，「陰陽、四時、八位、十二度、二十四節。」
便是天文曆法的內容，陰陽家將之與政治興衰聯繫，目的在於「使人拘而多畏」，
達到「順之者昌，逆之者不死則亡。」合於天道的政治秩序。

黃老學也是如此，此派學者吸收當時最先進世所公認的天文學，發展其
天道理論，同時也結合養生思想，融合進步的醫學知識，成爲君主的養身治
國寶鑑。這就是黃老學反複強調的「天之道、地之德」，其精義就是向天地取
法，追求科學新知，以建立客觀公正秩序的表現。司馬談論道家治術，也以

〔註50〕李零，〈式與中國古代的宇宙模式〉，《中國文化》第 4 期（1991），頁 6。

「因陰陽之大順」總領此派綱要，文曰：「道家……其爲術也，因陰陽之大順，采儒墨之善，撮名法之要，與時遷移，應物變化，立俗施事，無所不宜。指約而易操，事少而功多。」換言之，「因陰陽之大順」即是治術的最高準則，可見漢初盛行黃老道家，重視天道思想，可見一斑。

三、變古易常的學術趨勢

（一）從魏文侯禮賢下士到齊稷下的設立

　　戰國學術蓬勃興盛，諸子百家爭鳴，最重要的階段是在齊威王以後的稷下學宮，但是在此之前，魏文侯禮賢，已開諸子議論之風。魏文侯禮賢，以子夏爲師，與子貢弟子田子方爲友，子夏弟子段干木、李克（悝）以及曾子弟子吳起等，皆在其列。〔註51〕魏文侯以大夫僭國，卻能藉著禮賢下士聚收人望，不但有效地改革實政，而且還享譽於諸侯（《史記・魏世家》）。錢穆認爲，魏文侯禮賢對於時局最重要的影響有二，一是傳統儒者的變質，二是「法」取代「禮」成爲時代的趨勢：

> 　　一爲禮之變，一爲法之興。何言乎禮之變？當孔子時，力倡正名復禮之說，爲魯司寇，主墮三都，陳成子弒君，沐浴而請討之。今魏文以大夫僭國，子夏既親受業於孔子，田子方、段干木亦孔子再傳弟子，曾不能有所矯挽，徒以踰垣不禮，受貴族之尊養，遂開君卿養士之風。人君以尊賢下士爲貴，貧士以立節不屈爲高。自古貴族間互相維繫之禮，一變而爲貴族平民相抗之禮，此世變之一端也。何言乎法之興？子產鑄刑書，叔向譏之。晉鑄刑鼎，孔子非之。然鄭誅鄧析而用其《竹刑》，刑法之用既益亟。至魏文時，而李克著《法經》，吳起償表徙車轅以立信，皆以儒家而尚法。蓋禮壞則法立，亦世變之一端也。〔註52〕

　　魏文侯捨貴族而用賢，棄禮而行法，使他的政治基業蒸蒸日上，還贏得「禮賢之仁人」（《史記・魏世家》）的美譽，此行看在力圖改革的各諸侯大夫間，必然要起仿傚之心。本來，禮與法都是出於糾正當時貴族的奢侈，「孔子正名復禮，切當時之貴族，既不得如意，後之言治者，乃不得不捨禮而折入

〔註51〕錢穆，同注 2，頁 124～125、129～137。又，《史記・魏世家》、《史記・吳起列傳》。
〔註52〕同注 2，頁 136～137。

於法，是亦事勢之所趨」，〔註53〕也有學者提到：「『法』是要講一個標準的，所謂『範天下之不一，而歸之于一』（《說文》）。所以，禮在于『別』，而法在于『齊』。」〔註54〕因爲平民階級的興起，勢必與貴族利益相衝突，執政者愈想改革，自然要打破傳統的束縛，所謂「別」與「齊」，差別就在於貴族不能再獨享利益，於是「貴族平民相抗之禮」便形成趨勢。

其次，法之所以興，來源在春秋末期，鄭國有賢名的執政者子產已經預知平民時代來臨，禮已不足治國，所以鑄刑書明白昭告世人，晉大夫叔向譏之：「民知有辟，則不忌上……民知爭端矣，將棄禮而徵于書（刑書）；錐刀之末，將盡爭之」（《左傳·僖公十一年》，西元前536年），子產承認叔向所言之弊，但是他著眼的是大勢所趨，如果不正視平民階層的權益，國亦將衰亡，他說：「僑不才，不能及子孫，吾以救世也。」果然，晉國不久亦鑄刑鼎，「著范宣子所爲刑書」（《左傳·昭公二十九年》，西元前513年），孔子批評說：「晉其亡乎，失其度矣。夫晉國將守唐叔之所受法度（《唐誥》），以經緯其民，卿大夫以序守之，民以是能尊其貴，貴以是能守其業。貴賤不愆，所謂度也。……今棄是度也，而爲刑鼎；民在鼎矣，何以尊貴？貴何業之守？貴賤無序，何以爲國？」（同前引書）孔子死後，晉果然被大夫韓、趙、魏三家瓜分，但是魏文侯卻禮遇孔子弟子，子夏弟子李克（悝）且爲魏君盡地力之教，使「國以富強」（《史記·平準書》），造《法經》，成爲法家之祖；〔註55〕曾子弟子吳起聞魏君賢而仕，〔註56〕後來相楚，「明法審令…要在強兵…諸侯患楚之強」（《史記·吳起傳》）。衛（商）鞅受李克之學以相秦，〔註57〕結果「家給人足，民勇於公戰，怯於私鬥，鄉邑大治。」（《史記·商君列傳》）魏、楚、秦相繼用法而強，「禮壞則法立」已經是大勢所趨了。

〔註53〕錢穆，同注2，頁191。

〔註54〕侯外廬主編，《中國思想通史》第一卷（北京：北京人民出版社，1959），頁589。

〔註55〕《晉書·刑法志》：「秦漢舊律，其文起自魏文侯師李悝。悝撰次諸國法，著《法經》。」《漢志》有《李克》七篇，在儒家。章太炎以李克著《法經》認爲：「著書定律爲法家」（《檢論·原法》）。錢穆以之爲「法家祖」，同注2，頁133。

〔註56〕上引錢穆語「償表徙車」係吳起仕魏事：令民「償表」以立信，事見《呂覽·慎小》；「徙車」類商君徙木事，見《韓非子·內儲說上》。

〔註57〕《晉書·刑法志》：「秦漢舊律，其文起自魏文侯師李悝。悝撰次諸國法，著《法經》。……商君受之以相秦。」

　　田齊繼魏文侯改革之路，招賢以圖治。徐幹《中論‧亡國》說：「齊桓公立稷下之宮，設大夫之號，招致賢人而尊寵之。」篡齊自立的田侯午（西元前 374 年立），也就在稷下設立學宮，廣開言路，以尊寵賢士為號召，威王、宣王時期，更致力經營，到了宣王時，稷下學士「且數百千人」（《史記‧田完世家》）。此後稷下學宮或興或衰，一直維持到齊王建滅亡（西元前 221 年），擁有長達百年的歷史，稷下已然成為戰國的學術重鎮。〔註 58〕我們曾在前章第二節提到，稷下重視數術方技學的特色，與傳統儒家講詩、書，論禮不同：齊威王及以後有孫臏及其後學整理古兵法及著作兵書，〔註 59〕宣王、湣王時期有黃老道家田駢、慎到、接予、環淵，襄王時有儒者荀卿，但是其弟子李斯、韓非卻成為十足的法家，荀卿之後陰陽家大盛，著名者如鄒衍、鄒奭（《史記‧孟荀列傳》），皆受尊寵，可見大勢所趨，學術也隨之演變。章學誠《校讎通義》卷二曾將這些《漢志》不列入諸子學派的數術方技學，稱為「法術名數」，以別於諸子的議論文辭。但是它在稷下受到重視，連帶諸子論政也都受影響，將之納入治國綱領，尤其是黃老學派、陰陽學派，常常使用或融合法度名數等語辭來詮釋其思想理論，法度名數本與天文曆法之數術有關，即兵學中所稱「天道」，後來「天道」又成為宇宙秩序，用以詮解形名法術，並經由黃老學派、陰陽學派的提倡而大行於世，成為戰國中後期的學術主流。

（二）從禮到法的轉折

　　早期法家得在位者尊寵，靠的是實現富國強兵的真材實料，而非貴族血統，更不是人品道德，如魏文侯「賢人是禮，國人稱仁」（《史記‧魏世家》）所謂「賢」，如吳起者，「貪而好色」但是卻是用兵長才（《史記‧吳起列傳》）。這些人初嘗與貴族相抗禮的滋味，為了彊君，有效推行新政，往往不惜一切代價打破成規，即使結怨於權貴也在所不惜。最後，如吳起、商鞅，他們雖然完成了改革志業，但是隨著支持他們的君主去世，被清算的下場也是難免的，如《史記‧平準書》：

> 魏用李克，盡地力，為彊君，自是之後，天下爭於戰國。貴詐力而賤仁義，先富有而後推讓。故庶人之富者或累巨方，而貧者或不厭糟糠。有國彊者或并群小以臣諸侯，而弱國或絕祀而滅世。

《韓非子‧和氏》載吳起事：

〔註 58〕孫以楷，〈稷下學宮考述〉，《文史》第 23 集（1984），頁 41～54。
〔註 59〕李零，同注 14。及前文（二）田齊的兵學。

－101－

> 吳起教楚悼王以楚國之俗曰：「大臣太重，封君太眾。若此則上逼主，
> 而下虐民，此貧國弱兵之道也。不如使封君之子孫三世而收爵祿，
> 絕減百吏之祿秩，損不急之枝官，以奉選練之士。

又《史記‧吳起傳》：

> 不別親疏，不殊貴賤，一斷於法，親親尊尊之恩絕。

《呂覽‧貴卒》：

> 荊王死，貴人皆來，尸在堂上，貴人相與射吳起。

《史記‧商君列傳》：

> 治世不一道，便國不法古。

> 內不私貴寵，外不偏疏遠。

《鹽鐵論‧非鞅》：

> 刑公族以立威，無恩於百姓，無信於諸侯，人與之爲怨，家與之爲讎。

> 孝公卒之日……車裂族夷。

李克首先揭起彊君爲務的大旗，打破仁義、推讓的道德束縛，但是也啓動了弱肉強食的戰國時代；吳起「不別親疏，不殊貴賤，一斷於法，親親尊尊之恩絕。」最後落得被貴族射殺，死於君尸的下場；商鞅也因爲執法無情，孝公一死，便慘遭「車裂族夷」。

魏文侯以大夫僭國，因禮賢而振國威，揭開了以法取代禮的世局。但是從這些守分盡忠爲執法而捨命卻落得如此下場，後來者未免重蹈其覆轍，保身成了重要的課題，同時對「法」重新包裝，賦予根源性意義，使其有高於傳統「禮」的價值。新價值與融入哲學理論的「法」，便成了時代新課題。這個迂迴的過程，由申不害的「術」啓其端，而由稷下學士慎到、田駢等以「天道」結合「法」呈現架構，最終在黃老道家及陰陽家合力製作下，完成以宇宙秩序統合整個天下的陰陽五行大法。這就是戰國時代學術由禮轉法，又迂而援理（道之理，天理）以入法的原委。

申不害的學說特色以「術」著稱，並不能稱爲法家，《韓非子‧定法》說：「申不害言術，而公孫鞅爲法」劉向《新序》也說得很清楚：「（申子之書）號曰術，商鞅所爲書號曰法，皆曰刑名，故號曰刑名法術之書。」（《史記‧申韓列傳》〈集解〉引）他之所以跟道、法的結合有關，學者的說法是：

> 前期法家，有的從儒家的理論發展而來，也有的從道家的理論發展
> 而來，申不害、慎到、韓非就是例子。而且法家和道家的關係密切，

也不是偶然的，尤其涉及「術」的思想，所謂「君人南面之術」（《漢書·藝文志》），正是兩者相結合的產物。〔註60〕

按照上文推言之，申子的「術」可以說是道、法結合的橋樑。至於申子講「術」的內容與目的，錢穆認為：「微視上之所說以為言」，「其歸在於用術以御下」，即司馬遷所說「申子卑卑，施之於名實。」的意思。因為申不害的時代「遊士既漸盛，爭以投上之所好，而漁獵釣勢，在上者乃不得不明術以相應。」〔註61〕根據《韓非子·定法》以及《淮南子·要略》的說法，申不害為解決韓國新舊制度間的矛盾，而創行刑名之術。〔註62〕綜合以上說法，不難看出申不害改變了法家「一斷於法」的絕情，著眼調合新舊制度的矛盾，同時為了保身，更加深了對上意的揣摩。申不害教君主用術以御下，重新定位了君主與臣子的角色，但是，對於臣子如何認同新法？申不害卻沒有答案，〔註63〕這就是《韓非子·定法》所批評的：

> 申不害雖十使昭侯用術，而姦臣猶有所謫其辭矣。故託萬乘之勁韓，
> 十七年而不至於霸王者，雖用術於上，法不勤飾（飭）於官之患也。

當然，申不害沒有能處理這個問題，「這卻正是反映了新舊遞嬗的現象」，〔註64〕也就是說，申不害面對了君臣關係，下一步，便是如何使「法」的價值超越以氏族血緣為聯繫的禮，這就是後來慎到、田駢等道法家發展的契機。根據前文提到稷下發展天道思想的背景，我們且名此為「援理（道之理；天理）入法」時期。

《四庫全書總目提要》著錄《慎子》，其序曰：

> 今考其書，大旨欲因物理之當然，各定法一而守之，不求於法之外，
> 亦不寬於法之中，則上下相安，可以清靜而治。然法所不行，勢必
> 刑以齊之，道德之為刑名，以此轉關。

「法所不行，勢必刑以齊之」這裏所說的「刑」（古代刑、形不分，此應作「形」）是具有天道觀的刑名之學，「道德之為刑名，以此轉關」，意思是說：道德（指

〔註60〕侯外廬主編，同注54，頁596

〔註61〕同注2，頁239～240。

〔註62〕關於申子是術家，以及其刑名之學與道法思想的關係，第二章第一節亦有論及。

〔註63〕後人所輯（如《類聚》、《御覽》引）申子之言，有法家色彩者，學者以為原書散佚，不能以此認定申子是法家，以及「申子怎樣處理法與術的關係」。同注54，頁599。

〔註64〕侯外廬主編，同注54，頁599。

「天道」）與刑名在此有了某種程度的關聯與轉換。以天道轉換的刑名所制定的「法」，自然也就賦予「法」具有某種層面的宇宙秩序的性質。學者也認為：「慎子是由道到法的過渡人物，他的思想具有道法兩方面，但其法家思想卻是由道家的天道觀導出的，故他不僅言『法』，也兼言『勢』。」其舉《慎子・因循》說：「這顯然是從道家的天道觀出發而推及于人事。」這與《莊子・天下》敘述慎到的思想是一致的。〔註65〕

　　帛書《黃帝書》作者承襲此種思維，將道法關係講得更清楚，這個「道」，除了具有「天道」性質外，還加入了「理」的概念以溝通「刑名」，〔註66〕通過「道與理」、「理與刑名」、「刑名與法」的辯證思維，確立「法」的正當性與價值根源。理，取代了禮，成為新的價值標準。郭梨華提到：「『道』作為『法』的正當性根源……來自於『道』本身所具有的自然性，這一自然性就是與天文曆數相關的度數，因此這一種『法』所強調的就不是德治中作為禮之輔助的刑罰，而是與度數相關，具有獨立位置的『法』。」〔註67〕金春峰認為：「帛書反覆強調，物『各合於道者謂之理』，『主執度，臣循理』，『循名究理』，……是用理代替奴隸制的禮，為新的君臣、人倫關係作論證。」他還舉出《荀子》與《呂覽》以「理」代「禮」的例子，說明這是時代的趨勢。〔註68〕此外，具有黃老道家性質的作品《管子》，也有許多探討「理」的例子。〔註69〕集法家大成的《韓非子》，在〈解老〉一篇中更以道家觀點解析「理」。〔註70〕綜上所述，可以看出戰國諸子援理以入法以因應時代變

〔註65〕侯外廬主編，同注54，頁601。

〔註66〕《莊子・天下》曾說慎到「動靜不離於理」，但是根據現存資料顯示，慎到並沒有對「理」有理論說法，此或是〈天下〉作者藉後出理論，方便詮釋慎到形名之說。又，理的概念起於戰國中期，最初與「義」相聯繫，具有合宜、判別是非標準的意思。如《孟子・告子上》說：「心之所同然者何也？謂理也、義也。」關於「理」的概念源起，參見金春峰，《漢代思想史》（北京：中國社會科學出版社，1997），頁24。鍾肇鵬，文收於任繼愈主編《中國哲學發展史》秦漢卷（北京：人民出版社，1985），頁100。

〔註67〕郭梨華，〈《經法》中『刑—名』思想探源〉，《安徽大學學報》（1998：3），頁24。

〔註68〕同注66，頁26。其舉《荀子》、《呂覽》之例，如《荀子・樂論》：「禮也者，理之不可易者也。」《呂覽・不苟》：「賢者之事也……必中理然後動」

〔註69〕《管子・心術上》：「理也者，明分以喻義之意也。故禮出乎義，義出乎理。」〈九守〉：「名生於實，實生於德，德生於理，理生於智，智生於當。」

〔註70〕〈解老〉說：「理者，成物之文也……物有理，不可以相薄，故理之為物之制。萬物各異理，而道稽萬物之理。」這裏的「理」指的是形名，「短長、小大、

局的用心。

（三）帝王術與天道思想

　　戰國中期以後，六國相王時代來臨（西元前 322 年），戰國晚期之初，齊、秦進一步約稱東、西帝（西元前 288 年），雖然最後行動未成，但是由霸而王，由王而帝的時代趨勢已經形成。這時期也正是稷下黃老道家熱列討論如何以天道思想，設計一套天、地、人相參的大法，以供君王成就「帝王之道」（帛書〈經法・論〉）的時代。〔註71〕可以說，戰國中期以後天道思想的興起，與諸侯由王而稱帝的趨勢是同步的：因為黃老道家將天道知識從具體的星辰運行、四季推移，推衍成為「宇宙的普遍性和抽象性」，將「天道」與人間吉凶災祥聯繫起來，把「本來作為時日的規則成了宇宙秩序」，〔註72〕執道者根據天道以制定的刑名法術，其根源性因此得以確立，如此，作為「生法」的執道者，〔註73〕若能體察天道，遵循宇宙秩序而作為，也就可以成為人事主宰，成就帝王之道。帛書《黃帝書》〈經法・論〉說「帝王之道」，正是這個思維邏輯的典型：

> 是以守天地之極，與天俱見，盡□于四極之中，執六枋（柄）以令天下，審三名以為萬事□，察逆順以觀于朝（霸）王危亡之理，知虛實動靜之所為，達於名實〔相〕應，盡知請（情）偽而不惑，然后帝王之道成。

此後，探索天道的學說包括陰陽學說及五行學說，一方面從「解釋世界的本質、萬物的生成和探索宇宙變化發展的規律」發展，一方面也為帝制文化的天人相應作實務的設計。〔註74〕最終天道思想透過陰陽與五行學說合流，完備了系統理論，實現這個大工程的人，學界都推鄒衍，但也有學者指出《管子》〈幼官〉、〈四時〉、〈五行〉、〈輕重己〉，已初步實現陰陽五行合流。但無

　　　方圓、堅脆、輕重、白黑之謂理；理定而物易割也。」

〔註71〕顧頡剛曾考證《王度記》、《周官》，以及明堂、封禪、巡授、五等爵等典禮，都是稷下先生為籌劃建立統一帝國的作品。其說為學界普遍接受。文見〈『周公制禮』的傳說和〈周官〉一書的出現〉，《文史》第六輯，頁1～40。

〔註72〕葛兆光，《七世紀前中國的知識、思想與信仰世界》（上海：復旦大學出版社，1998），頁234。

〔註73〕帛書《黃帝書》稱人君為「執道者」，如〈經法・道法〉：「故執道者，生法而弗敢犯也。」

〔註74〕白奚，《稷下學研究》（北京：三聯書店，1998），頁245～249。

論如何，這些成果都是在稷下學宮完成的。前面提過，稷下學宮重視數術，
數術研究天文曆算，作爲君王奉朔及軍事用途，是當時先進的知識領域，愼
到、田駢等以此新知轉化爲天道思想，推天道以明人事，爲君人南面之術開
啓了以天道治國的可能；帛書《黃帝書》繼之，爲「道生法」找尋根源，提
出「帝王之道」；《管子》〈幼官〉、〈四時〉、〈五行〉、〈輕重己〉的作者進一步
以結合陰陽五行學說，使天人相應設計趨於系統化；最終由鄒衍完成陰陽五
行學說系統理論，爲帝制活動創造了文化價值。李零認爲，陰陽五行學說之
所以在戰國秦漢時代特別流行，有特殊的時代因素，尤其是重視數術的稷下
學宮提供了重要的發展背景，〔註75〕他指出，數術中的式法應該就是啓發陰
陽五行學說的重要媒界：

> 式法模擬天象，模擬曆數，目的是想創造一種可以自行運作的系統，
> 以代替實際的天象觀察和曆術推算。……戰國秦漢時期的陰陽五行
> 學說就是以式法爲背景而形成的。它的特點是符號化和格式化，適
> 于從任何一點作無窮推衍。所以，這種思維模式一旦出現，很快便
> 滲透于中國所有的實用知識，成爲囊括其各分支的知識網絡和作一
> 切相關分析的邏輯工具。它對中國的科學技術、宇宙理論和哲學思
> 想，無論從好的方面講還是壞的方面講，都有深遠的影響。〔註76〕

此文指出，「這種思維模式一旦出現，很快便滲透于中國所有的實用知識，成
爲囊括其各分支的知識網絡和作一切相關分析的邏輯工具。」所言極是，從
天道數術衍生而來的陰陽五行學說，在鄒衍之後已成爲「學者所共術」（《史
記・孟荀列傳》），此後，《呂覽・十二紀》、《禮記・月令》以及漢代的《淮南
子》、《春秋繁露》，也都可以看到陰陽五行系統思維模式的影響軌跡。

　　綜言之，戰國的天道思想，從數術之學衍生，發展成宇宙秩序，成爲刑
名法術的價值根源，以完成一統天下的帝王之道作爲系統理論的最終目標。
其學術發展的進程，也與因應時勢、合於世用有密切的關係。譬如帛書《黃
帝書》〈經法・四度〉說：

> 極而反，盛而衰，天地之道也，人之李（理）也。

這是將「人理」相應於「天道」，形成一種新秩序的理論。這股渴望建立新秩

〔註75〕同注14，頁46～47。
〔註76〕同注21，頁41、40。按：引文已在前面說明「天文星占在軍事的應用」出現，
　　　　此處重引是爲說明與陰陽五行學說關係。

序的潮流，其內在的驅動力，正如《淮南子‧泰族》詮釋此種現象時所說的：

> 天地之道，極則反，盈則損。……聖人事窮而更爲，法弊而改制，
> 非樂變古易常也，將以救敗扶衰，黜淫濟非，以調天地之氣，順萬
> 物之宜也。

「聖人事窮而更爲，法弊而改制，非樂變古易常也。」正說明了戰國學術以法取代禮、援理以入法，持續變古易常的改革力道。而黃老道家，正是站在這個潮流上，通過掌握天道新知「極而反，盛而衰」的變化規律，建立一套體現宇宙秩序的帝王之道，以實現「調天地之氣，順萬物之宜。」一統天下的目的。

第二節　天道思想與黃帝的關係

　　司馬遷《史記‧五帝本紀》根據《大戴禮》中的〈五帝德〉、〈帝系〉，以姬姓祖先黃帝爲中心，譜成周系統的帝系（繫）。歷來史家都採用這種說法，時日漸久，黃帝爲華夏民族始祖，遂成普遍知識。事實上黃帝在戰國時期，仍然處於傳說階段，諸子言黃帝，作了許多附會加工，使得黃帝面貌呈現愈多樣化的發展，就像司馬遷所說：「百家言黃帝，其文不雅馴。」（〈五帝本紀贊〉）近年來地下出土文獻內容顯示，更證實了諸子百家託名黃帝盛況，其中還包括相當數量的數術類。馬王堆帛書《黃帝書》四篇中的〈十六經〉，對黃帝形象多所著墨，更引起學界對於黃老學中的黃帝之言，追查其形象來源的興趣。

一、黃帝傳說

　　有關黃帝形象的傳說，大略可以分古史傳說及諸子百家言黃帝兩部分來說明。

（一）古史傳說的黃帝

　　古史傳說較早的文獻記載包括《左傳》、《國語》及《逸周書》：

1.《左傳‧僖公二十五年》記載黃帝戰于阪泉

> 秦伯師于河上，將納王。……（晉文公）使卜偃卜之，曰：「吉。遇
> 黃帝戰于阪泉之兆。」公曰：「吾不堪之。」對曰：「周禮未改，今
> 之王，古之帝也。」

「黃帝戰于阪泉」，《大戴禮‧五帝德》記：「（黃帝）以與赤帝戰于版泉之野，

三戰然後得行其志。」（《史記》作「阪泉」），《路史后紀》卷四《蚩尤傳》云：
「阪泉氏蚩尤，姜姓，炎帝之裔也。」據考，阪泉在山西解縣鹽池上源，相
近有蚩尤城、蚩尤村及濁澤，一名涿澤，即涿鹿。〔註77〕炎帝爲神農氏之後，
炎帝之後有蚩尤，爲姜姓（《世本・帝王世繫》炎帝神農氏姜姓）。《左傳》此
說是源自黃帝與異族爭戰的傳說。

2. 《左傳・昭公十七年》載郯子論官

> 昔者黃帝氏以雲紀，故爲雲師而雲名；炎帝氏以火紀，故爲火師而
> 火名。

黃帝氏以雲紀，炎帝氏以火紀，這說明氏族間不同的圖騰崇拜。曾有學者根
據《國語・周語下》：「我姬氏出自天黿」資料考證，指出黃帝稱作軒轅，軒
轅即天黿，顯示與氏族崇拜水族動物龜蛇有關。〔註78〕「以雲紀」與「出自
天黿」基本上說明了黃帝氏族對相關於「水」的圖騰崇拜。

3. 《國語・魯語上》展禽講國家制定「祀典」的原則

> 昔烈山氏之有天下也，其子曰柱，能殖百穀百蔬；夏之興也，周棄繼
> 之，故祀以爲稷。共工氏之伯有九也，其子曰后土，能平九土，故祀
> 以爲社。黃帝能成命百物，以明民共財，顓頊能修之。帝嚳能序三辰
> 以固民，堯能單均刑法以儀民，舜勤民事而野死……有虞氏禘黃帝而
> 祖顓頊，郊堯而宗舜；夏后氏禘黃帝而祖顓頊，郊鯀而宗禹。

文中敘述祀典的祭祀對象，也同時說明當時人對古代帝王世系的重視。「黃帝
能成命百物，以明民共財」的形象，似已將黃帝當作文化始祖。

4. 《國語・晉語四》記司空季子對重耳之言

> 凡黃帝之子二十五宗，其得姓者十四人爲十二姓：姬、酉、祁、己、
> 滕、箴、任、荀、僖、姞、儇、依是也。……昔少典氏取于有蟜氏，
> 生黃帝、炎帝。黃帝以姬水成，炎帝以姜水成。成而異德，故黃帝
> 爲姬，炎帝爲姜，二帝用師以相濟（注：濟當爲擠，滅也。）也。

〔註77〕錢穆，《國史大綱》上冊（臺灣：臺灣商務印書館，1984），頁7。
〔註78〕郭沫若在《兩周金文辭大系考釋・獻侯鼎》中指出：「天黿即軒轅也。《周語
　　　下》：『我姬氏出自天黿』猶言出自黃帝。」楊向奎認爲：「這的確是最好的解
　　　釋，出自天黿即出自軒轅，而軒轅即黃帝，也就是姬氏出自黃帝。而黃帝之
　　　稱作『軒轅』（天黿）實在是圖騰崇拜，即水族動物龜蛇的崇拜。」楊向奎，
　　　《宗周社會與禮樂文明》（北京：人民出版社，1997），頁18～19。

> 異德之故也。……是故娶妻避其同姓，畏亂災也。故異德合姓，同
> 德合義。

此段記載黃、炎二族合婚概況。王獻唐認為這是黃帝以兵力克服炎族後，以「昏（婚）媾相通，要結世好」，平二族之怨。〔註79〕楊向奎則說明「『少典』可能是姬姜兩族聯盟，融合成華夏族后，加上去的『共祖』。」〔註80〕可見這時期傳說的黃帝，華夏共祖的形象逐漸成型。

5.《逸周書・嘗麥》載黃帝執殺蚩尤

> 昔天之初，誕作二后，乃設建典，命赤帝分正二卿，命蚩尤、宇于、
> 少昊，以臨四方，司□□，上天未成之慶，蚩尤乃逐帝，爭於涿鹿
> 之河，九隅無遺。赤帝大懾，乃說于黃帝，執蚩尤殺之于中，冀以
> 甲兵釋怒，用大正順天思序。（按：朱右曾《集訓校釋》：「誕，舊闕，
> 茲依丁本。宇于二字舊倒，據路史訂。」）

朱右曾《集訓校釋》解釋這篇記載周王頒刑書時的文告，為什麼提到黃帝殺蚩尤的故事，他說：「甲兵，刑之大者，黃帝始以兵定天下，故首溯之。順天思序致天討，使民畏法而思倫序。」此處以黃帝、炎帝分正二卿，炎帝因蚩尤爭帝而說于黃帝執殺之，與上述古史頗有出入，或係出於後儒造說，以黃、炎族合婚世好，偏以蚩尤為惡。〔註81〕

若合看以上五則古史資料，大略可以串連得到一些線索：即，黃帝本是以雲為圖騰的氏族領袖，其與神農氏族的炎帝、蚩尤曾爭戰於黃河流域（阪泉），在取得中原主導權後，分封親支於各地，並以包括合婚方式以結炎族世好，隨著世代綿衍，與炎族界域愈泯，遂造「少典氏」以為共祖。以黃帝為文化始祖的氏族譜系，也有了初步的輪廓。然而炎族中亦有強項者如蚩尤，雖為黃帝執殺，然其部族仍侵擾不斷，蚩尤遂有不死的傳說，〔註82〕於是遂

〔註79〕王獻唐，《炎黃氏族文化考》（濟南：齊魯書社，1985），頁52。
〔註80〕同注78，頁4。
〔註81〕王獻唐：「《周書》諸說，亦或黃帝為免除炎族誤會，故出此謠言。」也認為應該是後代之傳聞，同注79，頁23。按：《大戴禮・用兵》：「蚩尤，庶人之貪者。」即出於後儒造說，醜化蚩尤。
〔註82〕《太平御覽》卷七十八引《龍魚河圖》：「黃帝攝政前，有蚩尤兄弟八十一人，並獸身人語，銅頭鐵額，食沙石子，造立兵杖、刀、戟、大弩，威振天下。誅殺無道，不仁不慈。萬民欲令黃帝行天子事，黃帝仁義，不能禁止蚩尤，遂不敵。乃仰天而歎，天譴玄女下授黃帝兵信神符，制伏蚩尤，以制八方。蚩尤沒後，天下復擾攘不寧，黃帝遂畫蚩尤形像，以威天下，天下咸謂蚩尤

出現以黃族立場造出炎、黃二帝合謀誅之的故事。

（二）諸子百家言黃帝

諸子百家言黃帝，大多是託名造說，而且以道家及陰陽家著力最深，影響也最大，這是以往學者的共同看法。〔註83〕但是根據目前出土的資料顯示，託名黃帝宣揚理論的，還包括兵家（主要與兵陰陽有關）、數術家以及方技家，與《漢志》著錄及傳世黃帝書，其託名黃帝的作品以數術方技爲主，方向是一致的。據李零的說法：

> 黃帝書見于史志著錄和傳于後世，主體是數術方技之「黃」。數術方技是古代的「技術」總匯，既包括今之所謂科學技術，也包括淵源古老的巫術和方術。其中數術偏于天道陰陽，方技偏于醫藥養生，各爲陰陽家和道家所本，是它們的知識背景。陰陽家和道家之「黃」與數術、方技之「黃」在內容上也是互爲表裏。〔註84〕

也就是說，要追尋諸子百家言黃帝的發展線索，應該主要放在與數術方技有關的知識領域，包括兵家、數術家、方技家、〔註85〕法家、黃老道家及陰陽家，才會有比較清楚的發展輪廓。以下依序分點論之：

1. 兵　家

根據現存資料，最早言黃帝的是兵家《孫子兵法》。今本〈行軍〉記：

> 凡此四軍之利，黃帝之所以勝四帝也。

此言黃帝據地便，處山、處水、處赤澤、處平陸皆得其利，故能勝四帝，至於如何得利的方法，文中並沒有說明。銀雀山漢簡《孫子兵法》佚文，有篇題爲〈黃帝伐赤帝〉，解釋了黃帝用兵的方法：

> 黃帝南伐赤帝，〔至於□□〕，戰於反山之原，右陰，順術，倍（背）衝，大威（滅）有之……東伐□帝……北伐黑帝……西伐白帝……

不死，八方萬邦皆爲珍服。」其情節之細，雖爲後世造作，但是敍蚩尤之強項，大致如此。袁珂認爲「黃帝遂畫蚩尤形像，以威天下」這段敍述，「知蚩尤在古傳說中位望高也。」他還引《述異記》蚩尤軼事包括「蚩尤能作雲霧」、「蚩尤神」、「角觝蚩尤戲」、「蚩尤川」、立「蚩尤祠」，可見民間對蚩尤的興會與同情。袁珂，《山海經校注》（四川：巴蜀書社，1996），頁492，注九。

〔註83〕在綜述學者的說法後，陳麗桂認爲：「陰陽與道兩家確實是最著力、最大宗的，這同時也是上述諸人一致的觀點。」《戰國時期的黃老思想》（臺灣：聯經出版社，1991），頁24。

〔註84〕同注14，頁280。

〔註85〕方技家與黃帝的關係，列於「附論」。

已勝四帝，大有天下……天下四面歸之。

李零認爲：「〈黃帝伐赤帝〉是屬于兵陰陽類的古書，內容是解釋《孫子・行軍》中的『黃帝之所以勝四帝也。』借此可知，黃帝是靠『右陰，順術倍（背）衝』而戰勝青、赤、白、黑四帝。」〔註86〕這樣的詮釋是很正確的，有關黃帝用術的說法，還見於《尉繚子・天官》：「黃帝刑德，可以百勝，有之乎？」從尉繚子回答的內容中，可知《尉繚子》當時流行的刑德之書主要是託名黃帝言「天官、時日、陰陽、向背」等數術。前面曾經說過，《孫子兵法》整理完成於田齊威王及以後的稷下學宮，《尉繚子》的時代更晚，可見此類託名黃帝講兵陰陽的作品，最早可能出現於齊威王時，戰國中期以後愈來愈興盛。

齊威王及以後的孫臏及其後學，不但整理著作了《孫子兵法》，同時著作了《孫臏兵法》。這個原本亡佚的《孫臏兵法》，也在銀雀山出土的漢簡被發現，其中也有託名黃帝的內容。《孫臏兵法》〔〈見威王〉〕：

> 昔者，神戎（農）戰斧遂；黃帝戰蜀祿；堯伐共工……故曰，德不
> 若五帝，而能不能及三王，知（智）不若周公，曰我將欲責（積）
> 仁義，式禮樂，　（垂）衣常（裳），以禁爭挩（奪）。此堯舜非弗
> 欲也。不可得，故舉兵繩之。

此段提及古帝王征伐事，「五帝」是指帝王世系，與《孫子兵法》以「帝」配方位顏色不同。〈勢備〉則是將古帝王視爲兵器發明者：

> 黃帝作劍，以陳（陣）象之。羿（羿）作弓弩，以執（勢）象之。
> 禹作舟車，以變象之。湯、武作長兵，以權象之。凡此四者，兵之
> 用也。……凡兵之道，曰陳（陣），執（勢），變，權。

綜言之，第一則提及「黃帝戰蜀祿」（蜀祿即涿鹿），與古史傳說無異，但是「五帝」的說法與上引《國語・魯語上》、《孫子兵法》都不同，可見戰國時期對帝系的說法仍在發展中，〔註87〕但是「五帝」之說，應該是受到天文學家以五星說五行的影響。〔註88〕第二則陳述用兵的方法，據唐人李筌《太白

〔註86〕同注14，頁282。

〔註87〕兵家究竟非掌祀典的儒者，此種反映帝系發展的線索，列於下文「儒家言黃帝」論述。

〔註88〕新城新藏：「戰國時代中期，有甘公、石申二人，頗通曉天文，曾觀測五星而開占星術與五行說之基礎。」同注36，頁19。漢簡《孫子兵法・黃帝伐赤帝》以方位、顏色配四方帝，加上中央黃帝，已有五行說的影子，〈實虛〉：「五行無恒勝，四時〔□〕常立，日有短長，月有死生。」亦其例。

陰經》卷六「陣圖總序」云：「黃帝設八陣之形」，可見此處「以陳（陣）象之」也是兵陰陽之類。還有此篇言「黃帝作劍」，也是重要的資料，因為學者過去都以黃帝制作發明故事，始於楚漢時人所作的《世本・作》，〔註89〕如今這個時代應該是要提前了。

今本《六韜》言黃帝，〈文韜〉：「太公曰：『凡兵之道，莫過乎一。一者，能獨往獨來。黃帝曰："一者，階于道，幾于神"。用之在于機，顯之在于勢，成之在于君。……』」〈虎韜〉載「黃帝所以敗蚩尤氏」用的武器是「軸旋短沖矛戟扶須」，此種武器可以「敗步騎」。至於銀雀山出土《六韜》，在編號752殘簡中也有：「文王問大（太）公望曰：『黃帝……』」從第一則「凡兵之道，莫過乎一。一者，能獨往獨來。黃帝曰：『一者，階于道，幾于神』」內容來看，可知其時代更晚，〔註90〕其引黃帝語之思維似帛書《黃帝書・道原》，或許《六韜》此篇是受帛書《黃帝書》影響。

此外銀雀山漢簡還有佚書《地典》，著錄於《漢志・兵書略》兵陰陽類，「內容是借黃帝、地典問對，講作戰地形的方向，陰陽、高下、死生、順逆、向背等概念，以及作戰中對各種作戰地形的選擇和其中的忌諱。」〔註91〕

2. 數術家

馬王堆帛書〈刑德〉乙篇，「內容是有關刑德運行和以刑德占測吉凶的記錄」，其中第六十九行下有「日前有黃帝之申，壹又二大軍大單（戰），客不勝。」〔註92〕同墓出土的帛書〈五星占〉是兵家的星占術，其說以五行理論的架構將五帝與五星相配，並以中央之帝為黃帝：「中央〔土〕，其帝黃帝，其丞后土，其神上為填星。」其五帝說法與方色相配，與《呂覽》的十二紀、《禮記・月令》、《淮南子・天文》相同，屬於數術家言。

3. 法 家

早期法家開始對禮展開批判，儒家法古，孔、孟屢稱美堯、舜，法家乃對儒者所奉之聖君改說造作，或上溯古帝王，遂有言黃帝情形產生。《商君書・更法》文中強調「治世不一道，便國不必法古」，「帝王不相復，何禮之循？」

〔註89〕齊思和，〈黃帝之制器故事〉，《古史辨》第七冊（臺灣：藍燈出版社影印本，1993），頁388～389。

〔註90〕唐書文推斷《六韜》成書年代在戰國中晚期。同注17，頁3～7。

〔註91〕同注14，頁282。

〔註92〕《馬王堆漢墓文物》（湖南：湖南出版社，1992），頁132。

作者將黃帝與堯、舜並列。〔註93〕《藝文類聚》卷五四輯《申子》：

> 君必有明法正義，若懸權衡以稱輕重，所以一群臣也。堯之治也，
> 善明法察令而已。聖君任法而不任智……黃帝之治天下，置法而不
> 變，使民安樂其法也。

其舉儒家之堯與黃帝並為重法之聖君，強調法要像「懸權衡以稱輕重」具有公正性。此處黃帝與刑名之說有了關聯。〔註94〕

《管子》中的法家作品〈任法〉：「黃帝之治天下也，其民不引而來，不推而往，不使而成，不禁而止。故黃帝之治也，置法而不變，使民安其法者也。所謂仁義禮樂者，皆出於法，……法者，天下之至道也。」此篇追溯黃帝之治，與《申子》文句相同，但是它加入法具有「至道」的性質，已屬於黃老道家思想。

《韓非子・揚權》：「黃帝之言曰：『上下一日百戰。下匿其私，用試其上；上操度量，以割其下。』」託黃帝言度量刑名，具有黃老道家的色彩。

4. 黃老道家

道家在戰國時以黃老道家為主流，論政、用兵是主題，其託言黃帝是結合天道思想，以君人南面術為學說主線，逐次發展為帝王之道，形成以黃帝為中心的系統理論（詳下文三）；《莊子》外雜篇及《列子・天瑞》、〈黃帝〉託言黃帝，屬於另一系以養生方技學發展的學派，其養生論亦與黃老相互影響，附列於下文「養生學與黃帝」論述。

5. 陰陽家

陰陽五行的系統理論完備於鄒衍，《史記・孟荀列傳》載：「（鄒衍）深觀陰陽消息……先序今以上至黃帝，學者所共術，大并世盛衰，因載其機祥度制，推而遠之，至天地未生……稱引天地剖判以來，五德轉移，治各有宜，而符應若茲。」將黃帝推上文明始祖，并作為五德終始論的出發點。《呂覽・應同》載鄒衍五行相勝之終始說，言五行配方色分列歷代帝王，以言王朝更

〔註93〕《商君書》〈畫策〉也有關於神農、黃帝的比較，文中比較神農與黃帝，認為黃帝「內行刀鋸，外用甲兵」，正符合時變，結語「神農非高於黃帝」。按：神農為許行宣揚重農所託，此篇貶神農，與商鞅重農主張不符，或是後世黃老之言竄入者，茲不採用。

〔註94〕《商君書》與《申子》皆出後人之手，前人已辨。此處言黃帝，或是後人綴之。但其稱引黃帝以破儒家獨譽美堯、舜，符合早期法家批叛精神，因收錄以備一格。

替，其說乃以黃帝木德始。《呂覽》的十二紀、《禮記・月令》、《淮南子・天文》、〈時則〉以方色配五帝，講五行相生，也都是以黃帝爲制四方的中央帝，而在此之前的《管子》〈幼官〉，已經有了「君服黃色」居中策應四時之說，〈五行〉：「黃帝得六相而天地治、神明治」，六相分司天、地、四方，黃帝通天地之道而「立五行以正天時，五官以正人位。」都可以說是陰陽五行說完成前的先聲。〔註95〕

此外還有儒家託言黃帝的情形。儒家不言黃帝，後儒言黃帝，有下列情形：（1）應潮流而說，如《荀子》通篇不言黃帝，其〈非相〉提及「五帝」，是用來勸世人不要「舍後王而道上古」；《易・繫辭下》：「黃帝、堯、舜垂衣裳而天下治。」可能是將流行的黃帝故事與孔子之言「無爲而治者，其舜也歟。」（《論語・衛靈公》）結合起來。（2）有取黃帝故事改造者，如「黃帝四面」，《尸子》：「子貢曰：『古者黃帝四面，信乎？』孔子曰：『黃帝取合己者四人，使治四方，不計而耦，不約而成，此之謂四面。』」作者藉孔子不言怪力亂神的形象，以理性解釋「黃帝四面」之用意甚明（按：《漢志》將《尸子》列於雜家）。帛書《黃帝書》〈十六經・立命〉載「黃帝四面」內容，學者以爲與數術之式法有關，〔註96〕可爲一證。（3）有融合陰陽家、道家黃帝，使成儒家黃帝者，如《大戴禮・五帝德》：

> 軒轅生而神靈，弱而能言，幼而慧齊，長而敦敏，成而聰明。治五氣、設五量、撫萬民、度四方、教熊羆豹虎，以與赤帝戰於版（阪泉）之野，三戰然後得行其志。黃帝黼黻，衣太帶、黼裳、乘龍扆雲，以順天地之氣、幽明之故、死生之說、存亡之難，時播百穀草木，故教化淳鳥獸昆蟲，曆離日月星辰，極畋土石金玉，勞心力耳目，節用水火材物。生而民得其利百年，死而民畏其神百年，亡而民用其教百年。

作者先是肯定黃帝有全才、具超能的流行說法，又將古史傳說一併收入，最後，黃帝成了「勞心力耳目，節用水火材物」的儒家黃帝，至於方技家黃帝活了三百歲，也被詮釋爲「生而民得其利百年，死而民畏其神百年，亡而民用其教百年」。這樣的黃帝形象，最終成爲司馬遷《史記・五帝本紀》的版本，

〔註95〕白奚：「《管子》中〈幼官〉、〈四時〉、〈五行〉、〈輕重己〉四篇的陰陽五行圖式，標誌著陰陽五行合流的初步實現。」同注74，頁247。

〔註96〕李零，同14，頁68、283。

登上正史，成爲華夏始祖。而諸子百家黃帝，於此後也被蒙上「不雅馴」的面貌，逐次被淘汰，或湮沒在龐雜而愈趨迷信的數術方技中。（4）有追溯帝系，其用或如《國語・魯語上》展禽所言，爲祀典之需要。（文如上引）《世本》、《大戴禮》〈帝系〉、〈五帝德〉的「五帝」是：黃帝、顓頊、帝嚳、堯、舜，與《國語・魯語上》、《禮記・祭法》的祭祀系統相同。其「以姬姓始祖黃帝爲中心」，「可稱之爲周系統的帝系」，此爲《史記・五帝本紀》所本，後爲史家所宗。〔註97〕帝系還有以五行方色配五帝者，流行於數術家，與前項儒者所言不同（前文已言）。〔註98〕此外，《易・繫辭下》、《戰國策・趙策二》有一種包括伏犧、神農、黃帝、堯、舜的帝系，銀雀山漢簡《孫臏兵法》〈〔見威王〕〉也有包括神農、黃帝、堯、舜（缺伏犧）的「五帝」說，此種五帝說後世並沒有得到發展。〔註99〕

　　《淮南子・脩務》說：「世俗之人，多尊古而賤今，故爲道者必託之于神農、黃帝而後能入說。」《史記・太史公自序》也說：「百家言黃帝，其文不雅馴。」基本上反映了戰國諸子百家言黃帝的熱鬧盛況。根據學者的說法，都認爲黃帝形象多是託名造說，「戰國中、後期，黃帝成了風行一時的人物，諸子託古集中于黃帝。百家言黃帝，有傳說，有寓言，有故事。黃帝形象被塑造得越來越高大，他既是古代的聖帝明王，又是大發明家，大科學家，大軍事家，大思想家，黃帝成爲華夏民族的鼻祖，中國古代第一偉大人物。」〔註100〕但是也有學者從黃老學的觀點出發，認爲黃帝考定星曆、具有戰神形象，又是掌四方的中央之帝，同時是以黃帝族裔發展起來的「黃帝之言」學派。〔註101〕後者的說法反映了黃帝形象並非沒有根據及關聯的造說（至少是黃老學派），這種說法應該是比較合理的。根據現存資料作合理的推測，稷下學宮應該就是這股風潮的引領者，〔註102〕稷下諸學士以黃老道家及陰

〔註97〕同註14，頁71。

〔註98〕包括《呂覽・十二紀》、《禮記・月令》、《淮南子・天文》以及帛書《五星占》都屬於此類，其五帝是太昊、炎帝、黃帝、少昊、顓頊。

〔註99〕帝系與月令的制作，都是國家重要的禮制。戰國時因天文學重要發現，對帝系及月令制作更加重視，而有發展愈成熟的作品。關於此等趨勢的演進，可參見陳夢家說法，同註37，頁137～157。

〔註100〕鍾肇鵬，同註66，頁96。

〔註101〕魏啓鵬，〈《黃帝四經》思想探源〉，《中國哲學》第四輯（1980），頁189～190。

〔註102〕鍾宗憲：「黃帝地位的提升，亦可能出自稷下學者有意識的集體創作」，《黃帝研究 —— 黃帝神話傳說之嬗變與有關黃帝學術源流問題之辨正》（臺灣：輔

陽家爲主，依古史傳說爲底樣，以天文曆學新知爲思維模式，進行有系統造說黃帝形象，以包裝君人南面術的工程。隨著田齊由霸而王，由王而稱帝的政局演變，黃帝也終成文明始祖，與一統天下的帝王思想相互呼應。

　　總之，我們認爲黃帝形象與天道思想關係最密切（此說將在下文論述），而天道思想，實啓發於天文曆學與兵學，以及改造刑名之學的需求。植因於此，諸子百家言黃帝，出現在兵家、數術家、法家、黃老道家以及陰陽家作品中，實有軌跡可尋；至於後期儒家言黃帝，有順應潮流的因素，也有追溯帝系（祀典之用），其情形又與前者不同。

二、託名黃帝的著作

（一）從《漢志》著錄看託名黃帝書的特色

　　戰國時代，諸子百家託名黃帝的情況，有如上述。秦漢以來，這種風氣更加盛行，《淮南子・修務》曰：「世俗之人，多尊古而賤今，故爲道者必託之神農、黃帝，而後能入說。」根據《漢志》著錄，託名黃帝的書目涵蓋諸子略：道家四種，陰陽家一種，小說家一種；兵書略：一種；數術略：五種；方技略：九種。包括黃帝臣的書目，諸子略：道家一種，陰陽家一種；兵書略：四種；方技略：一種。合兩者分列如下：

表三：《漢書・藝文志》託名黃帝（黃帝臣）書目

類　別		書　名　及　篇　卷	班　固　自　注
諸子略	道　家	《黃帝四經》四篇	
		《黃帝銘》六篇	
		《黃帝君臣》十篇	起六國時，與老子相似也。
		《雜黃帝》五十八篇	六國時賢者所作。
		《力牧》二十二篇*	六國時所作，託之力牧。力牧，黃帝相。
	陰陽家	《黃帝泰素》二十篇	六國時韓諸公子所作。
		《容成子》十四篇	
	小說家	《黃帝說》四十篇	迂誕依託。
兵書略	兵陰陽	《黃帝》十六篇	圖三卷
		《封胡》五篇*	黃帝臣，依託也。
		《風后》十三篇*	圖二卷。黃帝臣，依託也。

大中文博士論文，1999），頁 165。

兵書略	兵陰陽	《力牧》十五篇*	黃帝臣，依託也。
		《鬼容區》三篇*	圖一卷。黃帝臣，依託也。
		《地典》六篇*	
數術略	天　文	《黃雜子氣》三十三篇	
	歷　譜	《黃帝五家歷》三十三卷	
	五　行	《黃帝陰陽》二十五卷	
		《黃帝諸子論陰陽》二十五卷	
	雜　占	《黃帝長柳占夢》十一卷	
方技略	醫　經	《黃帝內經》十八卷	
		《外經》三十七卷	
	經　方	《泰始黃帝扁鵲俞拊方》二十三卷	
		《神農黃帝食禁》七卷	
	房　中	《黃帝三王養陽方》二十卷	
	神　仙	《黃帝雜子步引》十二卷	
		《黃帝岐伯按摩》十卷	
		《黃帝雜子芝菌》十八卷	
		《黃帝雜子十九方》二十一卷	
		《容成陰道》二十六卷*	

說明：1. *為託名黃帝臣書目。
　　　2. 兵書略兵陰陽著錄《地典》，班固無注，王先謙〈補注〉引沈韓欽以為黃帝七輔，銀雀山出土漢簡《地典》已證實此說，茲列於表。兵陰陽還有《太壹兵法》一篇，王應麟以為即《隋志》著錄《黃帝太一兵歷》一卷，如此，亦可視為託名黃帝者，唯書已佚，無從察考，僅附帶說明。

　　從表列書目可知託名黃帝及黃帝臣的「黃帝書」與數術方技這類技術書的關係（方技略在附論：「養生學與黃帝」討論），前面提過李零說法，他認為「黃帝書見于史志著錄和傳于後世，主體是數術方技之『黃』。」陰陽家和道家黃老，正是運用數術方技知識，發展出各自的思想體系。從表列二十九種書目，除了方技略十種外，其他十八種皆與數術相關（小說家一種除外）：數術略五種；諸子略道家五種，陰陽家二種；還有兵書略兵陰陽六種，說明了戰國秦漢間流行黃帝書的盛況。

　　另外，《說苑‧指武》提到《黃帝理法》，從篇引內容可知與法家刑名之學有關，〔註103〕書名「理法」正是戰國秦漢間用語，《漢志》不載此書，是否

〔註103〕《說苑‧指武》：「臣聞《黃帝理法》曰：『壘壁已具，行不由路，謂之姦人，姦人者殺。』」

劉向刪之，不可知。但是此材料或可備爲法家託名黃帝之例。

《漢志》兵陰陽中託名黃帝的書數量多（兵陰陽載十六種書目，託名黃帝君臣者有六種，包括《太壹兵法》即有七種，可以說是「黃帝書群」），也這是值得注意的線索。兵陰陽本是兵法對天道數術的運用，戰國秦漢間因戰爭需要，帶起數術、兵書發達的盛況，前面已經說明。這裏要進一步探討，託名黃帝的始源？王獻唐認爲：「炎、黃之戰，爲中國戰爭發端，故兵刃制作，因始於黃帝。兵書著錄，亦託始炎、黃。黃帝所以戰勝炎族，正以發明兵器耳。」〔註104〕其說分兩點：一以炎、黃之戰，爲中國戰爭發端，黃帝勝之，故兵書多託名黃帝；一以兵器之發明，始於黃帝，「蚩尤作兵」傳說，爲後來說法。〔註105〕姑不論兵器發明究竟始於黃帝還是蚩尤，由於先秦典籍沒有黃帝發明兵器的記載，於是「蚩尤作兵」傳說爲世人熟知。關於這個問題，我們可以從出土竹簡《孫臏兵法》以及《世本》的相關內容試著來解釋託名黃帝的原因。

（二）從《孫臏兵法》、《世本》看託名黃帝的原因

銀雀山出土竹簡《孫臏兵法‧勢備》卻清楚地記載著黃帝發明兵器：「黃帝作劍，以陳（陣）象之。羿（羿）作弓弩，以埶（勢）象之。禹作舟車，以變象之。湯、武作長兵，以權象之。」這裏以古帝王發明兵器，當然是依託，而且出於稷下學宮有意造作的可能性極高。何以知之？如「奚仲作車」爲諸子書所言，此處卻稱「禹作舟車」；〔註106〕羿爲古之善射者，《墨子‧非儒》、《呂覽‧勿躬》以爲發明弓者，《孫臏兵法》合弓與弩歸爲羿發明；長兵或說爲戈矛之屬，〔註107〕此處謂「黃帝作劍」、「湯、武作長兵」，《管子‧地數》：「葛盧之山發而出水，金從之，蚩尤受而制之，以爲劍、鎧、矛、戟。」將劍與矛俱歸蚩尤制作，《世本‧作》引《路史後紀四注》亦曰：「蚩尤作五兵，戈、矛、戟、酋矛、夷矛。」綜言之，《孫臏兵法》有歸兵器發明於古帝

〔註104〕同注79，頁16～17。
〔註105〕王獻唐以《呂覽‧蕩兵》所記：「蚩尤作兵，蚩尤非作兵也，利其械也。」最近實，《管子‧地數》、《世本‧作》載蚩尤以金作兵，發明兵器，爲後來說法，早前「作兵」應指「興干戈」。同注79，頁17、24。
〔註106〕《墨子‧非儒》、《荀子‧解蔽》、《呂覽‧君守》、《淮南子‧修務》、《世本‧作》皆載。《左傳‧定公元年》：「薛之皇祖奚仲，居薛以爲夏車正。」應爲諸子所本。
〔註107〕參張震澤說法，同注34，頁83。

王之意甚明，同書〈見威王〉有「五帝三王」之說，此篇殆以發明歸之古帝
王，以張顯黃帝世系，與齊威王時代〈陳侯因脅敦銘文〉祖述黃帝的文化潮
流合觀，當不難明其旨。可見託名黃帝，其始與兵器發明有關，《孫臏兵法・
勢備》明之；至若《管子・地數》載「蚩尤作兵」，與《史記・封禪書》載「蚩
尤爲兵主」同類，係炎族傳說，〈地數〉載黃帝君臣對問，將蚩尤視爲興兵作
亂的負面角色，其突顯黃帝爲政治中心的用心，方爲稷下學宮要務。《管子・
五行》載黃帝六相，佐黃帝治理天地四方，此篇是陰陽家作品，依照陰陽家
的設計，黃帝成了參天地的文化中心，「作五聲」、「作五行以正天時，五官以
正人位」，而蚩尤，遂由兵主角色轉爲「明於天道」的黃帝相，亦可見稷下將
文明的造作發明歸於黃帝的用心。

　　齊思和曾經整理戰國時黃帝制器發明故事（附表五），認爲將重要發明匯
歸於黃帝，主要是戰國末年的《世本・作》，〔註108〕他舉〈作〉所言伏犧、神
農、堯、舜之發明，不過琴、瑟、棋、簫，至若井、火食、旃冕、制樂等重
要制作，皆歸於黃帝。還將重要的發明家，視爲黃帝之臣，如蒼頡造書，先
秦諸書所言皆同，並未言其時代，至《世本》以爲黃帝之史；《呂覽・勿躬》
以大撓等十四人爲人臣，並未明說誰氏之臣，至《世本》則曰：「黃帝使羲和
占日，常儀占月，臾區占星氣，伶倫造律呂，大撓作甲子，隸首作算數，容
成綜六律而著調曆。」七人成爲黃帝臣，「其創作之功，皆歸於黃帝矣。」並
結論曰：

〔註108〕同注89，頁389。《世本》作者，諸說不同，齊思和從楊泉說，以爲作於戰國
　　　末年。茲將諸說附列：1.劉向《別錄》：「《世本》，古史官明於古事者之所記
　　　也。錄黃帝以來帝王諸侯及卿大夫世諡名號，凡十五篇也。」（《史記集解序》
　　　〈索隱〉引）班固因其說法，《漢志・六藝略》春秋類著錄《世本》十五篇，
　　　自注曰：「古史官記黃帝以迄春秋時諸大夫。」〈司馬遷傳贊〉亦有同樣說法。
　　　2.顏之推《家訓・書證》採用皇甫謐《帝王世紀》的說法，以爲「左丘明」
　　　作，但已竄入秦漢間事，非本文。3.楊泉〈物理論〉（《意林》引）以爲楚漢
　　　間人所作「上錄黃帝，下逮秦漢。」此說爲劉知幾《史通・史官》採用。4.
　　　《隋志》謂劉向撰，又宋衷撰。5.楊寬〈黃帝與皇帝〉以爲：「要其來源出
　　　於晚周列國史記，已經劉向之重編，亦非原始之史料也。」文載《古史辨》
　　　第七冊上編，同注89，頁190。
　　　按：今本《世本》，題漢宋衷作注，分爲〈帝系〉、〈世家〉、〈傳〉、〈譜〉、〈氏
　　　姓〉、〈居〉、〈作〉、〈諡法〉（依茆泮林輯本）。《世本》元以後內容漸佚，今本
　　　係清人據諸書所輯，孫馮翼、雷學淇、張澍、茆泮林均有輯本，《叢書集成》
　　　並刊（臺灣：西南書局，1974）。

> 戰國之世，黃帝雖已成爲古史傳說中心人物，尚無制器之說。自韓非
> 倡古聖王以制器而爲人民舉爲天子之說，於是聖王制器之故事遂作；
> 自《呂氏春秋》稱古聖王皆作樂，於是聖王作樂之傳說以興。然初矣
> 不過人各一、二事而已。黃帝既爲古代傳說之中心，制器故事，遂亦
> 集中於黃帝；或攘他人之發明，歸之於黃帝，或以發明者爲黃帝之臣；
> 於是黃帝制器之故事，遂日征月邁，愈演愈繁矣。〔註109〕

其說以《世本‧作》言發明入手，整理考察戰國諸子託名黃帝源由，條貫明
白，其結語「黃帝既爲古代傳說之中心，制器故事，遂亦集中於黃帝；或攘
他人之發明，歸之於黃帝，或以發明者爲黃帝之臣」，所言極是。但是對於爲
何託名？並無著墨。此中原因與他只取諸子資料，不及數術方技及兵書大有
關係。而近年出土的材料如《地典》、《孫臏兵法》，更非齊氏時代所能見，以
致他說：「戰國之世，黃帝雖已成爲古史傳說中心人物，尚無制器之說」，正
是顛倒了因果，依竹簡《孫臏兵法》〈勢備〉言「黃帝作劍」以及古帝王發明
兵器，〈見威王〉言五帝三王的材料來看，發明制作與帝系集中於黃帝的趨勢
至少在《孫臏兵法》的時代就已經開始了。《世本‧作》的作者處於此風大盛
的秦漢間，其功固在整理匯歸，與稷下有意造作的動機不同，可歸之爲後儒
言黃帝者。但是不可諱言的是，《世本‧帝系》以姬姓始祖黃帝爲中心，爲《史
記‧五帝本紀》所採，〔註110〕與稷下鄒衍之徒造說黃帝文化，奏之秦始皇，
爲始皇所採（《史記‧封禪書》），都是奠定黃帝爲華夏始祖的重要因素。

三、天道思想與黃帝文化

（一）天道思想與黃帝文化結合發展的階段說

綜合前面所論，可以有如下的推論，即：天道思想作爲新時代的新思維，
與塑造黃帝成爲創制發明的文明共主，兩者的發展是同步的。兩者從結合到
發展，其進程約可分爲下列階段：

（1）從齊威王時代開始，稷下便是重視天道數術與兵學的地方，威王從
霸於諸侯到自立爲王，都與新知技術發揮功效有密切關係，此時威
王祖述黃帝，更宣告著棄舊（姜齊）迎新（田齊）的合理性與時代

〔註109〕同注89，頁381～415。
〔註110〕《史記‧五帝本紀贊》云採〈帝系〉、〈五帝德〉，兩篇見今本《大戴禮》。《漢
　　　　書‧司馬遷傳贊》云採《世本》。

性。因此，黃帝成了田齊新時代的精神標誌，創制發明的形象，也成了稷下造說黃帝的重點，此論點在前文討論託名黃帝之著作，引述竹簡《孫臏兵法》的相關內容時已經陳述。

（2）宣王時期稷下道法家慎到、田駢等，因襲此潮流，推天道以明人事，援天道以入法，開啓了以天道作爲系統思維設計的思想學派（包括黃老道家及以後的陰陽家）。

（3）帛書《黃帝書》進一步言「道生法」、「帝王之道」，〈十六經〉還有八章言及黃帝，內容與陰陽刑德和法術思想有關，託名黃帝的著作明顯的具有天道、創制、帝王等性質，具有帝王思想的黃帝文化與天道思想結合，逐漸系統化。

（4）《管子》一派包括黃老道家及陰陽家，更積極發展以黃帝爲文化中心的天道系統學說。

（5）到了鄒衍，完成了以黃帝爲文明始祖的陰陽五行說，秦始皇依齊人所奏而採之，奠定了黃帝文化成爲華夏文明中心的地位；以天道思想爲基礎發展成的陰陽五行說，其系統思維也對日後科學技術、宇宙理論和哲學思想，產生極大的影響。

上文以五階段說明天道思想興起的背景，與黃帝文化同步發展的進程。根據第一節所列天道思想興起的背景，包括天文曆數發達、戰爭運用數術、從禮到法的學術變革，黃帝與此三者的關係，應該是相互關聯的。

（二）從諸子百家及出土佚書看天道思想與黃帝文化同步發展的趨勢

書缺有間，《漢志》託名黃帝的書多已亡佚（《地典》係近年出土佚書），我們試著從諸子百家書及出土佚書找出合理的材料歸納之，以下列四點進一步證成「天道思想與黃帝文化同步發展」的說法：

1. 黃帝與天文曆數

> 昔者黃宗質始好信，作自爲象（像），方四面，傅一心。四達自中，前參後參，左參右參，踐立（位）履參，是以能爲天下宗。（帛書《黃帝書》〈十六經·立命〉）

按：李零以爲與式法有關。

> 黃帝曰：芒芒昧昧，因天之威，與元同氣。（《呂覽·應同》、《淮南子·泰族》、〈繆稱〉：「因天之威」作「從天之道」）

黃帝生陰陽（《淮南子‧泰族》）

乃至神農、黃帝，剖判大宗，竅領天地，襲九竅，重九熟〔墊〕，提挈陰陽，嫥捖剛柔，枝解葉貫，萬物百族，使各有經紀條貫……（《淮南子‧俶眞》）

何謂五星？……中央，土也，其帝黃帝，其佐后土，執繩而制四方。（《淮南子‧天文》）

黃帝考定星歷，建立五行，起消息，正閏餘。（《史記‧歷書》）

鬼臾區對曰：「黃帝得寶鼎神策，是歲己卯朔旦冬至，得天之紀，終而復始。於是黃帝迎日推策，後率二十歲，復朔旦冬至。凡二十推，三百八十年。黃帝僊登於天。」（《史記‧封禪書》）

按：黃帝終始係歷元合朔閏事，秦漢間齊方士仙化之。

2. 黃帝與兵陰陽

〔黃帝南伐〕赤帝，〔至於□□〕，戰於反山之原，右陰，順術，倍（背）衝，大威（滅）有之。……已勝四帝，大有天下，……以利天下，天下四面歸之。（竹簡《孫子兵法‧黃帝伐赤帝》）

按：四帝以青、赤、白、黑配四方。

黃帝作劍，以陳（陣）象之。（竹簡《孫臏兵法‧勢備》）

按：《太白陰經》卷六陣圖總序：「黃帝設八陣之形」

黃帝刑德……天官、時日、陰陽、向背（《尉繚子‧天官》）

太公曰：「凡兵之道，莫過乎一。一者，能獨往獨來。黃帝曰："一者，階于道，幾于神"。用之在于機，顯之在于勢，成之在于君。……」（《六韜‧文韜》）

按：此黃帝言有道家色彩。

「黃帝所以敗蚩尤氏」使用新武器「軸旋短沖矛戟扶須」，此種武器可以「敗步騎」。（《六韜‧虎韜》）

按：此是兵家託名黃帝言發明。

敗高生爲德下死爲刑四兩順生，此胃（謂）黃帝之勝經‧黃帝召地典而問焉……（編號473竹簡《地典》）

按：內容似黃帝刑德。

釜法　此黃帝見敵不叚（暇）焯（灼）龜而卜□……（編號 1357

竹簡《天地八風五行客主五音之居》）

按：以釜占法爲黃帝發明。

3. 黃帝與理法（刑名）

黃帝之治也，置法而不變，使民安其法者也。（《類聚》五十四引《申子》）

黃帝問力黑……天下有成法可以正民者？力黑曰：然。昔天地既成，正若有名，合而有刑（形），□以守一名。……一之理，施之四海……（帛書《黃帝書》〈十六經・成法〉）

黃帝之治天下也，其民不引而來，不推而往，不使而成，不禁而止。故所謂仁義禮樂者，皆出於法，……法者，天下之至道也。（《管子・任法》）

按：此篇提升「法」的地位於「至道」境界，屬於黃老道家思想。

蓋聞黃帝合而不死，名察度驗……（《史記・歷書》）

臣聞《黃帝理法》曰：「罍壁已具，行不由路，謂之姦人，姦人者殺。」（《說苑・指武》）

　　陰陽家及黃老道家引天道數術立說，天道思想發展臻盛，黃老道家用心於「道生法」，陰陽家用心於月令、玄宮，至陰陽五行說完成於鄒衍，以文明始於黃帝，遂將黃帝地位與天道思想推之至極。茲列此歷程於下列第4點：

4. 黃帝文化與天道思想

黃帝曰：群群□□□□□□爲一囷，无晦无明，未有陰陽。陰陽未定，吾未有以名。今始判爲兩，分爲陰陽。離爲四〔時〕，□□□□□□□□□□□因以爲常，其明者以爲法而微道是行。（帛書《黃帝書》〈十六經・觀〉）

（黃帝）唯余一人□乃肥（配）天，乃立王、三公，立國，置君，三卿。數日，曆（歷）月，計歲，以當日月之行。允地廣裕，吾類天大明。（帛書《黃帝書》〈十六經・立命〉）

「黃帝得六相而天地治，神明至」「黃帝……作五聲」、「五聲既調，然後作五行以正天時，五官以正人位」（《管子・五行》）

按：六相以天地四方配職司。

黃帝時，天見大螾大螻，黃帝曰：「中央土……故其色尚黃，其事則

　　土。」（《呂覽‧應同》）

　　中央土……其帝黃帝，其神后土。（《呂覽‧季夏紀》附文）

　　良人請問十二紀。文信侯曰：「嘗得學黃帝之所以誨顓頊矣，爰有大
　　圜在上，大矩在下，汝能法之，爲民父母。」蓋聞古之清世，是法
　　天地。（《呂覽‧序意》）

按：同上引書〈大圜〉：「天道圜，地道方，聖人法之，所以立上下。」天圜
地方是天文用語。

　　黃帝使羲和占日，常儀占月，臾區占星氣，伶倫造律呂，大撓作甲
　　子，隸首作算數，容成綜此六術，而著調歷也。（《史記》索隱引《世
　　本‧作》）

　　昔者，黃帝治天下，而力牧、太山稽輔之，以治日月之行，治陰陽
　　之氣，節四時之度，正律歷之數，別男女、異雌雄，明上下、等貴
　　賤……（《淮南子‧覽冥》又見《文子‧精誠》）

　　神農、黃帝，剖判大宗…提挈陰陽…（《淮南子‧俶眞》）

　　黃帝考定星歷，建立五行，起消息，正閏餘。於是有天地神祇、物
　　類之官，是謂五官。各司其序，不相亂也。……蓋聞黃帝合而不死，
　　名察度驗，定清濁，起五部，建氣物分數。（《史記‧歷書》）

　　從上述第 4 點例子可知，黃帝文化具有濃厚的天道色彩，尤其在漢初流
行黃老之言的環境裏，相關文獻清楚地載明此種關聯。前述第 1～3 點，說明
黃帝之學初始與天文曆數關係密切，又，由於天文曆數屬於當時先進的科學
發明，黃帝往往成爲發明創制依託的對象。其後吸納兵學、刑名學，發展成
具有系統思維的天道思想，是爲黃帝文化的成熟期。以上說明黃帝文化與天
道思想發展大略。此外，養生學也是黃帝文化的重要內容，作爲與數術同屬
技術領域的方技學，它與黃帝的結合，走的是另外一條途徑，而且託言黃帝
的時間似乎也比較晚，所以將之列於附文論述之。

附論：養生學與黃帝

　　戰國時代的養生學大略可以分爲兩系：《老子》、《莊子》、《列子》將養生
觀點作形上化的發展，屬於諸子學哲學理論一系；還有一系是方技家講實務
的養生寶鑑，最早的例子是《行氣銘》，還有秦漢間到漢初成書的《黃帝內經》。

由於《黃帝內經》託名黃帝著書，再對照《漢志》方技略託名黃帝的著錄，易使人誤以為方技家也像數術家一樣，開始即選定黃帝為善養生的造說對象，其實並非如此，將黃帝與養生拉進距離的，應該是道家《莊子》、《列子》一系。

一、諸子託言黃帝講養生

諸子託言黃帝講養生觀念的，最早見於《莊子》、《列子》。《莊子》開始以世人崇拜的黃帝為批評對象，正如批評儒家古帝王堯舜一樣，例如〈齊物論〉談到聖人遊於塵垢之外，長梧子曰：「是黃帝之所聽熒也。」諷刺黃帝不了解這種境界，〈盜跖〉載：「世之所高，莫若黃帝。黃帝尚不能全德，而戰涿鹿之野，流血百里。」這都是批評當時流行造說黃帝的風氣。但是另一方面，也採用〈寓言〉篇所說的「重言」形式，藉黃帝來宣揚老莊修身體道的觀念，將黃帝塑造成為道家的信徒，如「黃帝亡其知」、得道登雲天（〈大宗師〉）、使象罔求其遺失之玄珠（〈天地〉）；過去治天下擁有豐功偉蹟的黃帝，成了謙虛的向道者，〈在宥〉篇的黃帝問廣成子求至道、治身之要，〈徐無鬼〉中的黃帝還拜牧馬童子為天師；結合道家治身思想的黃帝，才是完美的人間帝王，如〈天運〉以老聃之口稱美黃帝治天下，〈山木〉稱治天下的典範是《老子》的「愛以身」、「功成弗居」，這正是神農、黃帝不累於物的治世法則。綜觀《莊子》所載的黃帝形象，從一個被批評的有為君主，變成亡其知、將治身視為治道的道家信徒，最後治身有成的黃帝與治天下的形象結合，此即《莊子》（主要是莊子後學的黃老學派）以老子「愛以身」、「貴以身」思想改造黃帝的基本路徑。《列子》託言黃帝的篇章主要是〈天瑞〉、〈黃帝〉。〈天瑞〉將《老子》「谷神不死」一章，稱為《黃帝書》；〈黃帝〉篇的黃帝也是一心求養身治物之道的道家黃帝。《莊子》、《列子》這一系的黃帝之言，基本上是「託黃解老」，「託黃」是形式，「解老」才是主旨，所解的「老」，就是《老子》：「貴以身為天下，若可以託天下。愛以身為天下，若可託天下」（今本 13 章）以治身之道言治道的思想。

二、《漢志》著錄託名黃帝講養生

至於方技學與黃帝的關係，先說《漢志》方技略著錄託名黃帝的情形。根據《漢志》記載，方技略（養生學）託言黃帝的著作，包括醫經二種、經

方、房中一種、神仙五種，在整個託名黃帝的著作數量，占有不少比例（見前文表引）。這些書除了《黃帝內經》外，其他都已亡佚，所以探討養生書託名黃帝的原因，自然要以此書作基礎。根據學者研究指出，《漢志》著錄的《黃帝內經》，開始是以《靈樞》、《素問》兩本書各別流傳，《靈樞》與馬王堆出土醫書時代接近，時代在秦以前，《素問》還在《呂覽》、《淮南子》稍後，最後才整理兩篇成書，命以《黃帝內經》。也就是說，《黃帝內經》這個名稱最早見於《漢志》，而且可能是劉向時《內經》陸續成書，才加上去的書名。〔註111〕至於《黃帝內經》的內容以及黃帝形象，有學者認為，這裏的黃帝人格已被漢人神仙化，與戰國時有不同，而且《內經》的哲學思想，全部是發展《老子》：「修之於身，其德乃眞。」的說法，「以具體的醫理，納入老子的思想」，明顯受到「漢代之視老，以醫學修養為主」的影響，並認為這種託言黃帝的形式，來自於《莊子・在宥》黃帝問道於廣成子的寓言只是《莊子》走的是形上路線，《內經》是形而下談實際的醫理。〔註112〕由此可以推知，從《莊子・在宥》的寓言開始，到漢時成書的《黃帝內經》，正是養生家黃帝從抽象地問道落實於養生術的發展過程，這種情形與創制發明家黃帝從戰爭、天文曆數發展成文化始祖，有不同之處。另外，《漢志》方技略著錄大量託名黃帝及黃帝臣的作品，或許也與《黃帝內經》命名情形一樣，在漢初陸續成書後，為了因應潮流而託名黃帝，這個現象可以在近年出土的竹簡《十問》中找到印證。

三、出土竹簡託言黃帝講養生

馬王堆出土竹簡《十問》，內容講房中術，是目前所見最早託言黃帝的方技書，依據墓葬時間與文中記載秦昭王問的內容，推算其成書時代，應該是在秦昭王以後到秦漢之間。《十問》是古房中書的摘鈔，共十組問答，其中前四組為黃帝與天師（即岐伯）、大成、曹熬、容成等人的問對，全是講房中術的養陽之法。〔註113〕其餘有四組託古帝王問答，如堯問舜、王子巧父（即王子喬）問彭祖、帝盤庚問於耆老、禹問師癸，見於《漢志》的相關著錄有《堯

〔註111〕趙璞珊，《中國古代醫學》（北京：中華書局，1997），頁41～44。

〔註112〕潘雨廷，〈黃帝內經與老莊〉，收於《道家文化研究》第四輯（1994），頁159～162。

〔註113〕原文見《馬王堆漢墓帛書》肆（北京：文物出版社，1985）。說見李零，同注14，頁282～283。

舜陰道》二十三卷、《務成子陰道》三十六卷、《湯盤庚陰道》二十卷。最後包括兩組文執（摯）見齊威王、秦昭王問王期，皆託言戰國霸王事。文摯事跡見於《呂覽‧至忠》、《論衡‧道虛》，是宋國名醫，爲齊湣王所殺。《十問》作者何以誤齊湣王爲威王？未詳。〔註114〕從上述方技家託言帝王問答，可知此種著作型式流行於戰國末年，而且託言黃帝所占分量最多，可以推知當時黃帝與養生學的密切關係。

　　同墓竹簡《天下至道談》，也是講房中術，第一組文章有「黃神問於左神」，「黃神」是否是「黃帝」，不得而知，但是它將房中術當作「天下至道」來談，反而是值得注意的訊息。按：《莊子‧在宥》曾載黃帝問廣成子「至道」，廣成子所言盡是長生久視的玄理，《列子‧黃帝》的黃帝知「至道不可以情求」，終於體悟養身治物之道，天下大治若華胥仙國，最後「登假」而去。帛書《黃帝書》〈十六經‧五正〉黃帝問闊冉治國之道，闊冉答以「始在於身」，後來黃帝辭其國大夫，於山中談臥自求。也是反映當時要求君主「治身」的思想潮流。《管子》四篇進一步講帝王心術，將道家「不可以情求」的形上哲理，落實爲具體養生術，〈白心〉：「欲愛吾身，先知吾情，君親（按：《管子集校》作『周視』）六合，以考內身，以此知象，乃知行情，既知行情，乃知養生……命乃長久。」作者認爲運用養生術以求長生，才是「愛身」的宗旨，養生術既成爲君主必修，方技家必然相對受重視，技術發明自然日新月益，以致方技家借黃帝之口來大談「天下至道」，甚至房中術列於其中，好像也順理成章了。

　　綜而言之，黃帝之具有創制發明的形象，乃源於數術家的造說。方技家初始並沒有將技術發明歸於黃帝，因爲黃帝之善於養生（如《黃帝內經》所言），在戰國諸子著作中找不到例證，有之則是《莊子》、《列子》通過「託黃解老」的過程，與稷下黃老道家講帝王心術（如《管子》四篇）有了結合的橋樑，方技家始有託言黃帝的著作。

〔註114〕《戰國策》載司馬穰苴爲齊湣王將，湣王殺之，《史記‧司馬穰苴列傳》卻以爲齊威王時大放司馬穰苴兵法，與《十問》作者誤齊湣王爲威王，或可作爲旁證。又，《十問》以帝王問爲主，秦昭王曾與齊湣王約稱西、東帝，是應作「齊湣王」之又一證也。

圖二：安徽阜陽雙古堆一號墓出土三件天文儀器

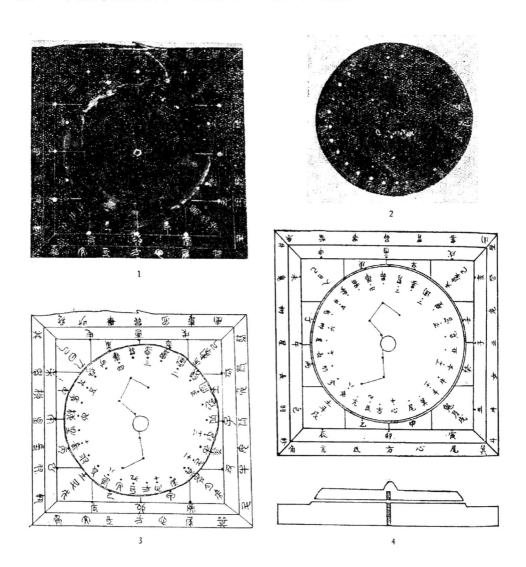

之（一）　六壬式盤

1.、2. 原儀器照片　3. 摹本　4. 示意圖

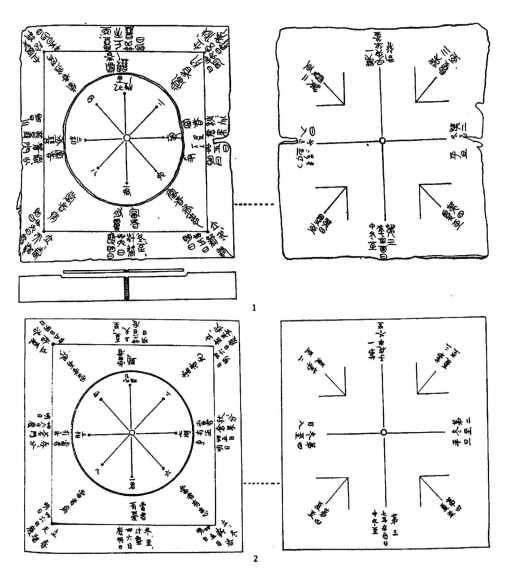

之（二）　太乙九宮占盤

1. 摹本　2. 示意圖

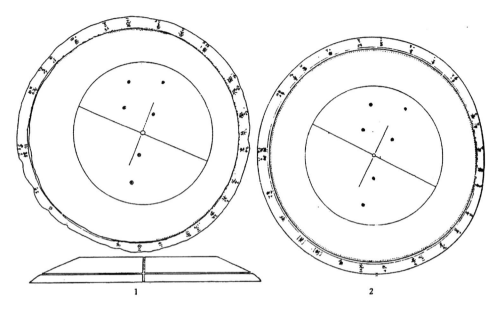

1   2

之（三）　未定名天文儀器

1. 摹本　2. 示意圖

說明：前列圖（一）、（二）、（三）之摹本及示意圖轉載自殷滌非，〈西漢汝陰侯墓出
　　　土的占盤和天文儀器〉，《考古》（1978：5），頁340～341。

表四：戰國時代兵政、天文曆法、學術要事記年

	西元前	兵　　　　政	天 文 曆 法	學　　　　術
	536	鄭鑄刑書		
	513	晉鑄刑鼎		
戰國初期	478	孔子卒後一年。戰國時代開始。		
	446	（～397）魏文侯時期，用李克變法		魏文侯禮賢
	386	田和始侯		孟軻（390～305）
	384	吳起自魏奔楚		
	381	楚悼王卒，楚人殺吳起		
	376	田午殺君田剡自立		田午立稷下學宮
戰　　國　　中　　期	370	梁惠王元年		
	368			莊周（365～290）生
	360		*甘公、石申發現行星有逆行現象。實行四分曆及曆元。	
	359	秦孝公用衛鞅，定變法令		衛鞅（390～338）
	358	田齊威王即位		鄒忌見威王，淳于髡遊稷下
	355	申不害相韓昭侯		申不害（400～337）
	353	齊敗魏於桂陵		
	344	梁惠王會諸侯於逢澤		惠施（368～310）遊梁
	343	齊敗魏於馬陵		《孫子兵法》、《孫臏兵法》
	335			孟子遊齊
	334	齊、魏會徐州相王		
	333	楚伐齊，敗齊、圍徐州		
	325	秦、韓稱王		
	323	燕稱王		
	322	趙稱王。六國稱王時代（《史記·魯世家》）		
	319	齊宣王即位		孟子自魏來齊。稷下學士復興：慎到、田駢、接子（接予）、環淵
	301	齊宣王卒。齊與韓魏攻楚、殺唐眛。		鄒衍（305～240）生

	300	齊湣王即位	*長沙子彈庫帛書（墓葬年）	《司馬穰苴兵法》
戰 國 晚 期	288	齊、秦約稱東、西帝		*帛書《黃帝書》
	286	齊滅宋。湣王殺司馬穰苴（《戰國策·齊策》）		稷下諸子皆散
	285	樂毅自燕至趙，說合縱伐齊		
	284	齊湣王卒於莒		
	283	齊襄王即位		公孫龍說燕昭王以偃兵
	281			韓非（280～233）生
	278		*甘德《天文星占》、石申《天文》成書在370～270	稷下復興，荀卿自楚返齊，爲稷下老師。 鄒衍遊燕。
	264	齊王建即位		
	221	秦并天下	*《五星占》完成於170	

說明：1. 記事以田齊爲主。繫年依錢穆《先秦諸子繫年》。六國稱王以網底標示（按：楚在西元前 706 年稱王）。
　　　 2. *爲筆者增入資料。

表五：黃帝以及黃帝之臣制器發明表

	*孫臏兵法	墨子	荀子	莊子	管子	韓非子	呂覽	山海經	淮南子	世本	易傳	宋衷注
劍	*黃帝											
井							伯益		伯益	黃帝伯益		堯臣
咸池				黃帝			伶倫（黃帝史）		舜	黃帝		
火食					黃帝	燧人氏				黃帝		闕
冕										黃帝胡曹		黃帝臣
旒										黃帝		黃帝臣
占日							羲和	羲和(帝俊之妻，生十日)	羲和(日之御)	羲和（黃帝使）		闕
占月							常儀	常義(帝俊之妻)生十日	姮娥(羿之妻，月精)	常儀（黃帝使）		闕
占星氣										臾區（黃帝使）		闕
律呂							伶倫			伶倫（黃帝使）		闕
甲子							大撓			大撓		黃帝史
算數										隸首		黃帝史
調曆							容成		容成	容成（黃帝使）		黃帝史
書			蒼頡			蒼頡	蒼頡		蒼頡史皇	黃帝史官蒼頡、沮頌	聖人	黃帝史
磬										伶倫		闕
圖										史皇		黃帝臣
衣裳							胡曹		伯余胡曹	伯余胡曹	黃帝堯舜	黃帝臣
鼓								黃帝		夷		闕
鏡										尹壽		闕
扉履										於則		黃帝臣
舟	*禹作舟車	巧垂					虞姁	番禺		共鼓貨狄	黃帝堯舜	黃帝臣

鐘					榮將			倕		黃帝臣
弓	*筝（羿）作弓弩	羿	倕		夷羿	般		揮	黃帝堯舜	黃帝臣
矢			浮游					车夷	黃帝堯舜	黃帝臣
杵臼					赤翼			雍父	黃帝堯舜	黃帝臣
服牛					王冰			王亥	黃帝堯舜	黃帝臣
乘馬			乘杜		乘雅			乘杜、嗛	黃帝堯舜	黃帝臣
笙簧								女媧		黃帝臣
五聲				黃帝						
五行				黃帝						
天時				黃帝						
五官				黃帝						
法				黃帝						
明臺				黃帝						

說明：本表主要依齊思和，〈黃帝之制器故事〉，《古史辨》第七冊，頁410）412附表。並有增補訂正者，如下列：

1. 佚書銀雀山竹簡《孫臏兵法·勢備》載「黃帝作劍」、「筝作弓弩」、「禹作舟車」、「湯武作長兵」。爲出土新資料，茲爲補充，以「*」區別。

2. 《莊子》、《管子》資料，據〈黃帝〉一文之另表列於此間。

3. 字有網底者，爲〈黃帝〉一文說明資料，或因作者遺漏，據之補於表上。

4. 《管子》中言黃帝發明者，如〈五行〉：「作五聲」、「立五行」、「正天時，五官以正人位」，〈任法〉：「黃帝之治也，置法而不變」，〈桓公問〉：「黃帝立明臺之議」，雖非制器，亦爲重要資料，茲補述之。

第四章　帛書《黃帝書》的思想體系

　　從第三章探討天道思想發展的始末，我們已經清楚地了解數術在天道思想發展歷程中扮演的重要角色，在此基礎上，本章談帛書《黃帝書》的思想體系。第一節先論帛書中有關數術的內容，由於數術涉及特定的辭彙、有具體的操作模式，其間也反映融合數術的時代性思維特色（如天極、天當、刑德等），甚至帛書將之政論化（如度、逆順等）。釐清條理後，第二節再具體地分析帛書《黃帝書》的思想，第三節則以圖例表現帛書《黃帝書》的思想體系。

　　以下分節說明內容大義。第一節「帛書《黃帝書》與數術的關係」，針對帛書《黃帝書》與數術有關的內容詳細剖析，並呈現帛書對數術的吸收與轉化的軌跡。第二節「帛書《黃帝書》的思想」，分道、天道與理、刑（形）名與法、陰陽理論、兵學思想、帝王之道六部分深入分析。文中對帛書的「道」是精神還是物質也有具體的分析，此外，對「道生法」具有雙重意含的詮釋，更有助於我們對帛書思想體系的理解，具有重要意義。第三節「帛書《黃帝書》的思想體系」，綜合第一、二節，以圖例呈現帛書《黃帝書》思想體系，從圖例可以清楚掌握帛書結合數術以開展天道思想，建立「道生法」理論體系的脈絡。

第一節　帛書《黃帝書》與數術的關係

　　帛書《黃帝書》有數術的內容，學者曾經有類似說法。如金春峰認為：「帛書思想的核心是陰陽刑德思想。无論它的天道觀、它的辯證法，它的刑名法

術思想，可以說都是陰陽刑德思想的展開。」〔註 1〕魏啓鵬也提到：「天道環周論的思想，貫串在整個《黃帝四經》中，是黃帝之言哲學思想體系的核心和基本點。……戰國中葉廣爲流傳的『黃帝刑德』說，則是天道環周論的一種比較通俗的基本概括，也許曾經是這個理論體系的最初表現形式。」〔註 2〕葛兆光認爲：「（帛書《黃帝書》）把這種尚偏重于實用的知識與技術範疇的思路引向了對宇宙觀念、制度建設、個人生存各方面的理論思考。」〔註 3〕所謂「實用的知識與技術」，便是指以「天道」研究爲內容的數術，包含陰陽刑德與天稽環周論，帛書《黃帝書》正是以這種天道內容，所設計的一套治國大法。但是實際的天道數術內容爲何？學者並沒有進一步詳論。

本節以「帛書《黃帝書》與數術的關係」爲題，針對帛書《黃帝書》中與數術有關的內容詳加剖析，文分爲三：第一，先對「天時」、「刑德」與數術的關係定位；二，再將「帛書《黃帝書》中與數術有關的內容」，一一剖析，呈現這些內容對數術的吸收與轉化；三，以數術作品長沙楚帛書與帛書《黃帝書》的數術內容作對照，說明帛書《黃帝書》的時代性與內容特色。

一、天時、刑德與數術

（一）天　時

「式盤」又稱「天時」，即《周禮·大史》說的「抱天時與大師同車」的「天時」。目前所見的「式盤」，以安徽阜陽汝陰侯墓出土的最早。同墓還出土二件與星占有關的器物，占盤及配合式盤測定日月星辰度數的一天文儀器。〔註 4〕研究天文學的嚴敦傑認爲，式盤作用於軍事上，在「安營方位的決定」，以及在「昏濛失路」、「泥陷之地」時作爲方向盤，他引《淮南子·天文》：「堪輿行雄以知雌。」說明堪是天道，即式盤中的天盤，輿是地道，即式盤中的地盤。〔註 5〕李零認爲，式盤的形式是一種模仿宇宙結構，上有圓盤象天穹，中心爲北斗，四周是二十八星宿和星象表示的十二月神；下有方盤象大地，也有與二十八星宿對應的星野和表示日月行度的天干地支。式法，主要

〔註 1〕金春峰，《漢代思想史》（北京：中國社會科學出版社，1997），頁 38。
〔註 2〕魏啓鵬，〈《黃帝四經》思想探原〉，《中國哲學》第四輯（1980），頁 179～191。
〔註 3〕葛兆光，《七世紀前中國的知識、思想與信仰世界》（上海，復旦大學出版社，1998），頁 199。
〔註 4〕嚴敦傑，〈關於西漢初期的式盤和占盤〉，《考古》（19783：5），頁 334～337。
〔註 5〕同注 4。

是模擬天象，以進行曆數推算。他指出式法除了在兵學上以及曆學上的運用外，盛行於秦漢時期的陰陽五行學說，也是從式法派生的。〔註6〕

　　式法在曆學上的運用，以目前出土所見擇日書爲例，包括墓葬年代在戰國時期的長沙楚帛書、九店楚日書，秦代有天水放馬灘秦墓出土日書、湖北雲夢睡虎地日書，漢初有安徽阜陽出土的日書、湖北張家山日書。古代的擇日是以曆法配合禁忌，分爲「月諱」和「日禁」，除了長沙楚帛書外，上述所列皆屬「日禁」書，楚帛書屬於「月諱」性質，以時、月、節氣的劃分爲主，是《管子・幼官》、〈幼官圖〉、《禮記・月令》、《呂覽・十二紀》、《淮南子・時則》一類「月令」書的早期形式。〔註7〕

（二）刑　德

　　刑德是與陰陽概念有關的一種擇日之術，按曆日干支推定陰陽禍福，也是式法的一種。〔註8〕《韓非子・二柄》：「何謂刑德？曰：殺戮之謂刑，慶賞之謂德。」是襲用《左傳》、《論語》舊義，〔註9〕與陰陽刑德術不同。《莊子・說劍》：「天子之劍，制以五行，論以刑德。」以刑德配五行，或與刑德術有關。《漢志・數術略》五行類有《刑德》七卷，惜書已佚。出土文獻中，已發表釋文的馬王堆帛書《刑德》乙篇及《陰陽五行》（又稱《式法》），內容記載「刑德」運行的規律，還附有相關的式類圖式，可見它們都與式法有關。其內容性質，《刑德》乙篇（甲、丙篇內容相近）屬於兵陰陽著作，已經學界確認，《陰陽五行》依發表的部分釋文內容看，像「日禁」類的雜占。〔註10〕傳世文獻中，記載刑德術最早也較詳細的是《淮南子・天文》的刑德七舍，隋代蕭吉的《五行大義》卷二載〈論德〉、〈論刑〉的推算，已經很繁瑣。至於

〔註6〕李零，《中國方術考》（北京：東方出版社，2000），頁40～42。

〔註7〕李零，《長沙子彈庫戰國楚帛書研究》（北京：中華書局，1985），頁43～47。李零，〈讀幾種出土發現的選擇類古書〉，《簡帛研究》第三輯（1998），頁96～104。

〔註8〕《史記・日者列傳》記漢武帝聚占家選日，有五行家、堪輿家、建除家、叢辰家、曆家、天人家、太一家等流派。《漢志》、《隋志》還提到刑德、五音、風角等數術。李零認爲這些擇日術都出於星曆、式法。同註6，頁96。

〔註9〕陳啓天，《增定韓非子校釋》（臺灣：臺灣商務印書館，1969），頁179。

〔註10〕陳松長，〈帛書《刑德》乙本釋文校讀〉，《湖南省博物館四十周年紀念論文集》（湖南：湖南教育出版社，1996），頁83～87。馬王堆漢墓帛書整理小組，〈馬王堆帛書《式法》釋文摘要〉，《文物》（2000：7），頁85～94。按：《式法》原名《陰陽五行》。

戰國時期的「刑德」術，就目前所見材料而言，如果試著將其分類，大致可以得到以下結果：〔註11〕

1. 「陽曰德，陰曰刑」（《大戴禮·四代》），「人主舉事善，則天應之以德；惡，則天應之以刑」（《太公》佚文，《五行大義》卷二《論德》引），爲這一術語的基本含義。

2. 從「陰陽」概念產生的「刑德」，以季節分刑德者，如馬王堆帛書《十六經·觀》：「春夏爲德，秋冬爲刑。」《管子·四時》：「德始於春，長於夏。刑始於秋，流於冬。」「刑德易節而失次，則賊氣悷至」；也有以日月表示陰陽刑德，如《管子·四時》：「日掌陽，月掌陰……陽爲德，陰爲刑。」《淮南子·天文》也有相近說法：「日者陽之主也，月者陰之宗也。」「日爲德，陽爲刑」。

3. 與陰陽刑德有關的兵陰陽，如《漢志·兵書略》兵陰陽類序文：「順時而發，推刑德，隨斗擊，因五勝，假鬼神而助之者也。」這種兵陰陽與《淮南子·天文》：「凡用太陰，左前刑，右背德」，以「刑德」表示陰陽向背，與主客攻守之勢有關。《尉繚子·天官》：「黃帝刑德，可以百勝，有之乎？」從尉繚子回答的內容中，可知當時流行的刑德之書主要是與「天官、時日、陰陽、向背」有關，而且言刑德是託名黃帝的。

由以上分類可知，戰國時期所見「刑德」運用的範圍，主要在於順時行正與用兵。《管子·四時》講四時教令，〔註12〕屬於陰陽家的作品，與前面提到的「月令」性質相近，只是在內容形式上要簡略許多，可知它與式法也有關係。

（三）帛書《黃帝書》的天時與刑德

帛書《黃帝書》使用「刑德」的情形，包括與之相關的概念，如陰節陽節、時之贏絀；與之相應的行事如逆順、文武、主客等，也基本反映《管子·四時》所說：「聖人務時而寄政，作教而寄武，作祀而寄德焉」的原則；再者，帛書《黃帝書》「天時」之說，亦與「刑德」並提，內容也不外是務時寄政與用兵，如〈十六經·觀〉：

> 凡諶之極，在刑與德。刑德皇皇，日月相望，以明其當，而盈□无
> 匡。……是故爲人主者，時挓三樂，毋亂民功，毋逆天時。……夫

〔註11〕以上「刑德」術的分類參考李零說法，同注6，頁47～51。
〔註12〕《管子·四時》：「四時日正」注：「順行四時之令日正。」

並時以養民功，先德後刑，順於天。

同篇〈姓爭〉：

作爭者凶，不爭者亦毋（無）成功。順天者昌，逆天者亡。毋逆天
道，則不失所守。……凡諶之極，在刑與德。刑德皇皇，日月相望，
以明其當。……天道環（還）於人，反爲之客。……天稽環周，人
反爲之〔客〕。

〈十六經・觀〉講「並時以養民功」，強調「刑德皇皇，日月相望，以明其當」
結語「當天時，與之皆斷」，〈十六經・姓爭〉：「刑德皇皇，日月相望，以明
其當」，講的是兵事上「作爭與不爭，爲主爲客」，天道是守的用兵原則（按：
天道在此指天時）。〈十六經・兵容〉：「因天時，與之皆斷」，也是講兵事，與
〈經法・四度〉：「因天時，伐天毀，胃（謂）之武。」內容相近。

「天時」在帛書《黃帝書》雖然不是直接指稱「式盤」，但是操作式盤以
知「天時」、「天道」，作爲判斷吉凶禍福「與之皆斷」的作用卻是明確的。由
此可知，帛書《黃帝書》的天時、刑德，都與式法有關，其運用範圍包括務
時寄政與用兵原則。

下文還就與陰陽刑德有關的數術辭彙、內容、表現形式，全面呈現帛書
《黃帝書》與數術的關係。

二、帛書《黃帝書》中與數術有關的內容

（一）就使用辭彙而言

1. 終　始

「終始」本是曆學用語，指的是天道（日月星辰運行規律）的終始循環。
所謂「始」，指的是以「曆元」爲基始，經過七十六年後，年、月、日的關係
適當爲一循環，因此天道具有終而復始，循環無窮的性質（詳第三章第一節）。
例如《史記・封禪書》所記黃帝「得天之紀，終而復始」，所謂「終始」即曆
元合朔閏事。〔註13〕帛書《黃帝書》的「終始」義，已由天道擴及天地之道、

─────────────

〔註13〕　《史記・封禪書》：「鬼臾區對曰：『黃帝得寶鼎神策，是歲己卯朔旦冬至，得
天之紀，終而復始。於是黃帝迎日推策，後率二十歲，復朔旦冬至。凡二十
推，三百八十年。黃帝僊登於天。』」
《漢志》陰陽家著錄《公檮生終始》、《鄒子終始》，也都是以「終始」作爲書
名。《史記・封禪書》載鄒衍「論著終始五德之運」，以古帝王結合五德，講

人事之理，除了保留四時循環、表現「天稽環周」（〈十六經‧姓爭〉）的本義外，還引申出刑名的終始論。

使用四時循環，表現「天稽環周」的本義，如〈經法‧論約〉：

> 始於文而卒於武，天地之道也。四時有度，天地之李（理）也。日月星晨（辰）有數，天地之紀也。三時成功，一時刑殺，天地之道也。四時時而定，不爽不代（忒），常有法式，□□□，一立一廢，一生一殺，四時代正，冬（終）而復始。

這是對終而復始的天道的描述。文、武之事與成功、刑殺並列，都是指人道取法「一立一廢、一生一殺」的「天地之道」而言，《國語‧周語上》：「三時務農而一時講武」韋昭注：「三時，春夏秋。」與此義相近；「四時代正，終而復始」，是就「四時有度」、「日月星辰有數」的「天地之理（紀）」而言，「代」字指「更迭」，「正」有「主」之意（依陳鼓應說），指四季更相為主交替用事。《莊子‧則陽》：「時有終始……四時相代，相生相殺。」《呂覽‧大樂》：「四時代興，或暑或寒，或短或長，或剛或柔。」也可以作為參考。

其次，「終始」使用於刑名之論，如〈經法‧道法〉：

> 凡事無大小，物自為舍。逆順死生，物自為名。名刑（形）已定，物自為正。故唯執〔道〕者能上明於天之反，而中達君臣之半，富密察於萬物之所終始，而弗為主。

此段以「明於天之反」為主，主張執道者法天道以推明人道，不作主觀干涉。前四句的「物」，與下文「萬物」呼應，包含事理、死生、名刑（形），「富密察於萬物之所終始」，意思是詳察萬物發生終始變化的根源，可知「終始」在這裏涵蓋指稱事的終始、逆順死生的終始、名刑（形）的終始。〈經法‧論約〉：「執道者之觀於天下也，必審觀事之所始起，審其刑（形）名。」〈經法‧名理〉：「審察名理名多（終）始，是胃（謂）廄（究）理。……執道者……能與（舉）曲直，能與（舉）冬（終）始。故能循名廄（究）理。」也都是同樣的用法。

〈經法‧道法〉認為死生、禍福同出於冥冥，「生必動」、「動有事」、「事有言」禍害亦隨之，「見知之道，唯虛无有。」這裏「虛无有」的「見知之道」，正是上文所說「富密察於萬物之所終始」、「審觀事之所始起」的「所終始」、

王朝興替、歷史的變動規律，這是陰陽五行說在政治上的運用。天文學的「終始」說，可參見《淮南子‧天文》。

「所始起」，指的是對萬物變化的根本性掌握，「本始」的意思即由此而來，例如〈經法‧四度〉說：

> 執道循理，必從本始，順爲經紀。

此處的「本始」強調的是安定政治，所謂「安得本」，並沒有特別的哲理。其他還有「不爲始」、「毋從我終始」之說，主要是強調因順天道，不作主觀、刻意的操控：

> 天地之道，有左有右，有牝有牡。詰詰作事，毋從我冬（終）始。（〈稱〉）
> 耵（聖）人不爲始……因天之則。（〈稱〉）

這裏所說的「不爲始」，即「弗敢以先人」（〈十六經‧順道〉），「毋從我終始」當是「毋從我始」，即「不以兵邾，不爲亂首……以寺（待）逆節所窮」（〈十六經‧順道〉）。這種因順天道不爲始的觀點，與曆數及曆數所引申的物之終始論，並沒有內在的關聯性。

2. 度、數、信

「度」、「數」，指日月星辰在周天行經的度數，《尚書‧堯典》疏：「六曆諸緯與周髀皆云，日行一度，月行十三度十九分度之七，爲每月二十九日。」《漢書‧天文志》：「天下太平，五星循度。」都記載著日月星辰行度。研究古天文的學者指出：「古人早把太陽和月亮經過天區的恒星分爲二十八星宿，日行一度，以周于天，凡三百六十五又四分之一度，也和地繞日一周爲一歲，亦三百六十五又四分之一日是一樣的。歲周日計，星宿度計。」〔註 14〕根據天文學家的研究，將周天分爲 365 1/4 度，在戰國已經形成，〔註 15〕阜陽汝陰侯墓出土的漢初測天文儀器，已經證實了這個說法。〔註 16〕帛書《黃帝書》中出現的「度、數」，除了保有上述數術意含外，還有從度數引申的度量、權衡與法度的意思。

另外，「度」、「數」常與「信」合說。「信」指期信，指的是日月星辰按一定的規律運行，有一定的周期；〔註 17〕與法度合說，則強調「賞罰信」。試分述如下：

度、數、信的本義，如〈經法‧論〉：

〔註 14〕殷滌非，〈西漢汝陰侯墓出土的占盤和天文儀器〉，《考古》（1978：5），頁 343。
〔註 15〕劉君燦，《中國天文學史新探》（臺灣：明文書局，1988），頁 261。
〔註 16〕同註 4。
〔註 17〕余明光，《黃帝四經與黃老思想》（黑龍江：黑龍江人民出版社，1989），頁 264，
　　　　注 19。

> 日信出信入，南北有極，〔度之稽也。月信生信〕死，進退有常，
> 數之稽也。列星有數，而不失其行，信之稽也。

此段與《鶡冠子》有兩處說法相類，可引為參考。〈泰鴻〉：「日信出信入，南北有極，度之稽也。月信死信生，進退有常，數之稽也。列星不亂其行，代而不干，位之稽也。天明三以定一，則萬物莫不至矣。」同書〈王鈇〉：「天者，誠其日德也。日誠出誠入，南北有極，故莫弗以為法則。天者，信其月刑也。月信死信生，終則有始，故莫弗以為政。天者，明其星稽也。列星不亂，各以序行，故小大莫弗以章。」由《鶡冠子》兩處內容對照可知，〈論〉整段意義可解為：日、月、星辰運行各有規律，「度之稽」、「數之稽」、「信之稽」，「稽」指法則，指的是它們具有可測的度、數與期信，成為人們的法則。

「度、數、信」從日月星辰運行規律引申，有「八正、七法」，成為人們法天道的準則，〈經法・論〉說：

> 〔天〕定二以建八正，則四時有度，動靜有立（位），而外內有處。
> 天建〔八正以行七法〕。明以正者，天之道也。適者，天度也。信
> 者，天之期也。極而〔反〕者，天之生（性）也。必者，天之命也。
> □□□□□□□□□者，天之所以為物命也。此之胃（謂）七法。
> 七法各當其名，胃（謂）之物。物各□□□□胃（謂）之理。

八正，依整理小組的說法是指「四時有度」、「動靜有位」與「外內有處」。〈經法・四度〉也有相同的說法：「日月星辰之期，四時之度，〔動靜〕之立（位），外內之處，天之稽也。」「天之稽也」就是「天為之稽」（同篇〈四度〉），對照上文，可以看到所謂「八正」，是依循日月星辰之期（按：「期」指運行規律有期信，包括度、數、信），建立「四時之度，動靜之位，外內之處」的行事法則。七法，是法天道性質以立法度的七項標準：一，取法天道「明以正」的特性；二，取法天行合度的「適」性（按：猶「天當」）；三，效法天行有期信的「信」；四，遵循天行環周，「極而反」的規律；五，順應天命的自然規律，取其不得不的「必」然性。（六、七項帛書文字脫漏，從缺不論）

由此可知，日月星辰的度、數、信，成為執道者建八正行七法的依循法則，度、數由此引申出度量、權衡與法度的意思。

> 規之內曰員（圓），柜（矩）之內曰〔方〕，〔縣〕之內曰正，水之
> 曰平。尺寸之度曰小大短長，權衡之稱曰輕重不爽，斗石之量曰小

（少）多有數。八度者，用之稽也。（〈經法・四度〉）

稱以權衡，參以天當（〈經法・道法〉）

度量已具，則治而制之矣。（〈經法・道法〉）

法度者，正之治也。（〈經法・君正〉）

信，與法度合說，強調人君的正信，以及法的公正性，如：

天行正信……以臨天下。（〈十六經・正亂〉）

法度者，正之治也。而以法度治者，不可亂也。而生法度者，不可亂也。精公无私而賞罰信，所以治也。（〈經法・君正〉）

還有〈十六經・立命〉：「昔者黃宗質始好信」、「執虛信」也是以掌握天道規律「數日、曆（歷）月、計歲、以當日月之行。」以達到「允地廣裕，吾類天大明。」合於天道規律的目的，所以說「吾類天大明」。「質始」，指的是以守道為根本，「信」加一「虛」字，強調人君的正信須合於虛道（虛道，指的是道，如《管子・心術上》：「天之道曰虛」）。這都可以說明帛書《黃帝書》講人君之「信」，其準則也須合於天道的特色。

3. 贏絀、逆順

贏絀（縮）、逆順，本是天文術語，簡單的說是指行星運動的疾或遲，《史記・天官書》載有五星運動的狀態如順或逆、贏或縮、疾或遲、躁或靜，用以占驗兵事。《國語・越語下》：「贏縮以為常。」楚帛書〈天象〉也講到日月星辰贏絀亂逆的現象（詳下文）。帛書《黃帝書》使用「贏絀」的情形，與陰節、陽節，刑德相並提，如〈十六經・觀〉：

贏陰布德……宿陽脩刑……春夏為德，秋冬為刑。……夫並時以養民功，先德後刑，順於天。其時贏而事絀，陰節復次，地尤復收。正名脩刑，執（蟄）虫不出，雪霜復清，孟穀乃蕭（肅），此材（災）□生，如此者舉事將不成。其時絀而事贏，陽節復次，地尤不收。正名施（弛）刑，執（蟄）虫發聲，草苴復榮。已陽而有（又）陽，重時而无光，如此者舉事將不行。天道已既，地物乃備。散流相成，耶（聖）人之事。

「並時」即「秉時」，「尤」當作「氣」（依整理小組）。「地尤不收」指的是地氣不藏，如《管子・七臣七主》：「冬政不禁則地氣不藏」。此段主旨在闡明以天時贏絀配合刑德以施政。文章的思考理路，大致是：

> 天時有贏絀：春夏為贏　為陽　為德，
>
> 　　　　　秋冬為絀　為陰　為刑。
>
> 　　贏陰　轉陽　為春　以布德，
>
> 　　宿陽（宿，久也）　轉陰　為秋　脩刑。

贏絀，並不是直接指涉「日月星辰運行的疾或遲」，而是與節氣陰陽變化有關，近於物候學、月令說，如《淮南子・時則》：「孟春始贏，孟秋始縮。」《禮記・月令》：「孟秋……行春令……陽氣復還……」「仲秋……行夏令……蟄蟲不藏，五穀復生。」都與〈觀〉的說法相同，強調人主秉時以養民功，順天行事的重要性。

〈經法・亡論〉提到：「夏起大土功，命曰絕理。犯禁絕理，天誅必至。」也是配合節氣贏縮的行事宜忌，〈經法・四度〉說：「極陽以殺，極陰以生……極而反，盛而衰，天地之道也，人之李（理）也。」夏季陽氣極，陰氣萌，行事應配合地氣收藏，不宜起土功。《禮記・月令》、《淮南子・時則》也都有相同說法。

「贏絀」用於兵事，與日月星辰運行的疾或遲、躁（動）或靜的意思較相近：

> 毋籍（藉）賊兵，毋□盜量（糧）。籍（藉）賊兵，□盜量（糧），
> 短者長，弱者強，贏絀變化，後將反包（施）。（〈稱〉）
>
> 贏極必靜，動舉必正。贏極而不靜，是胃（謂）失天，動舉而不正，
> 〔是〕胃（謂）後命。（〈經法・亡論〉）

〈稱〉以「贏絀」指短長強弱的主客形勢變化，〈亡論〉以贏極而靜，比況兵事征伐之當否，強調得「天」失「天」，可知「贏絀」在此指的是日月星辰運行的動靜變化，或與星占術有關。馬王堆帛書《五星占》，便是以占驗五星運行之贏縮變化，作為舉事用兵的依據。〔註18〕《國語・越語下》：「天予不取，反為之災。贏縮轉化，後將悔之。天節固然，唯謀不遷。」「古之善用兵者，贏縮以為常，四時以為紀，無過天極，究數而止。」韋昭注：「贏縮，進退也。轉化，變易也。」按：韋昭以進退注「贏絀」，又說「究數而止」，此處所說的「數」指的是天數，即測度日月星辰逆順動靜所得的「數」。

逆、順在帛書《黃帝書》中使用的情形，有用日月星辰運行之逆順者，

〔註18〕馬王堆漢墓帛書整理小組，〈馬王堆漢墓帛書〈五星占〉釋文〉，收於《中國天文學史文集》（北京：科學出版社，1978）。

如〈順道〉：「見地奪力，天逆其時」，「天逆其時」與楚帛書〈天象〉：「隹（惟）天乍（作）实（祅）」意思相近，是說不順天的逆節（見地奪力者），天將降其兵災，故曰「天逆其時」，猶如楚帛書〈天象〉說：「日月既懷（亂）……乃兵，虐于亓（其）王。」都是強調順天時的重要。

　　還有與陰、陽之「極而反，盛而衰」配合使用的「逆、順」，如〈經法·四度〉：

　　　　極陽以殺，極陰以生，是胃（謂）逆陰陽之命。極陽殺於外，極陰生於內。已逆陰陽，有（又）逆其立（位）。大則國亡，小則身受其央（殃）。……極而反，盛而衰，天地之道也，人之李（理）也。逆順同道而異理，審知逆順，是胃（謂）道紀。

此章的「逆、順」，已從「天地之道」轉爲運用在「人之李（理）」，與刑（形）名結合，成爲帝王察稽名實的原理原則，所以說：「逆順同道而異理，審知逆順，是胃（謂）道紀。」

　　「逆、順」用在刑（形）名的例子頗多，如：

　　　　逆順有理，則請（情）僞密矣。（〈經法·論〉）

　　　　刑（形）名已定，逆順有立（位），死生有分，存亡興壞有處。（〈經法·論約〉）

　　　　美亞（惡）有名，逆順有刑（形），請（情）僞有實，王公執以爲天下正。（〈經法·四度〉）

並且發展出「六順六逆」（〈經法·六分〉）以及「執六柄、審三名」（〈經法·論〉）一套君人南面之術。

　　與「贏絀」相較，「逆順」在帛書《黃帝書》使用情形較爲普遍，意義也由天文術語擴大爲「人事之理也，逆順是守」（〈經法·論約〉）的君人南面術，〔註19〕這與「贏絀」仍以天時運行規律、陰陽節氣的變化，仍在天文曆法範圍中的情形是不同的。

4. 天極與天當

　　天極與天當，與天道數術有關，帛書《黃帝書》中兩者常常並提，其實兩者仍有差別。〈論〉：「天建八正以行七法」，七法中的「適者，天度也。」

〔註19〕從馬王堆帛書《式法》已發表的釋文〈四　上朔〉，此章以五行配干支時日以定「逆、順」，判斷吉凶，可知「順、逆」仍運用於數術。《式法》抄寫於漢初，可知「逆、順」從戰國以來，即是數術家習用語。同注10。

與「天當」意思相近，「極而〔反〕者，天之生（性）也。」所謂「極而反」，
便是根據「天極」的概念而來的。

　　帛書《黃帝書》的宇宙生成論認爲，宇宙本原是「濕濕夢夢，未有明晦」
（〈道原〉）「群群□□□□□爲一囷，无晦无明，未有陰陽」（〈十六經・觀〉）
的狀態，宇宙的形成是因爲陰陽二氣對立互轉，形成天地、四時、日月星辰，
天地已成而萬物生（〈十六經・觀〉）。〔註20〕萬物有死生，日月星辰的運行有
終始循環，四時有春夏秋冬接替輪轉，這些都是陰陽進退消長的變化現象，
陰陽之所以變化，就在於它依循著「極而反，盛而衰」的天道原則。

　　　　極陽以殺，極陰以生（〈經法・四度〉）

　　　　極而〔反〕者，天之生（性）也。（〈經法・論〉）

　　　　極而反，盛而衰，天地之道也，人之李（理）也。（〈四度〉）

所以能夠掌握「天」極而反，盛而衰的規律，順天行事，「因天時，與之皆斷」
（〈十六經・兵容〉），就是盡「天極」，否則就是逆「天極」：

　　　　與天地同極，乃可以知天地之禍福。（〈十六經・成法〉）

　　　　守天地之極，與天俱見。（〈經法・論〉）

　　　　先屈後信（伸），必盡天極，而毋擅天功。（〈經法・國次〉）

　　　　逆天之極，有（又）重有功，其國家以危……。（〈十六經・兵容〉）

「天極」如何掌握？要靠天文曆算提供的度數。

　　　　日爲明，月爲晦，昏而休，明而起。毋失天極，究數而止。（〈稱〉）

　　　　日信出信入，南北有極，〔度之稽也〕。（〈經法・論〉）

《周髀算經・上》：「至晝夜長短之所極」注：「極，終也。」晝夜長短之所極，
是當時認知「天極」的方式之一，如〈稱〉、〈論〉都同時關心這個課題，並
且強調以可測得的度、數，掌握天極。〔註21〕掌握天極變化規律的度、數，
就是「天當」。有學者以《管子・重令》：「當者有數」詮釋帛書《黃帝書》的

〔註20〕〈十六經・果童〉：「陰陽備，物化變乃生。」

〔註21〕陳鼓應引《鶡冠子・泰鴻》：「日信出信入，南北有極，度之稽也。」陸佃注：
　　　　「此申致以南北之義，冬至，日在牽牛，夏至，日在東井，其長短有度」說
　　　　「南北有極」是指白晝最長與最短的一天（夏至、冬至）。參《黃帝四經今註
　　　　今譯》（臺灣：臺灣商務出版社，1995），頁182～183注6。按：《淮南子・天
　　　　文》也曾有立表測日夏至、冬至、春分、秋分，可以得知「東、西極徑」、「南、
　　　　北極遠近」以及天之高度的記載，可以備爲一說。

「天當」，認爲「天當」與度數、量度相關，強調執道者運作時的妥當適切。〔註22〕其實帛書《黃帝書》，「極」與「當」常常並提，但是兩者意義仍有區別：

　　　唯耶（聖）人能盡天極，能用天當。（〈經法‧國次〉）

　　　過極失當（〈經法‧國次〉、〈十六經‧正亂〉、〈十六‧姓爭〉）

依「過極失當」解釋，「當」像是因「極」而有的標準，〈十六經‧觀〉力黑「布制建極」作爲定天地秩序的首要任務，〈道原〉：「明者固能察極，……耶（聖）王用此，天下服。」更將知「極」視爲聖王治國寶典。可知「用天當」的準則在於「盡天極」，這就是「極」與「當」的差別所在。

7. 主、客

　　客指征伐他人者，主，相對於征伐者而言。《國語‧越語下》：「宜爲人客」韋昭注：「先動爲客」。帛書《黃帝書》對兵事的主張是：「天固有奪有予」、「因天時，與之皆斷」「兵不刑天，兵不可動」（〈十六經‧兵容〉）該用兵時，一定要事有成功，成功之道在於掌握「時之反」：

　　　明明至微，時反以爲幾（機）。天道環（還）於人，反爲之客。……
　　　天稽環周，人反爲之〔客〕。靜作得時，天地與之。靜作失時，天
　　　地奪之。（〈十六經‧姓爭〉）

「時反」，指的是對天道循環復反規律的掌握，《國語‧越語下》：「聖人之功，時爲之庸。得時不成，天有還形。天節不遠，五年復反。」韋昭注：「五年再閏，天數一終，故復反也。」參考韋昭以曆數注「時之反」，可知帛書《黃帝書》「時反」也與曆數有關。《管子‧勢》：「夫靜與作，時以爲主人，時以爲客，貴得度。」與帛書《黃帝書》：「靜作得時」意思相同，〈勢〉明確點出「時」、「貴得度」，則更清楚地說明「得度」的「（天）時」，應該與用於軍事占驗的式盤有關。

（二）就內容而言

1. 黃帝四面

　　〈十六經‧立命〉講「黃帝四面」，主要說法有兩種，一種是「明堂」說，主張者爲帛書整理小組；一種是式圖說，主張者如李零。先引本文：

〔註22〕郭梨華，〈《經法》中『形—名』思想探源〉，《安徽大學學報》（1998：3），頁24、注7。

昔者黃宗質始好信，作自爲象（像），方四面，傅一心。四達自中，
前參後參，左參右參，踐立（位）履參，是以能爲天下宗。吾受命
於天，定立（位）於地，成名於人。唯余一人□乃肥（配）天，乃
立王、三公，立國，置君、三卿。數日，磿（歷）月，計歲，以當
日月之行。允地廣裕，吾類天大明。（〈十六經·立命〉）

李零認爲此章是「把黃帝擺在一個四方十二位的方圖當中，這種圖式顯然與
式法常用的圖式直接有關。」〔註23〕根據對式盤的研究與長沙楚帛書圖式，
他提出的看法是：「式的圖式像鐘表，中間是起『表針』作用的太一或北斗，
四周是起『刻度』作用的十六神（太乙式的配神，也叫『十六龍』）、九神（遁
甲式的配神）和十二神（六壬式的配神），以及天干地支、二十八星宿等。太
一右行，是以太一爲樞，天一三星爲針，『下行八卦之宮，每四乃還於中央』
（《易乾鑿度》鄭玄注）」，代表『大時』；北斗左行，是以十二位爲一周，代
表『小時』。」他以長沙楚帛書爲例，認爲帛書圖像是模仿「式」的圖式，代
表宇宙模式，「它以春、夏、秋、冬分居四正，青、赤、白、黑四木分居四隅，
構成四方八位。邊文作左旋排列，代表斗建和小時；四木右旋，代表歲徙和
大時。」〔註24〕

　　根據上述的說法，他進一步指出，這種圖式對於理解古代帝系的配天，
有重要的啓發性，如帛書《黃帝書》〈十六經·立命〉即「以黃帝居中宮，當
斗位，周行十二位。」〔註25〕

　　帛書整理小組提出「黃宗」即黃帝之廟，其以「四達自中，前參後參，
左參右參」爲四方十二位（「參」通「三」），類似「明堂」，並以《淮南子·
覽冥》：「昔者黃帝治天下而力牧、太山稽輔之，以治日月之行，律治陰陽之
氣，節四時之度，正律歷之數……」詮釋「數日，磿（歷）月，計歲，以當
日月之行」，這是將帛書《黃帝書》歸於陰陽家說法，如葛志毅、張惟明即採
用此種說法，認爲此節「合于陰陽家學說」，「表達了黃帝對按照陰陽家方法
治國的正面贊同態度」，與《管子·玄宮》（幼官乃玄宮之訛）、《禮記·月令》、

〔註23〕李零，《李零自選集》（廣西：廣西師範大學出版社，1998），頁283。
〔註24〕同注23，頁68。詳細的說法見〈『式』與中國古代的宇宙模式〉，《中國文化》
　　　　第4期（1991），頁1〜30。按：學者多以楚帛書內文記載四木顏色爲「青、
　　　　赤、黃、黑」，李零認爲邊文中所繪之「黃木」其實「用墨線白描」，所以將
　　　　之名爲「白木」，「四木右旋」之說，未詳其論，見注7，頁70。
〔註25〕同注23。

《呂覽‧十二紀》同爲陰陽家言。〔註26〕

　　明堂與玄宮，都是屬於「月令」書，與式圖有關，前面論說「天時」已經提及。帛書《黃帝書》的成書，在《管子‧四時》之前（參第三章），〈四時〉講四時教令，是陰陽家的作品，但是它還沒有發展到《管子‧玄宮》〈玄宮圖〉那樣成熟的月令說法及圖式，當然不能與時代更晚的月令書《禮記‧月令》、《呂覽‧十二紀》並提。前面論說「天時」還提及，長沙楚帛書的圖式是月令書的早期作品，成書在楚帛書稍後，《管子‧四時》之前的帛書《黃帝書》，其〈十六經‧立命〉「黃帝四面」也許不能直接解釋爲「明堂」、「玄宮」圖式，也不會是月令書，但是，帛書《黃帝書》的時代，此類月令型式的作品，應該已經在發展了，所以比較肯切的說法，應該是說：「黃帝四面」與「式圖」的內容與表現形式有關。

2. 天有恒榦

　　長沙楚帛書〈四時〉載四神之名，饒宗頤、李零皆以帛書附圖四隅所畫的異色木釋之，以四木代表四時。〔註27〕李零還以〈十六經‧果童〉、〈行守〉「天有恒榦，地有恒常」以爲四木與「恒榦」有關，他引《說文》：「榦，築牆耑木也。」朱駿聲《說文通訓定聲》：「植于兩邊者曰榦，植于兩端者曰楨。」《書‧費誓》：「峙乃楨榦」《詩‧大雅‧文王》：「惟邦之楨」〈中山王壺銘〉：「惟邦之榦」指出楨、榦的重要性，楚帛書所畫的四木就是「四神所立的擎天柱」，根據「天有恒榦」的說法，四木也就是四天榦，即出土占盤的四維。〔註28〕

　　〈十六經‧果童〉內容以黃帝問四輔，欲「畜而正之，均而平之，爲之若何？」果童答以「天有恒榦，地有恒常。合□□常，是以有晦有明，有陰有陽。……陰陽備，物化變乃生。……」最後果童「衣褐而穿，負并（餅）而巒。營行氣（乞）食。周流四國，以視（示）貧賤之極。」爲黃帝建立均正公平「以天爲父，以地爲母」的治國精神。銀雀山漢簡《四時令》（篇題補加）講天子命「東輔」、「西輔」、（南輔？）、「北□（按：缺字）」，四輔授時於民，〔註29〕或可作爲〈果童〉「黃帝四輔」的內容補充。

〔註26〕葛志毅、張惟明，《先秦兩漢的制度與文化》（黑龍江：黑龍江教育出版社，1998），頁134～137。

〔註27〕饒宗頤，〈楚帛書新證〉，收於《楚地出土文獻三種研究》（北京：中華書局，1993），頁240～241。

〔註28〕同注7，頁69～70。又見注23，頁252。

〔註29〕吳九龍，《銀雀山漢簡釋文》關於〈四時令〉的「四輔」內容：「……西輔入

　　古羲和之官「敬授人時」(《尚書・堯典》)，是治國重要大事。〈果童〉強調：「民印（仰）天而生，侍（待）地而食。以天爲父，以地爲母。」《鶡冠子・泰鴻》、《管子・五行》皆有相似的說法，〈泰鴻〉所謂「立天爲父，建地爲母」，是以「三時成功，一時刑煞，四時而定，天地盡矣。」爲內容。〈五行〉「以天爲父，以地爲母，以開乎萬物」是以「通乎陽氣，所以事天也。經緯日月，用之於民。通乎陰氣，所以事地也。經緯星曆，以視其離。」爲內容。兩者與〈果童〉參看，則果童「周流四國（方）」(按：「周流四國」，四國，陳鼓應解爲「四方」。)〔註30〕應與通乎天地陰陽，定四時有關；「視（示）貧賤之極」，則是強調公平治國的精神，爲「正名脩刑」(〈十六經・觀〉)立基礎。

　　總之，〈果童〉、〈行守〉的「天有恒榦」與數術有關，〈果童〉的「黃帝四輔」，也與定四時這類數術家言有關。

　　3. 五　正

　　〈十六經・五正〉載「五正」的說法，也是與曆學相關的詞語。〈十六經・五正〉提到黃帝問閹冉：「布施五正，焉止焉始？」閹冉回答：「始在與身，以司五明。左右執圭，以寺（待）逆兵。」後來黃帝接受建議「上於博望之山，談臥三年以自求。」最後殺了「反義逆時」的蚩尤。此段內容所說的「布施五正」、「以司五明」，與長沙楚帛書〈天象〉「五正」說法關係密切，楚帛書說：「群神五正，四興堯祥，建恒懌民，五正乃明。」此內容即《史記・曆書》所言：「黃帝考定星曆，建立五行，起消息，正閏餘，於是有天、地、神、祇、物類之官，是謂五官，各司其序不相亂也。」可見楚帛書與《黃帝書》所說的「五正」，與曆學所說的五行關係密切，而且兩者也都屬於尚未與陰陽說法結合的五行說。此後，《鶡冠子・度萬》則承繼發揮帛書《黃帝書》的「五正」說：「天地陰陽，取稽於身。故布五正以司五明，十變九道，稽從身始，

　　御令曰趣賦斂興力事審關市」頁83，「……出令命東輔入御令」頁61，「……天子出令命北□入御令……」頁109，「……天子出令命……」頁183，(北京：文物出版社，1985)。

　　按：「……」爲釋文者表示原簡缺字處。〈四時令〉係殘簡，但是從「西輔」行令「趣賦斂、興力事、審關市」，相當於《管子・四時》秋發「五政」之說，又與「刑始於秋」的刑德說法意旨相近，可以推知東輔、南輔、北輔也是依四時行正。《管子・四時》刑德說與帛書《黃帝書》〈十六經・觀〉內容相近，同篇〈果童〉說：「靜作相養，德瘧（虐）相成。」也是相近的說法。

〔註30〕同注21，頁306，注13。

五音六律，稽從身出。」強調掌握天地陰陽之天時，以建立公正大法，所謂「取稽於身」、「稽從身出」指的是「人君（身）法天道（天地陰陽），以立法則」之意，其說與《黃帝書》「始在於身」的說法接近。所以不論是從長沙楚帛書或是《鶡冠子》的「五正」說來比較，帛書《黃帝書》的「五正」說確與曆學有關（相關的論述亦可參見第二章第一節）。

此外，還有《管子·五行》篇「五行，正天時」的說法也可以說明帛書《黃帝書》的「五行」說與天時度數的關係，《管子·五行》載：「黃帝澤參。治之至也。昔黃帝得六相而天地治，神明至。」六相分司天地四方，雖非五行形制，但是它接著說：「黃帝澤參，治之至也。昔黃帝以其緩急作五聲……五聲既調，然後作。立五行，以正天時。五官，以正人位。人與天調，然後天地之美生。」這些內容與〈十六經·五正〉比較：

> 后中實而外正，何〔患〕不定。……五正既布，以司五明。左右執
> 規，以寺（待）逆兵。（〈十六經·五正〉）

后，指黃帝，此處黃帝被要求「中實而外正」，中實，即闔冉所說「中有正度」，意思是法天道度數行事，與《管子·五行》篇「黃帝澤參」的說法接近；帛書所說「外正」、「五正」或可以依《管子·五行》解爲「正天時」、「正人位」，如果從〈十六經·五正〉全旨來看，「五正」應該更重視「正天時」，因爲帛書〈五正〉旨意以「寺（待）逆兵」爲訴求，正如〈十六經·兵容〉言兵事亦強調「因天時」。依此推論與上述五行說合看，可以得出以下結論：〈十六經·五正〉的「五正」內容與五行說有關，「五正」的功用在「正天時」，亦即強調法天道度數行事的重要性。

（三）就表現形式而言

1. 文、武與帛書《黃帝書》篇次的安排

帛書《黃帝書》第一篇〈經法〉內容以論政爲主，第二篇〈十六經〉多言兵事，作者對文章的安排，與後來陰陽家講四時方位，分文事、武事，文事尚左、武事尚右，似乎有演變軌臬可尋。

《管子·版法解》：「四時之行，有寒有暑，聖人法之，故有文有武；天地之位，有前有後，有左有右，聖人法之，以建經紀。春生於左，秋殺於右，夏長於前，冬藏於後。生長之事，文也；收藏之事，武也。是故文事在左，武事在右。」這段主要講四時之位的前、後、左、右講得很清楚，同時也交

待文、武之事的位置。這種布圖與《管子·玄宮圖》分本圖、副圖，本圖主要講祭祀或日常起居事，是所謂文事或吉事；副圖主要講兵刑，是所謂武事或凶事。《老子》說：「吉事尚左，凶事尚右」（今本31章），《逸周書·武順》：「吉禮左還，順天以立本；武禮右還，順地以利兵。」也有類似講法。〔註31〕

　　帛書《黃帝書》主張「文武並立」、「文則明，武則強」（〈經法·四度〉），文武的內容是「因天之生也以養生，胃（謂）之文，因天之殺也以伐死，胃（謂）之武。」（〈經法·君正〉），與《管子·版法解》：「四時之行，有寒有暑，聖人法之，故有文有武。」「春生於左，秋殺於右」，都是強調因天時以行文武之事。〈經法·論約〉：「始於文而卒於武」與〈版法解〉：「春生於左，秋殺於右……生長之事，文也；收藏之事，武也。」都是強調春生、秋殺，始文卒武的天道。至於〈版法解〉：「文事在左，武事在右。」在帛書《黃帝書》中並沒有出現如此說法，但是〈十六經·立命〉：「前參後參，左參右參」類似「式圖」的四時方位（參見前文），與〈版法解〉：「天地之位，有前有後，有左有右，聖人法之，以建經紀」說法相近，只是〈版法解〉屬於時代較晚的明堂說，而〈十六經·立命〉還停留在類似「式圖」的階段。

　　由此可以推論，帛書《黃帝書》講文武之事，係受陰陽家講四時方位影響。帛書《黃帝書》四篇的第一、二篇，分別以〈經法〉、〈十六經〉主講「論政」與「兵事」，或也是「文武並立」「始於文而卒於武」的安排，與陰陽家講求「文事在左，武事在右」的方位配置應有某種程度的關聯。

2. 就句法特色而言

　　〈十六經·雌雄節〉首揭「皇后屯歷（曆）吉凶之常，以辯（辨）雌雄之節，乃分禍福之鄉（向）。」皇后指黃帝，「吉凶之常」的「常」，整理小組注「準則」；陳鼓應引《儀禮·少牢禮》注：「常，吉凶之占繇」釋「常」，整句指「黃帝能洞徹吉凶的先兆」，〔註32〕此說與下文辨雌雄節，分禍福之向的文意較為符合。前面三句的意旨在說明，洞察吉凶占驗，辨明雌節、雄節，目的在於分禍福之向。這三句同時也是〈雌雄節〉的章旨。下文則說明辨吉凶禍福的原則：

1. 定義雌雄節：憲敖（傲）驕居（倨），是胃（謂）雄節，□□共（恭）驗（儉），是胃（謂）雌節。

〔註31〕同注7，頁44。
〔註32〕同注21，頁333。

2. 行事通則：雄節以得，不爲福；雌節以亡，將有賞。〔註33〕

3. 占驗通則：先者恒凶，後者恒吉。

4. 占驗概率（指事之吉凶與雌雄節關係）：
   *先而不凶　恒備雌節存也
   *後〔而不吉〕　恒備雄節存也
   *先亦不凶，後亦不凶　恒備雌節存也
   *先亦不吉，後亦不吉　恒備雄節存也

5. 概率累計結果：雄節而數得，是胃（謂）積央（殃）。雌節而數亡，是胃（謂）積德。

6. 結論：好用雄節是胃（謂）方（妨）生──是胃（謂）凶節──是胃（謂）散德。

   好用〔雌節〕是胃（謂）承祿──是胃（謂）吉節──是胃（謂）綺德。

　　從以上分析可知，〈雌雄節〉是以占驗形式表現吉凶禍福的內容。另外，此篇以「……是謂……」表示對某種情勢的判斷（如上舉5、6項），也與占辭用語有關，如馬王堆帛書《式法》〈五祭〉：「是胃（謂）重惡（紳）凶」、「是胃（謂）童（重）素」、「是胃（謂）五辭（紳）凶」，藉占驗日月星辰以斷吉凶，〔註34〕用語形式相同。這也可以作爲〈雌雄節〉與占驗辭關係的說明。

三、從長沙楚帛書看帛書《黃帝書》

　　前面提到帛書《黃帝書》中與數術有關的詞語或內容，如贏絀、逆順、

〔註33〕陳鼓應以《周易‧謙》：「天道虧盈而益謙」之「盈」、「謙」釋《黃帝書》〈雌雄節〉的「涅」、「兼」，文曰：「雄節者，涅之徒也，雌節者，兼之徒也。」同注21，頁334。與下文「雄節以得，乃不爲福，雌節以亡，必得將有賞。」義相近。故推論：雄節主得，雌節主亡。

又，〈稱〉：「地〔之〕德安徐正靜，柔節先定，善予不爭。此地之度而雌之節也。」雌節與柔節又有相關。《淮南子‧原道》以剛、柔配先、後，結語「聖人守清道而抱雌節，因循應變，常後而不先。柔弱以靜，舒安以定，攻大　堅，莫能與之爭。」是雌節主柔、主後。上述與〈雌雄節〉參看，約可以得出：雄節，主先、用剛；雌節，主後、用柔的對應關係。從〈雌雄節〉內容來看，這些用語及其對應互動關係，都與占驗吉凶相關。

〔註34〕有關《式法》〈五祭〉的內容，參見陳松長，同注10，頁93。

天有恒幹、五正以及黃帝四面等，也同時也提到其與數術作品長沙楚帛書的關係，由於楚帛書與帛書《黃帝書》成書年代接近（楚帛書稍前），透過楚帛書的內容來看帛書《黃帝書》，當可以更了解帛書《黃帝書》之所以運用數術辭彙，以及部分內容、表現形式都與數術有關的原因。

1942 年長沙子彈庫發現楚帛書，1973 年出土帛書的墓清理後，已確定下葬年代在戰國中晚期之交，大約是西元前 300 年左右，〔註35〕帛書內容性質屬於陰陽數術類，已爲學界普徧接受，由於楚帛書的成書年代下限已定，這對於研究戰國時期流行的數術以及與數術相關的天道思想，都是重要的材料。關於楚帛書的數術內容，李學勤以及李零都認爲是「曆忌」，因爲其中有一篇專講各月宜忌（李學勤命爲「月忌」），性質與「月令」書相似，但是與《管子・幼官》、〈幼官圖〉、《呂覽・十二紀》、《禮記・月令》、《淮南子・時則》這種專供君主推行政令的「月令」，還有一些差異，李學勤因此以爲楚帛書只是供一般性使用，〔註36〕李零則在研究比較《管子・幼官》、〈幼官圖〉後，結論「帛書與《月令》性質相近，但形式較《月令》諸書更爲原始」，「《月令》諸書應該就是從這種東西發展起來。」〔註37〕饒宗頤認爲帛書主體是天文、雜占，可視爲楚人的天官書的佚篇。〔註38〕

長沙楚帛書分甲、乙、丙三篇，依李學勤定名爲〈天象〉、〈四時〉、〈月忌〉。〔註39〕甲篇側重於「歲」，乙篇側重於「時」，丙篇側重於「月」，三篇內容大致是：甲篇〈天象〉側重於時變，分三章，第一章講「月行程（贏）縮，不尋（得）亓（其）鴬（當）」，造成春、夏、秋、多節令反常，日月星辰「囗亂（亂）遊（逆）亓（其）行」，「天墜（地）乍（作）業（殃）」，兵禍亦起。第二章講「戠（歲）惪匿」，天有賞罰。民人知歲，天則降福，「群神五正，四興先（堯）羊（祥），建恆襄（懌）民，五正乃明，亓（其）神是享，是謂惪匿，群神乃惪。」反之則有災。第三章強調民以時祭祀百神，如不知歲，天帝將降凶災。乙篇〈四時〉，以四時產生的神話爲主軸，分三章，

〔註35〕湖南省博物館，〈長沙子彈庫戰國木槨墓〉，《文物》（1974：7）。

〔註36〕李學勤，《簡帛佚籍與學術史》（臺灣：時報文化出版社，1994），頁 64～65。

〔註37〕同注 7，頁 34～47。關於各家學者對帛書內容性質的說法，可以參考此書，頁 38。本文主要以近年學者李學勤、李零、饒宗頤說法爲主。

〔註38〕同注 27，頁 303～319。
按：以上三家說法以早期「月令」說較合理，茲從李零說法。

〔註39〕李學勤，〈論楚帛書中的天象〉，《湖南考古輯刊》第一輯（1982）。又收於同注 36，頁 37～47。（按：摹本見本章附圖）

第一章講包（伏）犧四子疏通山陵和推步四時，〔註40〕包犧時，「夢夢墨墨，亡章弼弼」，朱（未）有日月，〔註41〕全靠包犧四子即四神分守四方，「四神相弋（代）」，推步以為歲，「是惟四時」。第二章講「千又百歲，日月允生，九州不平，山陵備側」，天以五木之精賜予，炎帝乃命祝融率四神，「奠三天」、「奠四極」，於是宇宙秩序得以建立（「帝允，乃為日月之行」）。第三章講「共工夸步十日四時」，分一日為四時「宵、朝、晝、夕」。丙篇講十二月各月舉事宜忌，性質屬於「曆忌」，所謂的月令書即由此發展而來。〔註42〕

至於楚帛書的文字安排與圖像意義，前面曾經提過，長沙楚帛書的圖像是模仿「式」的圖式，「中宮沒有畫太一和北斗，但有互相顛倒的兩篇文字，正好像其左旋右轉。它以春、夏、秋、冬分居四正，青、赤、白、黑四木分居四隅，構成四方八位。邊文作左旋排列，代表斗建和小時；四木右旋，代表歲徙和大時。」〔註43〕可以代表古代的宇宙模式。

從數術作品楚帛書看帛書《黃帝書》與之相關的內容，可以得出如下結果：

1. 帛書《黃帝書》「天有恒榦」、「黃帝四面」的內容與楚帛書的圖式有關，顯示帛書《黃帝書》運用「式」圖的思維模式。

2. 「贏絀、逆順」在楚帛書中是天文術語，帛書《黃帝書》仍保有天文術語本義，但又發展新義。「五正」的內容，楚帛書與帛書《黃帝書》的說法相近。

3. 楚帛書與帛書《黃帝書》的宇宙論相近。

以下分別敘述：

第 1 點，帛書《黃帝書》「天有恒榦」（〈十六經‧果童〉、〈行守〉）即四天榦。楚帛書〈四時〉的四神，即帛書邊文所附圖形的四木，四木居於四隅，

〔註40〕 李學勤以為此篇的主體是包犧，與其他學者（如李零、饒宗頤）以「包犧四子」為主體說法不同。李學勤說法見注 37，頁 49。

〔註41〕 李學勤以「朱」為「舒」，分別也。其他學者（如李零、饒宗頤）則釋為「未」。李學勤說法見注 37，頁 49。

〔註42〕 以上楚帛書內容詮釋，以李零為主，饒宗頤說法大抵亦相近，李學勤說法較不同，已明於注文中。李零，《長沙子彈庫戰國楚帛書研究》，同注 7，頁 29～81。饒宗頤，同注 38，頁 229～283。李學勤，同注 36，頁 37～70。

〔註43〕 同注 23。李學勤在談到〈月忌〉十二月名時也曾指出，「從〈月忌〉有十二神來看，與所謂六壬有相近之處，或許有一定的淵源關係。」六壬是式盤型式的一種。同注 36，頁 65。

即四時之位的標誌。楚帛書的四木與四色相配，分居四隅，以春、夏、秋、冬分居四正，構成四方八位。帛書《黃帝書》〈十六經‧立命〉的「黃帝四面」，載黃帝「四達自中，前參右參，左參右參，踐立（位）履參，是以能爲天下宗。」與「式」圖對照，正是「以黃帝居中宮，當斗位，周行十二位。」這種觀念和楚帛書的圖式顯然是有聯繫的。〔註44〕

第2點，「贏絀、逆順」在楚帛書中指的是日月星辰運行的疾或遲，帛書《黃帝書》在兵事上的說法仍沿用此義。此外，帛書《黃帝書》還將「贏絀」運用在節氣上，配合陰節、陽節的說法，以作爲布德脩刑的施政參考。「逆順」在帛書《黃帝書》使用情形較爲普遍，意義也由天文術語擴大爲「人事之理也，逆順是守」（〈經法‧論約〉），與刑（形）名結合，發展爲「六順六逆」的君人南面術，這與「贏絀」運用在天時運行規律、陰陽節氣的變化，仍在天文曆法範圍中的情形是不同的。

「五正」，內容與五行說有關。根據《管子‧五行》推斷，帛書《黃帝書》〈十六經‧五正〉的「五正」，功用應該是「正天時」；這與楚帛書〈天象〉強調依天時奉祀神明的意旨是相近的。

第3點，關於宇宙論的觀點。楚帛書與帛書《黃帝書》都主張天地未分判以前，宇宙處於混沌狀態。楚帛書〈四時〉講包（伏）戲（犧）時，「夢夢墨墨」，處於四時未分的狀態，嚴一萍曾指出《淮南子‧俶眞》說伏犧氏「其道昧昧芒芒」，與楚帛書說法相一致。〔註45〕帛書《黃帝書》〈道原〉：「恒无之初，……溼溼夢夢，未有明晦。」〈十六經‧觀〉：「群群□□□□□爲一困，无晦无明，未有陰陽。」整理小組引《淮南子‧俶眞》：「自其同者視之，萬物一圈也。」困、圈古音相近，「一困」猶「一圈」。帛書此句指陰陽未分判的混沌狀態。對於天地未分判的狀態，楚帛書的描述與帛書《黃帝書》基本相同。

楚帛書〈四時〉接著陳述四時的形成，日月之行，分一日爲四時「宵、朝、晝、夕」。帛書《黃帝書》〈十六經‧觀〉的說法是：「未有陰陽……今始判爲兩，分爲陰陽。離爲四〔時〕。」李學勤認爲，楚帛書〈四時〉篇雖是陰陽數術作品，「但從整體來看，仍與〈觀〉章所講混沌狀態『無晦無明，未有陰陽』，『今始判爲兩，分爲陰陽，離爲四時』，〈道原〉篇所講恒無之初『混

〔註44〕相關論點參見李零，同注23。
〔註45〕嚴一萍，〈楚繒書新考〉（中），收於《中國文字》第27冊。

混夢夢，未有明晦』等語，互相一致。」〔註46〕此說針對楚帛書與帛書《黃帝書》宇宙論的大同處著眼，所論極是。

但是楚帛書作爲楚人的數術家言，與帛書《黃帝書》作爲稷下論政之言，角度固有不同：譬如楚帛書〈四時〉的宇宙論主角是包犧及四子，還出現炎帝、祝融、共工，都是楚系的神話人物；帛書《黃帝書》〈十六經・觀〉講宇宙論的主角是黃帝，共工與蚩尤則都是「反義逆時」的叛徒（〈十六經・正亂〉），屬於以崇揚黃帝爲標榜的稷下文化。再者，楚帛書的數術辭彙，如上文所舉的「嬴絀」、「逆順」，在帛書《黃帝書》雖保有原義，但是大多數的使用意義是不同程度的引申或轉變，甚至用於刑（形）名。顯見帛書《黃帝書》應該是在數術持續發達的楚帛書時代之後，才會出現對通行的數術語言作改造的情形。

總之，從長沙楚帛書的數術角度來看帛書《黃帝書》，可見帛書《黃帝書》受到當時流行的數術思想影響。帛書《黃帝書》有著與數術息息相關的「式圖」思維，根據這個「式」的宇宙模式，以知天時，用刑德，制刑（形）名，將天地萬物融入自然法則中，「上知天時，下知地利，中知人事。」（〈十六經・前道〉），這就是〈道原〉所說：「抱道執度，天下可一也。」此「度」，指的是正是包含天道度數與人事法度的「度」。

第二節　帛書《黃帝書》的思想

本文分六部分討論帛書《黃帝書》思想。

一、「道」：「道」，爲帛書天道思想提供終極根源，具有重要的地位。帛書中「道」的性質具有根源性、獨立性、恒存性、規律性以及一體性。其中，「一體性」在文中還討論了「道」是物質還是精神的問題。

二、「天道與理」：天道思想，是以對天之逆順、觀陰陽之化變、用刑德爲內容，並以遵崇自然界規律爲主軸，所展開的理論；理，是「道」在萬物的分化，在帛書中，「理」的概念理論是用以溝通「道與刑（形）名」、「刑（形）名與法」，以爲人主執法治國的重要理念。

三、「刑（形）名與法」：刑（形）名說主要目的「正名」，要求名實相應；法，包括法度與刑罰，刑罰是法度內容的一部分，帛書《黃帝書》以法度爲

〔註46〕同注36，頁88。

論述重點。本文中對「道生法」深入分析，筆者以爲帛書《黃帝書》的「道」具有天道與道境雙重性質，法（法度）也有相應於「道」的兩種內容，帛書《黃帝書》以雙重性質的「道生法」開展出萬物與天地合一的思想，這是帛書《黃帝書》重要的特色。

四、「陰陽理論」：本文分別就帛書陰陽理論的建構、陰陽存在於客觀實體以及事物的陰陽屬性等內容分三方面討論。同時也針對以陰陽逆順概念推衍禍福的「六柄（柄）」說，做了分析探討。

五、「兵學思想」：帛書兵學思想以「正名施刑」爲宗旨。它有一套「爭」的說法，以相應於大勢以及實現天下服的帝王之道，基本上是配合「（天）正名以作」而設計的理論。

六、「抱道執度的帝王之道」：這是帛書天道思想、標舉黃帝形象的最終結合。但是具有天子位的黃帝，並非全然與帝王相合，主要在於帛書對執道者「生法而弗敢犯」（〈經法‧道法〉）的要求，從這一點可以看出帛書作者對客觀公正的天道規律遵崇之至。

一、道

帛書《黃帝書》將自然界天地萬物發生的本原稱爲「道」，「道」是最高範疇，在「天」之上，是天道思想的總根源。帛書《黃帝書》的「天」指的是自然界的天，自然界的規律稱爲「天道」，包括日月星辰的運行、四時的變化、節氣的贏絀，「道」則是天道規律的本原以及總規律。帛書《黃帝書》專立〈道原〉一篇，對「道」的本體、功能作全面性論述，用意便在爲前三篇推天道以明人事的天道思想提供終極根源。本小節對「道」的詮釋，主要以〈道原〉爲主，並援引〈經法〉等其他三篇相關內容佐證之。

（一）道的性質

帛書《黃帝書》對「道」的論述主要集中於〈道原〉，從此篇的內容可以歸納出：「道」具有根源性、獨立性、恒存性、規律性以及一體性，它是自然界萬物發生的本原，獨立不偶，无端始、恒存於大古，是萬物存在的普徧規律，又與天地萬物一體。這些特性在《老子》：「有物混成，先天地生。寂兮寥兮，獨立而不改，周行而不殆，可以爲天下母。吾不知其名，字之曰道。強爲之名曰大。」（今本 25 章）中都已具備。比較特殊的是帛書《黃帝書》

對「道」質性「濕濕夢夢」（〈道原〉）、「一困」（〈十六經・觀〉）的描述，將
陰陽未分判以前的宇宙視爲混沌的狀態，這與楚帛書〈四時〉說四時未分時
的狀態「夢夢墨墨」，是相近的論調（相關説法參見本章第一節），《管子》〈心
術上〉、〈心術下〉、〈白心〉、〈內業〉等四篇，則在此基礎上，將「道」明確
地肯定爲物質性的精氣或氣，以至後來的《文子・道原》以及《淮南子・原
道》、〈俶眞〉，也都以物質性、精氣一類觀點詮釋「道」，甚至發展成氣化宇
宙論，〔註47〕可以說，帛書《黃帝書》的道論，已有不同於《老子》的發展。

　　至於帛書《黃帝書》究竟是物質的還是精神的，客觀唯心還是唯物主義
的問題，學者有不同的看法，原因就在於帛書《黃帝書》對道「虛无形」又
「濕濕夢夢」的描述。關於這個問題，我們將在分析帛書《黃帝書》的道論
之後，有進一步的說法。

1. 根源性

　　帛書《黃帝書》將「道」視爲自然界天地萬物發生的本原，在陰陽未定、
天地未形時，「道」就已經存在：

> 虛无刑（形），其裻冥冥，萬物之所從生。（〈經法・道法〉）

> 无形无名，先天地生。（〈十六經・行守〉）

> 萬物得之以生，百事得之以成。（〈道原〉）

這些論點與《老子》：「有物混成，先天地生。……可以爲天下母。」（今本25
章）《莊子・大宗師》：「自本自根，未有天地，自古以固存。」對於「道」具
有先在性、以及生萬物、爲天下母的根源性特質，看法都是相近的。

　　「道」也是宇宙萬物賦性的根源：

> 一度不變，能適規（蚑）僥（蟯）。鳥得而蜚（飛），魚得而流（游），
> 獸得而走。（〈道原〉）

「一度不變，能適規（蚑）僥（蟯）。」蚑蟯泛指各種動物（〈經法・論〉），「一
度不變」是指「一以爲度」、有規律可循而不變其宜，整句是說「道」是各種
動物秉性的根源。

〔註47〕陳麗桂認爲：《淮南子・原道》是從《老子》繼承推衍，但是更接近《莊子・
　　　　大宗師》和帛書〈道原〉的道旨，都是以略具物質的初態、精氣一類東西描
　　　　述「道」，《淮南子・俶眞》更視「道」的化生萬物爲一種物質氣化過程，架
　　　　構出氣化宇宙論。《戰國時期的黃老思想》（臺灣：聯經出版社，1991），頁59
　　　　～60。

2. 恒存性

「道」无端始卻有原有應，萬物得之以生，道弗爲益少，萬物皆反，道弗爲益多，帛書《黃帝書》以此表現「道」在時間及空間上的無窮性以及恒存性，與《老子》：「綿綿若存，用之不勤。」意義相近：

> 天地陰陽，〔四〕時日月，星辰雲氣，規（蚑）僥（蟯）重（動），戴根之徒，皆取生，道弗爲益少；皆反焉，道弗爲益多。（〈道原〉）
>
> 道无始而有應。其未來也，无之；其已來，如之。（〈稱〉）
>
> 道有原而无端，用者實，弗用者雚。合之而涅於美，循之而有常。（〈十六經・〔前道〕〉）
>
> 人皆以之，莫知其名。人皆用之，莫見其刑（形）。（〈道原〉）

「皆取生，道弗爲益少；皆反焉，道弗爲益多。」表現「道」超越時間及空間，具有無窮性和恒存性。「道」既是自然界天地萬物發生的本原，所以「无始」、「无端」，「无有刑（形），大迵无名」（〈道原〉），但是卻可以通過有終始形名的具體事物得到回應（「有應」、「用者實」），有規律可尋（「循之而有常」）。

3. 獨立性

「道」產生萬物，不受萬物支配；萬物有形有名，「道」卻非形名所能規範；天地有極（〈經法・論〉），「道」卻高深莫測：

> 上道高而不可察也，深而不可則（測）也。顯明弗能爲名，廣大弗能爲刑（形），獨立不偶，萬物莫之能令。（〈道原〉）

「道」獨立不偶，超越有形有名的經驗現象界，但是「道」非離物，它以「一」作爲統合萬事萬物的根本與總號令，所以說「一者其號也」（〈道原〉）、「一者，道其本也。」（〈十六經・成法〉），「一」本於道、爲道的號令，從這個角度來說，「道」是通過「一」在統合萬事萬物的功用上，表現「道」的獨立性。

4. 規律性

「道」的規律性表現在天行環周、天行有常的特色上：

> 觀之大古，周其所以。索之未无，得之所以。（〈道原〉）

「周」指「環周」，即「天稽環周」（〈十六經・姓爭〉），指的是日月星辰運行有度，「周其所以」是說「道」爲天之「所以周」的根本。「觀之大古，周其所以」，強調天行有常的根本在於「道」，「索之未无，得之所以」，則是反過來說，「道」通過探索而可得，探索方向在於對天所以周行有常的察稽。這就

是「道」藉天行環周表現其爲天行總規律的特色。

　　5.（與物的）**一體性**

　　「道」除了上述根源性、恒存性、獨立性以及規律行，還具有與天地萬物不離的一體性：

　　　　道有原而无端，用者實，弗用者蓳。合之而涅於美，循之而有常。

　　　　古之堅者，道是之行。（〈十六經・〔前道〕〉）

〈前道〉認爲道「用者實」，〈稱〉也說：「道无始而有應」，道「有應」，有應即應物也。這種說法，基本上都是即現象經驗言「道」，並沒有將「道」與現象界割離，獨立成爲理性世界，如西方講本體論一般。〈前道〉說：「治國固有前道，上知天時，下知地利，中知人事……知此道，地且天，鬼且人。」這種合天、地、人爲一體的說法，正是「道」不離物的例證。

　　帛書《黃帝書》對於「道」不離於萬物的描述，還表現在以原初物質狀態描述「道」的質性：

　　　　有物始□，建於地而溢（溢）於天，莫見其刑（形），大盈冬（終）天地之間而莫知其名。（〈經法・名理〉）

　　　　恒无之初，迵同大虛。虛同爲一，恒一而止。濕濕夢夢，未有明晦。神微周盈，精靜不巸（熙）。古（故）无有刑（形），大迵无名。天弗能復（覆），地弗能載。小以成小，大以成大。盈四海之内，又包其外。在陰不腐，在陽不焦。（〈道原〉）

〈經法・名理〉認爲「道」存在於天地之間，莫見其形，莫知其名，卻是「有物」。〈道原〉對這樣的「有物」以「濕濕夢夢，未有明晦」描述其質性，實際上是站在「氣」的角度，推衍《老子》：「有物混成」的說法。

　　〈道原〉接著描述「道」和天地萬物的關係：「盈四海之内，又包其外。」是說天地包著萬物，「道」又包著天地，所以說「大以成大」；「在陰不腐，在陽不焦。」強調「道」能貫穿陰陽，入於「無間」，所以是「小以成小」；「天弗能復（覆），地弗能載。」天地不能覆載「道」，換句話說，是「道」覆載天地，使不墜沉。

　　在黃老學說中，「道」常常是透過形象化的描述，說明「道」不離於天地萬物，〈道原〉以「濕濕夢夢」〈十六經・觀〉以「一困」，類似氣的原始混沌狀態來描述「道」之原，基本上都是呈顯「道」不離於天地萬物、「有物」的思維。在《管子》相關的黃老作品中，也常見這種表述方式。

《管子·心術上》:「道在天地之間也,其大無外,其小無內。」此處「其大無外,其小無內」與帛書〈道原〉:「小以成小,大以成大。盈四海之內,又包其外。」是相同的說法。《管子·宙合》又以「宙合」說來形容「道」其大無外,其小無內的特性:

> 天地,萬物之橐也;宙合有橐天地,天地苴萬物,故曰萬物之橐。宙合之意,上通於天之上,下泉於地之下,外出於四海之外,合絡天地以為一裏。散之至於無閒,不可名而山,是大之無外,小之無內。故曰有橐天地。

馮友蘭認為「宙合」就是指「道」,天地包著萬物,「道」又包天地,所以「道」「至大無外」。「道」能入於「無間」,所以「其小無內」。這與帛書〈道原〉對「道」的描述:「小以成小,大以成大。盈四海之內,又包其外。在陰不腐,在陽不焦。」是相近的。但是稷下黃老之學係依據精氣的學說,賦予「道」以精氣的屬性,這種說法在帛書《黃帝書》並不明顯。〔註48〕此外,《管子·白心》說:「天或維之,地或載之;天莫之維,則天以墜矣;地莫之載,則地以沉矣。夫天不墜,地不沉,夫或維而載之也夫。」這個說法也與帛書〈道原〉:「天弗能復(覆),地弗能載。」以形象化詮釋「道」覆載天地的說法相同。

根據上述「道」的性質,我們可以進一步討論此「道」究竟屬於精神還是物質的問題。金春峰認為:「『道』究竟是物質還是精神,老子講得不明確,有些地方可以理解為氣,更多的地方則指先天地而存在的觀念。帛書對老子『道』的觀念進行了改造。在帛書中,『道』首先是指氣,是氣的原始的混沌狀態。」〔註49〕許抗生認為,帛書《黃帝書》的「道」,從老子思想中分化出來,但還未脫離客觀唯心論色彩,因此對「道」既「虛无形」卻又充滿天地之間,沒有確切的回答,到了《管子》〈心術上〉、〈心術下〉、〈白心〉、〈內業〉等四篇,才明確地肯定「道」是物質性的精氣或氣,將「道」的學說,奠定在唯物主義基礎上。〔註50〕鍾肇鵬以〈道原〉說:「一者其號也,虛其舍也,

---

〔註48〕 馮友蘭,《中國哲學史新編》第二冊(臺灣:藍燈文化,1991),頁225。又,馮友蘭以《管子》四篇精氣說,認為道是極細微的物質,就是靈氣、精、神、明。見同書,頁224。但是帛書《黃帝書》〈經法·名理〉說:「道者,神明之原也。」並沒有道等於神明的說法。

〔註49〕 金春峰,同注1,頁21。

〔註50〕 許抗生,〈略說黃老學派的產生和演變〉,《文史哲》(1979:3),頁72。

无爲其素也，和其用也。」認爲「道」既有「和」之用，就不是虛无所有，「道」之「虛」並非空無，而是无具體形象。〔註51〕這些說法都值得參考，但是這種詮釋角度還不夠完備。

總合來說，帛書《黃帝書》對「道」詮釋的特色，並沒有明顯地區分「道」是物質還是精神，這種詮釋特色並不是帛書《黃帝書》所特有，它其實也正反映在其他思想作品，特別是道家或黃老論「道」的特色。有學者針對中國哲學與西方哲學的思維作比較研究，其以中國道家哲學的「道」論爲例，認爲中國哲學並不把世界描述爲分離的兩個，即「道」不游離於我們唯一的現實世界之外。西方則是兩離，有一個可感的世界（經驗、現象界）以及另一個與之分離存在的不可感世界（理性，由概念的演繹所得的絕對眞理），後者即本體論所表達的純粹原理。中國哲學的「道」論從現代的觀點來看，「道」的含義有作爲萬事萬物總規律的意思。就這一點來說，「道」也被解說爲眞理。但是實際情況卻是，古人並沒有把「道」單純當成是認識的對象，人們倒是認爲，「道」是不可言說的東西。「對道的體察當稱之爲『境界』，而不是認識。」舉例來說，《管子·心術上》：「道在天地之間也，其大无外，其小无內。」這可以理解爲：從空間範圍內肯定「道」和天地萬物的一體性。《老子》說：「有物混成，先天地生，寂兮寥兮，獨立而不改，周行而不殆，可以爲天下母。吾不知其名，字之曰道。」又說：「道生一，一生二，二生三，三生萬物。」《莊子·大宗師》說：「自本自根，未有天地，自古以固存。」《老子》、《莊子》的意思是說：「道比天地萬物在時間上在先，又說道生萬物」，但是時間先後不足以成爲劃分現實和現實世界之外的兩個世界的標準；「道」生萬物，更不能成爲「道」脫離現實世界的理由，「生」的概念恰恰表達了「道」和萬物在同一個世界裏的思想。〔註52〕

總之，中國哲學的「道」論特色表現在追求境界，而不是追求純粹眞理，即以在現實生活中完善理想爲「道」的完成（道之行）。誠如帛書〈道原〉所說：

> 恒无之初，迵同大虛。濕濕夢夢，未有明晦。……故唯耵（聖）人
> 能察无刑（形），能聽无〔聲〕。知虛之實，后能大虛。乃通天地之

〔註51〕 鍾肇鵬，〈漢初黃老學派〉，收於任繼愈主編《中國哲學發展史》秦漢篇（北京：人民出版社，1985），頁109。
〔註52〕 俞宣孟，《本體論研究》（上海：上海人民出版社，1999）頁83～94。

精，通同而无間，周襲而不盈。服此道者，是胃（謂）能精。明者
固能察極，知人之所不能知，人服人之所不能得。是胃（謂）察稽
知極。

此段以氣的原始混沌狀態來詮釋道原，事實上正是強化「道」與天地萬物不
離的特性，作為萬物萬形之一的聖人也能通達「大虛」的道境，所憑正是聖
人通天地之精、通同而无間、周襲而不盈，能察稽知極的見知之稽。至於如
何通天地之精？〈經法・名理〉說：「道者，神明之原也。……神明者，見知
之稽也。」精，近於「神明」。〔註53〕可知聖人以神明作為與道「通同」的媒
介，這種神明的作用，與作為本體的認識對象並不相同，所以「見知之稽」
也不能從認識論來詮釋，這是把握帛書「道」論的重要關鍵。至於聖人與神
明的關係，以及神明的作用，下文有進一步的分析，將更能說明帛書「道」
論與物不離的一體性特色。

（二）一與神

〈十六經・成法〉說：「一者，道其本也。」〈經法・名理〉提到：「道者，
神明之原也。」一與神，究竟和「道」的關係如何？「一」與「道」，是等同
無間的，還是「道」在形名萬物的稱號？「神」與「道」的關係，神是人對
「道」的認識能力，還是人的智慧與「道」神妙作用的交融體現？對這個問
題的探討，主要在於進一步解析帛書《黃帝書》關於「道」的思維特色。

1. 一

有學者認為，在帛書《黃帝書》中，「道」又稱作「一」，「一」是黃老哲
學的最高範疇，理由是《老子》說：「道生一」（今本42章）帛書《黃帝書》
也認為「道」即是「一」，「一」獨立不偶，絕對无二，它既是宇宙發生的根
源，又是宇宙賴以存在的普徧規律。〔註54〕

但是，檢示帛書《黃帝書》討論「一」最多的篇章〈十六經・成法〉，此
章內容重點在討論形名，如「一名」、「一言」、「一者，道其本也，胡為而无
長？」都說明「一」與形名的關係更接近，似乎「一」是「道」在形名之學
中的代言。如果從這個角度來看，則「道」與「一」的關係，似乎還有間隙
可說：

〔註53〕陳鼓應，同注21，頁479注3。
〔註54〕同注51，鍾肇鵬，頁107。

> 昔天地既成，正若有名，合若有刑（形），□以守一名。上拴之天，
> 下施之四海。吾聞天下成法，故曰不多，一言而止。循名復一，民
> 无亂紀。（〈十六經・成法〉）

「一名」、「一言」，在此處指制定形名的總法則，掌握這個總法則，就可以發揮形名的功效，「上拴之天，下施之四海。」「一之解，察於天地，一之理，施於四海。」〈成法〉中的黃帝問力黑，如何有成法可以正民，力黑答以「循名復一，民无亂紀。」黃帝又問「一者，一而已乎？其亦有長乎？」所謂「有長」即問「一」是否具體可行，力黑答：

> 一以驕（趨）化，少以知多。

> 萬物之多，皆閱一空。

後者是從宇宙化生萬物觀點，說明萬物之多，出於「一空」（一孔）；前者是從「數」的衍化觀點，說明「數」之多，也是自「一」而趨（衍）化。最後總結：

> 罷（彼）必正人也，乃能操正以奇，握一以知多，除民之所害，而
> 寺（持）民之所宜。綷〈總〉凡守一，與天地同極，乃可以知天地
> 之禍福。

正人指公正者，「操正以奇，握一以知多」是公正執法的具體作為，所謂「操正以奇」，如〈經法・道法〉所說：「使民之恒度，去私而立公。變恒過度，以奇相御。正奇有立（位）。而名□弗去。」所謂「握一以知多」，主要在於透過形名以掌握萬物萬事之「多」，如〈經法・道法〉：「名刑（形）已定，物自為正。」最後結論「綷〈總〉凡守一，與天地同極」，更是以「知天地之禍福」為目的，這個說法與〈經法・道法〉：「故唯執〔道〕者能上明於天之反，而中達君臣之半，富密察於萬物之所終始，而弗為主。故能至素至精，怡（浩）彌无刑（形），然后可以為天下正。」相近，此段「上明於天之反，而中達君臣之半，富密察於萬物之所終始，而弗為主。」正是「綷〈總〉凡守一」的內容，所謂「守一」，並非无所作為，相反的，它是以通天地萬物人事為「一」，顯現「一」的真義。

> 夫為一而不化。得道之本，握少以知多；得事之要，操正以政（正）
> 畸（奇）。……抱道執度，天下可一也。（〈道原〉）

「一」為數之始、有形之初，為形名的總原則，這種說法在其它道家黃老作品中也可見，如《莊子・天地》說：「泰初有无，无以无名；一之所起，有一

而未形。物得以生，謂之德。」郭象注：「一者，有之初，至妙者也，至妙，故未有物理之形耳。」《淮南子・天文》：「道始於一」，同書〈原道〉說：「道者一立而萬物生矣」又〈詮言〉說：「萬物同出於一，……一也者，萬物之本也。」都與帛書《黃帝書》對道與一的說法相近。〈十六經・成法〉說：「一者，道其本也。」「一」的特性本於「道」，〈道原〉：「一者其號也。」「一」是「道」在萬物中的稱號，而「道」「有原而无端」（〈十六經・前道〉）、「无始而有應」（〈稱〉），「道」无端始，「一」可趨化，這都在某種程度說明「一」與「道」的差別。至少，從〈十六經・成法〉角度來看，「道」與「一」並非無間。

2. 神

在帛書《黃帝書》中，神與神明的說法也與「道」有密切的關係，〈經法・名理〉說：

> 道者，神明之原也。神明者，處於度之內而見於度之外者也。處於度之〔內〕者，不言而信。見於度之外者，言而不可易也。處於度之內者，靜而不可移也。見於度之外者，動而不可化也。動而靜而不移，動而不化，故曰神。神明者，見知之稽也。

此段首句先說「道」為「神明」本原，接著以有關「度」的內容解釋「神明」，最後說，見知的根據（稽）在於「神明」。雖然文中並沒有進一步說明「見知」的對象目的是什麼，但是從下文可推知，其「見知」目的在於根據「神明」，正確認知禍福死生變化。有學者以「神明」是指「精神智慧」，它成為人們認識能力的源泉和標準。神明又是「見知之稽」，是人的認識和知識的根據。〔註55〕也有學者以為帛書《黃帝書》並沒有將神或神明引申為人的思維作用（即精神或智慧），而是指「道」的神妙（神）及作用（神明）。〔註56〕這兩種說法其實都有可取之處，但是後者的詮釋較能突顯黃老「道」論的思維特色。因為，若依文本來分析，神與神明應該有兩個層次可說：第一層，「神明」似乎是指人透過對「度」的操作運用，與天地自然取得某種和諧，這可以說是人的精神智慧的呈現；第二層，最終天地與人達到交融无間、通同和諧的關係，而「道」的神妙作用交融影響於萬物，呈顯了「道」的神妙境界，所以說，這個「神」字在此處解為「道」的神妙及作用。

〔註55〕鍾肇鵬，同注51，頁109。
〔註56〕陳鼓應，同注21，頁233～235注1、7。

從另外相關的篇章中，我們也可以得出相近的看法，如〈道原〉說「道」：「精微之所不能至，稽極之所不能過。」但是，透過聖人「察稽知極」的工夫，「通天地之精，通同而无間，周襲而不盈。服此道者，是胃（謂）能精。」此處「精」指精微，所謂「服此道，是謂能精。」「服此道」與「能精」，當然是指聖人以智慧，達到通同天地精微的境界，正如〈經法・論〉所說聖人服「道」的工夫是：「素則精，精則神。至神之極。〔見〕知不惑。」由此可以證明，帛書《黃帝書》中的神與神明，其意含固不止於「道」的神妙作用（天地之精），還包括了「服道」、「能精」、「通同」天地之精的聖人智慧。但是這種聖人智慧（神明），並不能單一解釋爲人的認識能力和知識的根據，因爲「道」並非認識對象，而是一種境界，它更重要的是與天地自然通同、交融的神妙智慧呈顯這種道境。

張岱年曾說：「在古代道家哲學中，所謂神，所謂精神，所謂神明，是有更深一層的意義。不僅指人的精神，而是指天地的一種狀態，自然界的一種奇異的作用。」〔註 57〕這種將神、精神、神明混同的說法，事實上也正說明帛書《黃帝書》重視以人的智慧通同天地之精的思想。

人的智慧如何表現在通同天地之精？從前引〈經法・名理〉：「神明者，處於度之內而見於度之外者也。」可知是表現在如何運用「度」。

度，本是指日月星辰在周天行經的度數，如〈經法・論〉天明三「度、數、信」說；也指占驗吉凶的數術之說，如〈十六經・順道〉辨陰陽、數日月、志四時，天開以時、地成以財；還有從天道度數引申的「八正七法」（〈經法・論〉）、度量、權衡與法度（見〈經法・道法〉、〈四度〉、〈君正〉）。據學者研究指出〈十六經・立命〉所載黃宗（帝）四面，還是以模擬宇宙結構的「式」圖形式，表現「以黃帝居中宮，當斗位，周行十二位」的思維。〔註 58〕〈經法・名理〉所說：「處於度之內」似是指上述有關於「度」的內容，因爲其內容明確可稽，所以「不言而信」，可操作而得，所以「靜而不可移」。「見於度之外」是相對於明確可得的度數而言，指的是因天時、掌握時機，以爲動靜的判斷，〔註 59〕如〈十六經・前道〉所說的「治國固有前道，上知天時，

〔註 57〕張岱年，《中國古典哲學概念範疇要論》，同注 8，頁 233 引。
〔註 58〕同注 23。關於帛書《黃帝書》的數術內容，參見第二節。
〔註 59〕〈十六經・姓爭〉：「時反以爲幾（稽）」〈經法・四度〉：「周　（還）動作，天爲之稽。」

下知地利，中知人事。」的「前道」。前道既已決，所以「言而不可易」，「動而不可化」。「神明者，處於度之內而見於度之外」，意思可能是說：發揮「度之內」、「度之外」的神妙作用，就是人主通同天地萬物的智慧展現。通同天地萬物所展現的宇宙秩序與和諧境界，就是「道」的呈顯。

總之，神明是聖人見知「道」的智慧，「道」，「莫能見知」（〈名理〉），它是通過天道度數，與聖人的智慧（神明）相通，呈顯「道」的神妙作用。《鶡冠子・世兵》說：「道有度數，故神明可交也。」〔註60〕正說明「神明」包含了聖人的智慧與「道」神妙作用的交融體現。

從上述分析可以看出，帛書《黃帝書》通過「一」與「神」，呈顯「道」在天地萬物間的作用，同時也表現聖人參同天地以治國的智慧。《文子・自然》說：「夫道者……變化无常，得一之原，以應无方，是謂神明。」正是說明「道」與一、神之間微妙的關係。從道體來看，一、神明，不等於「道」，但是從道境來說，道是透過一與神明來呈顯道境的。

二、天道與理

帛書《黃帝書》主旨在於推「天道」以明人事，援天道之「理」以治國。所以有關「天道」和「理」的論述，在全書中占有極大的比重，是重要的理論架構。

（一）天　道

帛書《黃帝書》的天道思想，是以對天之逆順、觀陰陽之化變、用刑德為內容，以遵崇自然界規律為主軸，所展開的一套理論。〈十六經・姓爭〉說：「順天者昌，逆天者亡。毋逆天道，則不失所守。」同篇〈三禁〉說：「天道壽壽」〈姓爭〉：「刑德皇皇」、「天德皇皇」，順昌逆亡、壽壽、皇皇，正是說明作者對天道思想的遵崇。

帛書《黃帝書》的「天」指的是自然界的天，其規律稱為「天道」，包括日月星辰的運行、四時的變化、節氣的贏絀等，這是「天道」的本義，在本章第一節中已有詳細的論述。而以天道為準則，推天道以明人事，務時寄政者，也稱為天道或天道思想，此處所論，以廣義的天道思想為主，茲依帛書所論，約分其特色如下：

〔註60〕《鶡冠子・世兵》的「道」指天道，即有度數可稽之日月星辰的運行。

1. （陰陽）**不並立，不兩行**

帛書《黃帝書》認爲天地間存在著兩種既對立、互轉又循環的勢力，是天地生成、四時循環、萬物始生的主要因素，同時也是使自然界萬物產生終始、循環、變化、運動的本原：

　　陰陽備，物化變乃生。（〈十六經・果童〉）

　　天地之道，有左有右，有牝有牡。（〈稱〉）

　　天地之道，寒涅（熱）燥濕，不能並立；剛柔陰陽，固不兩行。兩
　　相養，時相成。（〈十六經・姓爭〉）

陰陽既對立又互轉，構成自然界萬物運動的基本定律。但是這種運動本身是客觀的，無意志無目的：

　　天地已成，而民生，逆順无紀，德瘧（虐）无刑。（〈十六經・觀〉）

　　天地〔已〕成，黔首乃生。莫循天德，謀相復（覆）頃（傾）。（〈十
　　六經・姓爭〉）

正如人，生於自然，也是一個自然體，所以「莫循天德」，有欲、有爭、爭而相傾，如〈經法・道法〉所說：「生有害，曰欲，曰不知足。生必動，動有害，曰不時……故同出冥冥，或以死，或以生；或以敗，或以成。禍福同道，莫之其所從生。」天也是一樣，日月星辰運行有贏絀，也會造成災害：〔註61〕

　　天固有奪有予。（〈十六經・兵容〉）

　　贏極必靜……贏極而不靜，是胃（謂）失天。（〈經法・亡論〉）

因應之道就是掌握天行的規律，因天時而動作，以「天刑」爲禁：

　　行非恒者，天禁之。爽事，地禁之。失令者，君禁之。……天道壽
　　壽……天有恒日，民自則之，爽則損命，環（還）自服之，天之道
　　也。（〈十六經・三禁〉）

　　逆節果成，天將不盈其命而重其刑。（〈經法・亡論〉）

　　靜作得時，天地與之，靜作失時，天地奪之。（〈十六經・姓爭〉）

以天刑爲禁，是消極的，積極面是「靜作得時，天地與之」，因天時而動作。

2. **極而反，盛而衰**

　　天行（日月星辰運行）有度數可稽，其以循環終始（以曆元履端於始）

〔註61〕有關日月星辰運行贏絀，造成災害說法，可參考本章第一節。

表現「極而反」的特性；四時有盛衰，其以陰陽變化，節氣贏絀，表現「盛而衰」的特性：

> 極而〔反〕者，天之生（性）也。（〈經法・論〉）

> 極而反，盛而衰，天地之道也。（〈經法・四度〉）

天行有極反，四時有盛衰，所以順天道而動作便不致有殃害：「春夏爲德，秋多爲刑」（〈十六經・觀〉）「夏起大土功，命曰絕理。」（〈經法・亡論〉）；春、夏、秋三時成功，冬爲刑殺：「天地之道，不過三功。功成而不止，身危又（有）殃。」（〈經法・國次〉）：「三時成功，一時刑殺，天地之道也。」（〈經法・論約〉）如果強擅天功，放縱心欲而行，必然遭受殃害：

> 過極失當，天將降央（殃）。人強朕（勝）天，慎辟（避）勿當。天反朕（勝）人，因與俱行。先屈後信（伸），必盡天極，而毋擅天功。
>
> （〈經法・國次〉）

「毋擅天功」，並不是不動作，而是因天時而動：「隋（隨）天地之從（蹤）。不擅作事，以寺（待）逆節所窮。」（〈十六經・順道〉）「人強勝天」是不被允許的，但是「天反朕（勝）人，因與俱行。」「天反」指「天時之反」，如〈十六經・姓爭〉所說：「明明至微，時反以爲幾（機）。」的「時反」，意思是：只要掌握天道循環復反的規律，因天時而行動，便得以「天誅」之正名，盡天極以伐當罪。

3. 无私，不息

天地生養萬物，四時循環變化，日月星辰的運行，本是自然界客觀規律，無意志、無目的，〈經法・國次〉說：「天地无私，四時不息。」正因爲无私與不息，所以成爲聖人效法的對象：

> 天地无私，四時不息。天地立（位），耶（聖）人故載。（〈經法・國次〉）

「天地无私」表現於「天地」是民的父母，如〈十六經・觀〉敘述民之生食得於天地，「弗因則不成，〔弗〕養則不生。」〈十六經・果童〉說：「民卬（仰）天而生，侍（待）地而食。以天爲父，以地爲母。」聖人效法天地生養人民，就是具備「天地之德」。

「四時不息」，表現在「三時成功，一時刑殺」（〈經法・論約〉）死而復生的循環，〈十六經・觀〉說：「春夏爲德，秋多爲刑。先德后刑以養生。」

刑、德是一種與陰陽概念有關的擇日術，〔註62〕它相應於天地之動靜，又稱爲天刑與天德，德主養、刑主殺：

> 刑德皇皇，日月相望，以明其當。望失其當，環視其央（殃）。天德皇皇，非刑不行。繆（穆）繆（穆）天刑，非德必頃（傾）。刑德相養，逆順若成。刑晦而德明，刑陰而德陽，刑微而德章。其明者以爲法，而微道是行。（〈十六經·姓爭〉）

刑德交替循環，表現逆順有紀的宇宙秩序。其次說明刑德與陰陽關係，主張執政者順應刑德規律。〈經法·道法〉說：「天地之恒常，四時、晦明、生殺、輮（柔）剛。」晦明、生殺、柔剛，基本上也是與陰陽刑德有關的概念。這都是表現帛書對陰陽數術的重視。

4. 上虛，下靜

蓋天說的宇宙觀，認爲天圓地方，天就像是一個圓形鍋蓋，四方有大絭，繫著大地（地維）。日月星辰的運行是以斗極爲中心，循環運行。〔註63〕帛書《黃帝書》的宇宙觀，也是屬於天圓地方的思維。〔註64〕本文第一節曾提到「天有恒絭，地有恒常」（〈十六經·果童〉、〈行守〉），「天有恒絭」即「地維」；〈十六經·立命〉的「黃帝四面」，以及四方十二位，與模仿宇宙結構的式盤有關。式盤的操作也是模擬天地，有上、下兩盤，上面圓的叫天盤，下面方的叫地盤。天盤以北斗七星爲中心，操作時是握住地盤，轉動天盤，與地盤辰時相應，《淮南子·天文》：「堪輿行雄以知雌」，堪是天道，相當於式盤中的天盤，輿是地道，相當於式盤中的地盤。〔註65〕透過對式盤操作的了解，可知「天圓地方」的說法是以天爲動、地爲靜，天行地靜的思維，在帛書《黃帝書》則稱之爲「上虛下靜」：

> 上虛下靜而道得其正。（〈道原〉）

上虛，指天行，下靜，指地靜。《管子·心術上》：「天之道虛，地之道靜。虛而不屈，靜則不變。」「虛而不屈」語出《老子》：「虛而不屈，動而愈出。」

〔註62〕詳見本章第一節。

〔註63〕如《晉書·天文志》：「天象蓋笠，地法覆槃。」所載「周髀家云」，即「天圓地方」說。參鄭文光，《中國天文學源流》（臺灣：萬卷樓圖書公司，2000）頁215～220。

〔註64〕葛兆光以包含帛書《黃帝書》的黃帝之學，其宇宙論所陳述的是「天圓地方的蓋天說」。同注3，頁205。

〔註65〕嚴敦傑，同注4，頁334～335。

（今本 5 章）虛，依《老子》所說，它是一切變動之所出，但是本身卻非實體。這樣的「虛」，就像《莊子·齊物論》所說的「道樞」:「樞，始得其環中，以應无窮。」又像《文子·上德》解釋《老子》:「三十輻共一轂，當其无，有車之用。」（今本 11 章）時說:「轂虛而中立……天行不已，終而復始，故能長久，輪復其所轉，故能致遠。」轂「虛」，中立爲樞，使天行不已，正像蓋天說的「斗極」，又像式盤用以轉動天盤的樞軸。至於「下靜」，則是相應於天圓地方說，像式盤的方形下盤，比喻大地穩定不動。

> 地俗德以靜，天正名以作。（〈十六經·果童〉）

> 正以侍（待）天，靜以須人。（〈十六經·正亂〉）

「天正名以作，地俗德以靜」，聖人法天地，故曰:「正以侍（待）天，靜以須人。」

與天作、地靜相近的思想，還有天陽、地陰，天有明、地有財等說法:

> 天有明而不憂民之晦也。〔百〕姓辟（闢）其戶牖而各取昭焉。天无事焉。地有〔財〕而不憂民之貧也。百姓斬木荆（刈）新（薪）而各取富焉。地亦无事焉。」〈稱〉）（按:此段與《慎子·威德》內容相同，文句順序與用辭略異。）

> 天陽地陰……上陽下陰……予陽受陰。諸陽者法天，天貴正…諸陰者法地，地〔之〕德安徐正靜…。（〈稱〉）

帛書作者認爲，天爲陽，明明可法（如日月星辰運行有其規律），百姓只要因時而作，不擅天功，天乃无事不爲災;地爲陰，陰者主靜，如地有財，百姓盡地力之宜而各取富。這也是天時以作、地德（有財）以靜的天地之道。

天地之道，雖各有其靜作之功，但是帛書作者仍以天之道爲宇宙秩序準則，推天道以成地物、明人事，〈經法·君正〉說:「人之本在地，地之本在宜，宜之本在時。」時，指天時。如前所述，式盤的操作是爲了掌握天時，此處以天時爲地利、人事之本，正顯見帛書作者對天道數術的重視。《荀子·天論》有一段批評數術「求知天」的說法，可以用來說明帛書所謂「知天」的具體意含，文曰:「列星隨旋，日月遞炤，四時代御，陰陽大化，風雨博施，萬物各得其和以生，各得其養以成。不見其事而見其功，夫是之謂神。皆知其所以成，莫知其無形，夫是之謂天。唯聖人爲不求知天。」從這段內容可以看出，所謂「知天」，正是通過對具體天道數術規律的掌握，包括列星、日月、四時、陰陽等的運行規律，以作爲建立統治秩序的依據。只是荀子認爲

聖人不求知天，不主張對天道數術過度依賴，帛書卻主張「知此道，地且天，鬼且人。」（〈十六經·前道〉）這或許正可以說明儒家與黃老道家對「天」不同的態度。

（二）理

道，是事物規律的總源；理，指的是各別事物的內在規律，理是道在萬物的分化，如《韓非子·解老》所說：「萬物各異理，而道稽萬物之理。」。

帛書《黃帝書》的「道」，具有「天道」性質，同時以「理」的概念溝通「刑（形）名」，通過「道與理」、「理與刑（形）名」、「刑（形）名與法」的辯證思維，確立「法」的正當性與價值根源。以「理」代替舊傳統的「禮」，成為當時代一種新的價值與秩序準則。帛書作者認為：「物有不合於道者，胃（謂）之失理。」（〈經法·論〉）、「主執度，臣循理」（〈經法·道法〉）、「循名究理」（〈經法·名理〉），都是強調以「理」作為執法根據。

帛書《黃帝書》四篇中，除了〈道原〉沒有討論「理」，其他三篇「理」的探討集中於〈經法〉，共 28 次，〈十六經〉2 次，〈稱〉3 次。〈經法〉有天理、道之理、名理、人事之理，對「理」的探討較全面，〈十六經〉將「理」與「一」聯繫，是〈經法〉道與理關係的另解。〈稱〉中的「地之理」、「制人而失其理，反制焉。」不具特殊哲理，故略之。以下分別論述天理、名理與人事之理。

1. 天　理

「天理」，包括道之理、天理、一之理，都具有天理的意含，基本上，天理與天道在同一層次，兩者都以「道」為本原，但是從實務來說，「天道」強調總體，「天理」重在分化，「理」的概念主要用於溝通刑（形）名，「道」（天道）的思維主要在於統合事物，〈經法·道法〉說：「主執度，臣循理。」度，指有度數內容的天道，從此處可以看出天道與理互為主從的關係。

天理又稱為天地之理，常與天地之道並提，如〈經法·論約〉：

> 始於文而卒於武，天地之道也。四時有度，天地之李（理）也。日月星辰有數，天地之紀也。三時成功，一時刑殺，天地之道也。四時時而定，不爽不代（忒），常有法式，□□□，一立一廢，一生一殺，四時代正，冬（終）而復始。〔人〕事之理也，逆順是守。

此段分為三部分：第一部分，說明文武、成功刑殺的「天地之道」，其規律是

「一立一廢，一生一殺」。第二部分，說明四時有度、日月星辰有數的「天地之理」，其規律是「四時代正，冬（終）而復始」。第三部分，「四時時而定，不爽不代（忒），常有法式。」說明天地之道與天地之理，都有可循的規律準則（法式）。最後以「〔人〕事之理也，逆順是守」，總結人事之理。此處「天理」的內容，包括「四時有度」、「日月星辰有數」，說明天道以度數表現其內在規律（天理）。

逆順合宜謂之天理：

> 執道循理，必從本始，順爲經紀，禁伐當罪，必中天理。（〈經法‧
> 四度〉）

順，指順天道而動（「順者，動也。」）；當罪，是指犯禁絕理而遭天誅、天刑者（〈經法‧亡論〉）。「順爲經紀，禁伐當罪，必中天理」，強調順天道而伐當罪，是合於天理的。與天理有關的用語還有天當、天極等，它們都與天道度數有關（參本章第一節），可以說是從不同角度強調法天道的重要性。

還有，將「理」與「一」聯繫起來：

> 事恒自㐬（施），是我无爲。靜翳不動，來自至，去自往。能一乎？
> 能止乎？能毋有己，能自擇而尊理乎？紆也，毛也，其如莫存。萬
> 物群至，我无不能應。（〈十六經‧？〉）

「毋有己」即「我无爲」；自擇，整理小組解爲「得之於己」，其意當指「見知」虛无有的智慧（參前文「神明」之說），見知虛无有，意謂能體「道」，所以說「自擇而尊理」。我无爲、一、自擇與尊理，都是描述體道之境。參照下文「萬物群至，我无不能應。」這裏的「理」應是指萬物之理。

> 吾聞天下成法，故曰不多，一言而止。循名復一，民无亂紀。……
> 一之解，察於天地。一之理，施於四海。何以知糾之至，遠近之稽？
> （〈十六經‧成法〉）

此章「一之理」與「一之解」對文，兩句文義相近。「一之解，察於天地」，與下文「遠近之稽」對照，解，迹也、大遠也，全文意旨強調「一的縱迹，遠近皆存。」；〔註66〕「一之理，施之四海」，與下文「知糾之至」對照，糾，

〔註66〕陳鼓應將「解」釋爲「縱迹」（《廣雅‧釋詁三》：「解，迹也。」）「一之解，察於天地」意思是「道的縱迹，可以至於天地。」同注21，頁353。此解與《文子‧道原》：「一之嘏，察於天地」，嘏有「大遠」（《說文》）之意，可以參照。

指體圓循環無端，〔註 67〕全文意旨強調「一之理，循環無端沒有至極。」余明光以「一之理」爲「道之理」，〔註 68〕這個「理」，還應當強調是循環無端的天道之理（規律）。

2. 名　理

名理一辭，只出現於〈經法・名理〉。金春峰以爲此處名理只能依「循名究理」來講，指的是社會、政治的是非公平，與刑（形）名有關，但是並非邏輯的名理學，〔註 69〕所說極是。〈經法・名理〉專章探討「名理」，此章有關名理與形名、法的根源依據關係大致如下：

> 名理之誠（唯公无私）　→　刑（形）名（舉物之終始）　→　法（斷是非曲直）

名理即循名究理，它是執道者定刑（形）名、執法的依據：

> 故唯執道者能虛靜公正，乃見□□，乃得名理之誠。（〈經法・名理〉）

名理即循名究理，誠，實也。得名理之誠即得名理之實。公正无私、虛靜，是執道者循名究理的大原則。循名究理可分兩部分，一是舉物之終始，即定刑（形）名；刑（形）已定，物自爲正，然後以法斷是非曲直：

> 故執道者之觀於天下，□見正道循理，能與（舉）曲直，能與（舉）冬（終）始。故能循名廄（究）理。（同前引章）

終始在此指事物之終始，即〈經法・道法〉所說：「名刑（形）已定，物自爲正」，「富密察於萬物之所終始」。

> 是非有分，以法斷之。虛靜謹聽，以法爲符。（同前引章）

總之，名理即循名究理，它以公正无私爲特質，是執道者定刑（形）名、執法的重要根據。

3. 人事之理

人事之理本於天地之道：

> 極而反，盛而衰，天地之道也，人之李（理）也。（〈經法・四度〉）

天地之道以極而反、盛而衰爲規律，人事之理亦有此規律。但是事物之理各異，個別之理並不能與天地之道等同視之，所以〈四度〉接著說：

〔註 67〕帛書整理小組引《說文》：「紃，圓采也。」說明「知紃之至」，意謂「紃」，體圓，循環無端，故不知其至。

〔註 68〕余明光，同注 17，附錄一《黃帝四經》注釋，頁 308

〔註 69〕同注 1，頁 43～44。

逆順同道而異理，審知逆順，是胃（謂）道紀。（〈經法・四度〉）

雖然「道」不從屬於個別事理，但是「道」爲萬理之所稽，個別事理也應守「道」而行，這就是逆順與「理之所在」的關係：

> 物各□□□□胃（謂）之理。理之所在，胃（謂）之□。物有不合於道者，胃（謂）之失理。失理之所在，胃（謂）之逆。（〈經法・論〉）（按：前缺空處依上下文義，當作「合於道者」；後缺空字，整理小組以爲「或是『順』字」。）

文中以「理之所在」與否，來判斷逆順。理之所在，意謂行事合宜，則事可成，如〈經法・論約〉所說：「〔人〕事之理也，逆順是守。……順則生，理則成，逆則死，失□□名。」順則生，逆則死，逆順與死生有關，行事依於理，是非常重要的。

逆順合於理，與刑（形）名有關：

> 逆順有理，則請（情）僞密矣。（〈經法・論〉）

> 逆順死生，物自爲名。名刑（形）已定，物自爲正。（〈經法・道法〉）

> 審觀事之所起，審其刑（形）名。刑（形）名已定，逆順有立（位），死生有分，存亡興壞有處。然后參之於天地之恒道，乃定禍福死生存亡興壞之所在。是故萬舉不失理，論天下而无遺筴。（〈經法・論約〉）

上述三段引文，強調定刑（形）名是判斷行事逆順合理與否的重要標準。刑（形）名已定，行事逆順有了分際，這樣就可以客觀面對萬事萬物死生、存亡、興壞的種種變化。然後參之於天地恒道，爲行事結果（包括禍福、死生、存亡、興壞）定其原因，此二句與〈經法・道法〉：「反索之无刑（形），故知禍福之所從生。」意思相近，反索之无刑（形），便是參天地恒道之意。結論說「萬舉不失理，論天下而无遺筴」，此處的「理」，包含審逆順、定刑（形）名以及參天地之理，亦即人事之理、名理與天理都具備了。

三、刑（形）名與法

刑（形）名說是帛書《黃帝書》之類的黃老道家談論治道的重要理論，刑（形）名說以天道思想爲根源，通過「理」的概念，將道與法接軌，確立「法」的價值與地位。和同樣講法的法家相較，法家則是通過刑罰法令來講法（如《商君書》、《韓非子》），這是兩者的不同。

（一）刑（形）名

帛書《黃帝書》的刑（形）名理論本於天道觀，認爲萬物先有形，有形而後有名。名從屬於物形，有實才有名，反之，名進實退、名實不相應則生爭：

> 有物將來，其刑（形）先之。建以其刑（形），名以其名。（〈稱〉）

> 名功不相抱（孚），名進實退，是胃（謂）失道，其卒必□身咎。（〈經法·四度〉）

> 達於名實〔相〕應，盡知請（情）僞而不惑。……名實不（「不」字疑行）相應則定，名實不相應則靜（爭）。（〈經法·論〉）

「名」，是人文建制的表現。物形下生，本來无名：

> 有物始□，建於地而溢（溢）於天，莫見其刑（形），大盈冬（終）天地之間而莫知其名。莫能見知，故有逆成，物乃下生，故有逆行。禍及其身。（〈經法·名理〉）

帛書作者持人性自然觀點，認爲物形因天地陰陽氣化下生，本來无名。物形无名，無逆順之紀，彼此因欲而生爭，所以有逆行，禍便由此而生。刑（形）名的規範，是爲了解決逆行生爭的現象：

> 生有害，曰欲，曰不知足。生必動，動有害，曰不時，曰時而□。動有事，事有害，曰逆，曰不稱，不知所爲用。……禍福同道，莫知其所從生。……刑（形）名已立，聲號已建，則无所逃迹逆正矣。
> （〈經法·道法〉）

物形生爭，自然有立名的需要；事動有聲聞，則建名號以定位（號，指名位。《國語·周語》：「號，名位也。」），一切人文建制的開展都是出於自然。同篇〈道法〉又說：「虛无有，秋稿（毫）成之，必有刑（形）名。」「天下有事，无不自爲刑（形）名聲號矣。」「凡事无小大，物自爲舍。逆順死生，物自爲名。」〈經法·論〉說：「勿（物）自正也，名自命也，事自定也。」聖人因循事物發展之必然，以定刑（形）名，則物自正。

令物自正的刑（形）名必須以天道爲法，才成其爲无私公正的標準：

> 天建〔八正以行七法〕，……七法各當其名，胃（謂）之物。（〈經法·論〉）

天有七法以行，七法的性質，包括明以正、適度、有期信、極而反、有必然性（原文缺損二項），事物之形名若能符合天道七法，就像融入宇宙秩序一般，成爲天地自然循環的一部分：

> 刑名出聲，聲調實合，禍材（災）廢立，如景（影）之隋（隨）刑
> （形），如向（響）之隋（隨）聲，如衡之不臧（藏）重與輕。（〈經
> 法・名理〉）

刑（形）名合於天道，則行事就會像自然的定律：如影之隨形，如響之隨聲，
又如衡以呈現輕重，展現公正无私的精神。

三名：正名、倚名、无名，是人主審察事理以為行動的標準：

> 三名：一曰正名一曰立（位）而偃，二曰倚名法而亂，三曰強主威
> （滅）而无名。三名察則事有應矣。（〈經法・論〉）

《管子・樞言》：「名正者治，名倚者亂，無名者死。故先王貴名。」說法與
之相似。〈心術上〉：「名者，聖人之所以紀萬物也。」帛書〈道原〉也說：「分
之以其分，而萬民不爭。授之以其名，而萬物自定。」審名，是人主重要的
領導統御術，所以說「先王貴名」。審名的實際操作，對內以明分，使君臣有
位、賢不肖有立；對外定名，待時而動作（〈經法・四度〉）。

三名是以正名為標準，合於名實相應、名功相抱（孚）（〈經法・四度〉），
是謂正名。倚，是「不正」的意思，倚名，指用名不當。如《申子・大體》
所說：「昔者堯治天下也以名，其名正則天下治。桀之治天下也亦以名，其名
倚而天下亂。」是用名不當之例。无名，則是強行欲，受天刑以死。

正名，常與「刑、伐」相提，對外征伐必須循名以為行動準則，如：「謹
守吾正名，毋失吾恒刑，以視（示）後人。」（〈十六經・正亂〉）「動作循名，
其事若易成。……動作爽名，是以僚受其刑。」（〈十六經・姓爭〉）正名又以
「立（位）而偃」為節制。立（位），指得位，偃，息也（《廣韻》），指息兵。
〈稱〉說「提正名以伐，得所欲而止。」意思與之相近，依〈稱〉之意，解
釋「立（位）而偃」，當是指征伐有道，不濫刑之意。

倚名，倚，不正。倚名法而亂，是指用名不當而亂紀。倚名之例，在帛
書並沒有直接點明，但是基本上與〈稱〉：「案法而治則不亂」所說相當，〈經
法・國次〉提到「變故亂常，擅制更爽，心欲是行」的「五逆」，也可以是倚
名法而亂之例。〈十六經・前道〉也說：「〔名〕正者治，名奇者亂。正名不
奇，奇名不立。」此處「奇名」即倚名。〔註70〕亂，謂亂常、亂紀。

无名，指「強主滅而无名」。強主滅，強主指強國，滅，指遭天刑。凡虛
張聲勢、強伐弱、不待天時而作，都將成為被討伐的對象：

〔註70〕奇，整理小組以「疑讀爲倚」，與倚名說法同。

母爲虛聲。聲溫（溢）於實，是胃（謂）威（滅）名。（〈經法・四度〉）

養其所以死，伐其所以生。伐其本而離其親。伐其與而□□□，後必亂而卒於无名。（〈經法・名理〉）

國舉襲虛……其事若果成，身必无名。（〈經法・名理〉）

功溫（溢）於天，故有死刑。功不及天，退而无名。功合於天，名乃大成。（〈經法・論約〉）

滅名、无名，是指失去正當性，帛書強調行事合於名實相應、名功相抱（孚），即使強凌弱，事雖成，也會失去正當性而遭天刑，如〈經法・亡論〉所說：「逆節果成，天將不盈其命而重其刑。」更重要的，還要合於天。合於天是指「因天時，與之皆斷。」（〈十六經・兵容〉）反之，過與不及，都有災害，功溢於天則有死刑，不及天則无名。

（二）法

帛書言「法」，包括法度與刑罰，但是主要是指「法度」，刑罰只是法度的內容之一。

〈經法・道法〉以「道法」名篇，首句亦曰「道生法」，點出帛書《黃帝書》將「道」與「法」聯繫的用心。帛書作者將「法」的根源與「道」聯繫，目的在於突顯「法」具有「道」的性質。帛書中所言的「法」，通稱法度，如〈經法・道法〉說：

道生法。法者，引得失以繩，而明曲直者殹（也）。故執道者，生法而弗敢犯也，法立而弗敢廢也。

同篇〈君正〉也有相同說法，但是以法度稱之：

法度者，正之至也。而以法度治者，不可亂也。而生法度者，不可亂也。

〈道法〉所說「道生法」，強調「法」的根源來自「道」，這個「道」，有兩重意義，一是指有天道度數的天之道，透過天道度數定輕重度量；一指宇宙秩序的總源，如〈道原〉的「道」，「道」莫可見知，人主以察稽知極的智慧，建立參於天地的總法度（或法則），這樣的「法」，接近〈十六經・成法〉所說「一言而止」的「成法」。

這種「道生法」的雙重意含，在〈經法・四度〉中說得很清楚：

> 規之内曰員（圓），柜（矩）之内曰〔方〕，〔縣〕之下曰正，水之
> 曰平。尺寸之度曰小大短長，權衡之稱曰輕重不爽，斗石之量曰小
> （少）多有數。八度者，用之稽也。

《管子·七法》也有相近的說法：「尺寸也，繩墨也，規矩也，衡石也，斗斛
也，角量也，謂之法。」此處將這些實用的法度稱爲「法」，這種法度的來源，
根據具體的天道度數，如《淮南子·天文》說：「古之爲度量、輕重，生乎天
道。」同書〈時則〉清楚地說：「陰陽，大制有六度，天爲繩，地爲準，春爲
規，夏爲衡，秋爲矩，冬爲權。」將法度的制定和曆數、節候等具體的天道
結合起來。

另外，法度又有類似「成法」一類性質，含有總法度的意思。上引〈四
度〉之文接著說：

> 日月星辰之期，四時之度，〔動靜〕之立（位），外内之處，天之稽
> 也。高〔下〕不敝（蔽）其刑（形），美亞（惡）不匿其請（情），
> 地之稽也。君臣不失其立（位），士不失其處，任能毋過其所長，去
> 私而立公，人之稽也。（〈經法·四度〉）

稽，根據。天之稽，意謂以天爲根據，爲法則。綜上引文，是融合法天、法
地、法人爲「一」的總法度，這個「一」，相當〈道原〉所說人主「抱道執度，
天下可一也。」所體現的道境。

「法」爲總法度之說，還可以《戰國策·魏策二》爲例，此篇載惠施對
梁惠王說：「臣聞之，王者得度，而霸者得計。」「度」相對於「計」而言，
是指全面地的政策方針，非一時權宜之計，此「度」之義，與前述總法度的
意思相近。

從以上分析可知，「道生法」具有雙重意含，「道」有天道度數以及道境
之分，法也有輕重度量以及合天地人爲一的總法度兩種說法。《管子·輕重己》
巧妙地將兩種層次結合，可以作爲對照：

> 清神生心，心生規，規生矩，矩生方，方生正，正生曆，曆生四時，
> 四時生萬物。聖人因而理之，道徧矣。

前八句描述「心生規矩」，意思是說將宇宙規律加以整合運用，定爲制度以爲
實用，這種說法相當於「（天）道生法」，指的是人們根據天道度數制定法度；
結語二句「聖人因而理之，道徧矣。」理，以達於道境爲準則，是對人文建
制的整體思考與歸納，這種說法相近於「道（境）生法」。

　　〈經法・論〉也有類似的說法:「天執一,明三,定二,建八正,行七法……
〔天〕定二以建八正,則四時有度,動靜有立(位),而外內有處。……七法
各當其名,胃(謂)之物。」這是從「(天)道生法」的角度來說,接著「物
各□□□□胃(謂)之理。理之所在,胃(謂)之□。」(按:前面缺空爲「合
於道者」,後面缺空爲「順」字。)「物各合於道者,謂之理。」是說物以順
理爲合道,推論之,意思是聖人參天地之恒道,因物之理(合天理、名理、
人事之理),故能「萬舉不失理,論天下而无遺笑。」(〈經法・論約〉)達到
帛書所說的道境。將〈經法・論〉與《管子・輕重》說法圖示之:

《管子・輕重》思維圖示:

帛書《黃帝書》〈經法・論〉思維圖示:

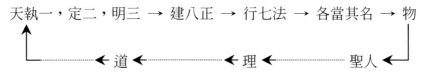

　　說明:實線表示天道生法,虛線表示合於道境方向。

　　由圖表參照,可以看出兩者思維相近處。值得注意的是,上面實線路向,
與下面虛線方向,兩者是相通的,相通的媒介,是聖人。帛書〈十六經・觀〉
說:「天道已既,地物乃備。散流相成,耴(聖)人之事。」這是聖人法天道
制法度,〈道原〉:「乃通天地之精,通同而无間,周襲而不盈。」則說明聖人
服「道」以理萬物,使萬物與天地合一,展現周襲不盈的宇宙秩序。周,指
環周。如上圖示,通同則循環无間。《管子》有關聖人理萬物之說,固不止於
〈輕重〉,如〈心術上〉等四篇以及黃老道家作品,都有更精進的發揮,此略
不論。但是,雖然上述思維有相同處,也有相異點,如〈經法・論〉著重在
以天道爲內容的宇宙秩序,其層層開展的路逕可以清楚地掌握,《管子・輕重》
則略以「四時生萬物」帶過,突顯的是「清神與心」,兩者各有偏重。

　　帛書法度的內容,有關輕重度量者,如前引〈經法・四度〉之例,同篇
〈道法〉亦有:

　　　　斗石已具,尺寸已陳,則无所逃其神。故曰:度量已具,則治而制

之矣。……輕重不稱，是胃（謂）失道。

強調人主以客觀標準表現一體公正的規範性。有關總法度的內容，除前引〈四度〉外，〈道法〉亦有相近內容，如：

> 天地有恒常，貴賤有恒立（位），畜臣有恒道，使民有恒度。

接著陳述具體內容：

> 天地之恒常，四時、晦明、生殺、輮（柔）剛。萬民之恒事，男農，
> 女工。貴賤之恒立（位），賢不宵（肖）不相放（妨）。畜臣之恒道，
> 任能毋過其長。使民之恒度，去私立而公。

這些法度是人主以合於天、地、人所理出的總法度。另外，〈經法‧君正〉也提到具體的法度，包括「知地宜，須時而樹，節民力以使」、「賦斂有度」、「號令成俗」以及「刑伐（罰）」等。

　　帛書的法度，以其根源於「道」，強調其公正无私，已如前論；同時，法度也有其獨立性，「執道者，生法而弗敢犯殹（也），法立而弗敢廢〔也〕。」（〈經法‧道法〉）「法度者，正之至也。而以法度治者，不可亂也。而生法度者，不可亂也。精公无私而賞罰信，所以治也。」（〈經法‧君正〉）生法度者而弗敢犯，表現出帛書作者要求人主尊重法度的獨立性。

　　刑罰，在帛書《黃帝書》中只是「法度」內容之一，如上引「賞罰信」一段，就是將刑賞置於法度內容之下，與《商君書》、《韓非子》等法家強調刑罰為治國要務有不同。〈十六經‧三禁〉有「三禁」之說，屬於廣義刑罰的內容，全章主旨強調「犯禁絕理，天誅必至。」三禁，以天禁、地禁、君禁為原則，內容包括：「行非恒者，天禁之。爽事，地禁之。失令者，君禁之。」天禁是論述天道的禁忌，強調取法天道規律的重要性，君王與人民都必須遵循，所以說：「王公慎令，民知所（由）。天有恒日，民自則之，爽則損命。」地禁是強調君王尊重自然環境與時令，不要違背時令、濫興土木，文曰：「地之禁，不〔墮〕高，不曾（增）下，毋服川，毋逆土毋逆土功，毋壅民明。」君禁是講君王必須謹慎立教令，同時人民也必須遵守此教令，所以說：「王公慎令」、「失令者，君禁之。」

四、陰陽理論

　　帛書《黃帝書》的陰陽理論包括在天道思想以及數術的陰陽刑德，前面已經論及（本節二以及第一節）。本文著重在陰陽理論的建構、陰陽在客觀實

體以及事物屬性的具體內容，[註71] 還有「六柄」說對陰陽理論的推衍運用，通過具體的實例歸納，可以較清楚地理解帛書對陰陽的規定。

（一）陰陽說

1. 萬物生成的本原

陰陽，指客觀存在的質料或要素，它源自未成具體事物的混沌一氣（〈十六經・觀〉說：「一囷」，〈道原〉描述爲「濕濕夢夢，未有明晦」），陰陽分化，天地萬物始生成：

> 陰陽備，物化變乃生。（〈十六經・果童〉）

> 群群□□□□□□爲一囷……今始判爲兩，分爲陰陽。離爲四〔時〕，□□□□□□□□□□□□□因以爲常，其明者以爲法而微道是行。行法循□□□牝牡，牝牡相求，會剛與柔。柔剛相成，牝牡若刑（形）。下會於地，上會於天。得天之微，時若□□□□□□□□□，寺（待）地氣之發也，乃夢（萌）者夢（萌）而茲（孳）者茲（孳），天因而成之。（〈十六經・觀〉）

從混沌未明的氣，繼而分爲陰陽、離爲四時、剛柔相成，最後產生萬物。這是從宇宙發生論來說。若就陰陽氣化生物觀點分析，陰陽是以氣的型態存在於天地間，二氣交感而生物，如上引：「下會於地，上會於天。得天之微，時若□□□□□□□□□，寺（待）地氣之發也，乃夢（萌）者夢（萌）而茲（孳）者茲（孳），天因而成之。」[註72] 若從萬物繁衍的觀點來看，陰陽生物是透過牝牡、剛柔等具備陰陽實體的事物，經過相求、相會，達到生物的目的。

2. 不斷運動變化的客觀實體

陰陽是具有對待、統一、變化功能的客觀實體。自然界萬事萬物不斷變化，就是源於陰陽的運動本質。陰陽始終處於不斷的運動變化狀態，換言之，運動變化的本身，就是陰陽存在的方式。就陰陽的互相對待來說，自然界、

[註71] 本文分陰陽理論爲三類，類別名稱參考張立文，《中國哲學範疇發展史・天道篇》（北京：人民大學出版社，1988），頁261～264。

[註72] 「地氣之發」，與「得天之微」相對文，描述天地陰陽二氣交感而生物。這段文意與《莊子・田子方》相似：「至陰肅肅，至陽赫赫，肅肅出乎天，赫赫發乎地，兩者通成和而物生焉。」宣穎注前四句曰：「陰陽互爲其根」指的是天、地間的陰陽氣對立互轉。最後「兩者通成和而物生焉」。

社會、人身，都具有陰陽互相對待的兩種勢力：

> 觀天於上，視地於下，而稽之男女。夫天有榦，地有恒常。合□□
> 常，是以有晦有明，有陰有陽。夫地有山有澤，有黑有白，有美有
> 亞（惡）。地俗德以靜，而天正名以作。靜作相養，德瘧（虐）相成。
> 兩若有名，相與則成。陰陽備，物化變乃生。（〈十六經‧果童〉）
>
> 天地之道，有左有右，有牝有牡。（〈稱〉）
>
> 牝牡相求，會剛與柔。柔剛相成，牝牡若形。（〈十六經‧觀〉）

晦明、陰陽、山澤、黑白、美惡、動靜、左右、牝牡、剛柔、男女，這些事
物相互對待，卻又在對待中包含統一與變化。這就是〈果童〉所說：「兩若有
名，相與則成」，天地間事物相互對立又相輔相成，就是透過陰陽二氣相互作
用，使萬物不斷在運動、變化而生生不息。〔註73〕〈十六經‧姓爭〉也對刑
德作陰陽的規範：「刑晦而德明，刑陰而德陽。」刑德也是相互對立，又相養
相成的關係，所以說：「刑德相養，逆順若成。」

　　陰陽運動的規律是：壹晦壹明（〈經法‧論〉）、一立一廢、一生一殺（〈經
法‧論約〉）。天地事物能夠恒常運行，也是遵循陰陽運動規律，如〈經法‧
道法〉說：「天地之恒常，四時、晦明、生殺、輮（柔）剛。萬民之恒事，男
農，女工。貴賤之恒立（位），賢不宵（肖）不相放（妨）。畜臣之恒道，任
能毋過其所常。使民之恒度，去私而立公。變恒過度，以奇相御。」總之，
陰陽存在於客觀實體中，它以對立、統一、變化等功能，呈顯其動態的本質。

3. 一切客觀事物具有的屬性

　　客觀實體具有陰陽性質，同時也可以陰陽屬性類分。根據張立文所說，
實體與屬性範疇的側重面不同，例如從客觀實體角度來看，陰陽是氣；若從
屬性角度看，陰陽體現為事物的屬性和形式，自然界萬事萬物都可以根據陰
陽的屬性作為自己的規定性和存在的形式，例如：陽的屬性是剛健，實體為
男；陰的屬性是柔順，實體為女。但是，中國的陰陽範疇往往是實體與屬性

〔註73〕陳鼓應、金春峰對「陰陽備物化變乃生」的斷句是「陰陽備物，化變乃生」，
　　　　陳鼓應解釋為：「陰陽二氣含賅於萬物之中，二者相互作用，便使得萬物生
　　　　不已。」陳說見前注21，頁303。金春峰引文，同注1，頁27。陳、金說法
　　　　是就陰陽存在於客觀實體而詮釋，與整理小組斷句為「陰陽備，物化變乃生」，
　　　　著重「陰陽」是天地萬物生成的最初原素，有不同。兩者說法都有合理處，
　　　　茲並存。

相統一，如《荀子・天論》說：「列星隨施，日月遞炤，四時代御，陰陽大化，風雨博施，萬物各得其和以生，各得其養以成。」陰陽與列星、日月、四時、風雨、萬物一樣，按自身固有的規律運動變化，此處的陰陽既有實體性，又有運動變化的屬性，荀子把實體與屬性結合起來，解釋自然現象。《管子・四時》說：「是故陰陽者，天地之大理也。四時者，陰陽之大經也。」陰陽成了天地萬物的道理、原理或總原則，用以說明自然界的普徧聯繫。〔註74〕

　　帛書在〈稱〉篇有一段「陰陽□義」的說法，接近於事物屬性的分類，它是以「諸陽者法天」、「諸陰者法地」，企圖將人倫事物與天地陰陽聯繫，成為普徧原理或價值。為了下文方便說明對照，分別以「陰、陽」表列之：〔註75〕

〈稱〉「陰陽□義」表

	陽	陰		陽	陰	分　類
1	天	地	2	春	秋	自然界
3	夏	冬	4	晝	夜	
5	大國	小國	6	重國	輕國	國　家
7	有事	无事	8	信（伸）者	屈者	
9	主	臣	10	上	下	君　臣
11	男	〔女〕	12	〔父〕	〔子〕	倫　常
13	兄	弟	14	長	少	
15	貴	賤	16	達	窮	風　俗
17	取（娶）姓（生）子	有喪				
18	制人者	制於人者	19	客	主人	軍　事
20	師	役				
21	言	黑（默）	22	予	受	施　政

說明：1. 為方便說明檢示，筆者添加數字以及分類。
　　　2. 〈稱〉此段以「凡論必以陰陽□義」起首，結語「諸陽者法天，天貴正，過正日詭□□□□祭乃反。諸陰者法地，地〔之〕德安徐正靜，柔節先定，善予不爭。此地之度而雌之節也。」

〔註74〕同注25，張立文，頁261～273。

〔註75〕表格設計形式，參考英人雷敦和（穌），〈《黃帝四經》中的陰陽學說〉，收於艾蘭、汪濤、范毓周主編，《中國古代思維模式與陰陽五行說探源》（江蘇：江蘇古籍出版社，1998），頁351～352。英人葛瑞漢以〈稱〉此段為「我們所知的最早的表格」，〈陰陽與關聯思維的本質〉，同上引書，頁1～58。筆者對表格內容加以分類，方便說明陰陽涵蓋範圍。

　　〈稱〉此段包括對事物陰陽屬性的規定，按照上表所列編號，內容包含自然界（1～4）、國家（5～8）、君臣（9～10）、倫常（11～14）、風俗（15～17）、軍事（18～20）以及施政原則（21～22）。以下先各別說明：

　　◎自然界編號 1「天陽、地陰」

　　〈十六經・果童〉：「地俗德以靜，而天正名以作。靜作相養，德瘧（虐）相成。」天作、地靜偏重說明其為客觀實體，天陽、地陰，在此處是事物屬性的總原理。

　　◎自然界編號 2、3「春陽秋陰，夏陽冬陰」以及編號 4「晝陽夜陰」

　　〈十六經・觀〉說：「春夏為德，秋冬為刑」同篇〈姓爭〉：「刑晦而德明，刑陰而德陽」刑德為數術，指向操作方法與實際內容，與季節、一日分陰陽屬性不同。

　　◎國家類編號 5、6「大國陽，小國陰」、「重國陽，輕國陰」

　　大國、小國在第一篇中又分為「強國」、「中國」、「小國」（〈經法・六分〉），〈經法・四度〉：「明則得天，強則行威」，說明「大國為陽」強調實力屬性。「重國、輕國」，其他篇章沒有直接說明，〈經法・六分〉：「王天下者，輕縣國而重士，故國重而身安」，似將王者是否重才（士）視為「國重」。此說或可參考。

　　◎同上類編號 7「有事、无事」

　　《禮記・月令》：孟秋「凡舉大事」鄭玄注：「事謂興土功、合諸侯、舉兵眾也。季夏禁之。孟秋始征伐，此月築城郭。」〈經法・論〉：「以其有事起之則天下聽，以其无事安之則天下靜。」是其證。

　　◎同上類編號 8「信（伸）者陽而屈者陰」〔註76〕

　　〈經法・國次〉：「先屈後信（伸），必盡天極，而毋擅天功」（〈十六經・五正〉也有相同說法）先屈、後伸，是操作原則；伸者陽、屈者陰，是對伸、屈的屬性規定。

　　◎君主與倫常類編號 9～14「主陽臣陰。上陽下陰。男陽〔女陰。父〕陽〔子〕陰。兄陽弟陰。長陽少〔陰〕」

　　〈經法・六分〉以六順六逆歸納君臣、父子、男女的位序，並總結：「為人主，南面而立。臣肅靜，不敢蔽（蔽）其主。下比順，不敢蔽（蔽）其上。」同篇〈四度〉、〈論〉、〈亡論〉也有相近說法。〈六分〉說：「主執度，臣循理。」

　　───────────────

〔註76〕原文「信（伸）者陰者屈者陰」，係抄寫有誤，依整理小組改。

是對君臣角色的認定；〈稱〉此段則以陰陽作爲君臣倫常的屬性規定。

◎風俗類編號 15、16「貴〔陽〕賤陰。達陽窮陰。」

〈稱〉：「貴〔陽〕賤陰」之意，解爲「貴者爲陽，賤者爲陰」，強調貴賤的陰陽屬性。〔註77〕貴賤指向社會地位、等級差別，如「貴賤有恒立（位）」（〈經法・道法〉），「貴賤有別」、「貴賤等」（〈經法・君正〉），是以衣服不相逾，區別賢不肖的官位差等。〔註78〕貴賤又與貧富、窮達關聯，如「〔貴〕賤必諶，貧富又（有）等」（〈十六經・果童〉），可與編號 16「達陽窮陰」參看。

◎同上類編號 17「取（娶）婦姓（生）子陽，有喪陰」

取（娶）女，《易》多見，是古人經常卜問的對象，如《易・咸》：「取女吉」。〔註79〕取（娶）婦、生子、有喪，與曆之宜忌有關，月忌書如長沙楚帛書〈月忌〉載「取（娶）女」吉凶之月；日忌書較早的作品，如江陵九店楚墓出土的戰國楚《日書》，則包含了生日、亡日等選擇時日吉凶的內容。〔註80〕〈稱〉將娶婦、生子歸於陽，有喪歸於陰，可能是根據當時流行的占卜內容作陰陽屬性的規範。〔註81〕

◎軍事類編號 18「制人者陽，制於人者陰」

〔註77〕〈稱〉「陽貴陰賤」將地位貴賤以陰陽區分其屬性，《春秋繁露・陽尊陰卑》也提到「貴賤」，但是並沒有將之列爲陰陽屬性範疇。〈陽尊陰卑〉兩次提到「貴賤」：「丈夫雖賤，皆爲陽；婦人雖貴，皆爲陰」此處貴賤是指地位，意謂地位之貴賤不能改其男陽、女陰爲客觀實體，此段主要強調男陽、女陰；同篇又説「天以陰爲權，以陽爲經……先經後權，貴陽而賤陰也。」此處的貴賤意思是「以陽爲貴，以陰爲賤」，貴賤是動詞，主詞是「天之陽」，即「以天之陽爲貴」的意思。可知〈陽尊陰卑〉的「貴賤」並沒有被列爲陰陽屬性範疇。

〔註78〕〈經法・道法〉：「貴賤之恒立（位），賢不宵（肖）不相放（妨）。」同篇〈君正〉：「貴賤有別，賢不宵（肖）衰（差）也。衣備（服）不相繡（逾），貴賤等也。」《淮南子・本經》也清楚地説：「飭職事，制服等，異貴賤，差賢不肖。」

〔註79〕李零，同注 7，頁 76～77。

〔註80〕根據九店墓葬時代在戰國中期晚段（621 號墓）以及戰國晚期早段（56 號墓），學者認爲，九店《日書》是目前發現的最早的選擇時日吉凶的數術著作。湖北省文物考古研究所、北京大學中文系編，《九店楚墓》〈出版説明〉（北京：中華書局，2000）。

〔註81〕〈稱〉此段的陰陽是規範事之屬性，與九店《日書》（56 號墓）以「陽日、陰日、結日、達日……」等作爲時日選擇之綱目不同，例如 96～98 簡，陰日，「杨（利）呂（以）爲室豪（家），祭，取（娶）妻，豪（嫁）女，内（入）貨，吉。」同注 80，頁 48。

制人，指正亂。如〈稱〉：「諸侯有亂，正亂者失其理，亂國反行焉。……故曰：制人而失其理，反制焉。」

◎施政類編號 21、22「言、默」「予、受」

「言、默」，〈經法・名理〉：「若（諾）者，言之符也。已者，言之絕也。」《荀子・王霸》：「刑賞已諾，信乎天下矣。」是帛書以「言之符」、「言之絕」解釋「已諾」，參照〈王霸〉說法，應該是指以刑賞為內容的法；「予陽受陰」，予、受，若前承文意以政治角度來看，予指施政者，受的對象則包含臣民。

綜上所論，〈稱〉以天陽地陰為主軸，聯繫天、地、人事的陰陽屬性，建立秩序、等級，達到「天地立（位），耶（聖）人故載。」（〈經法・國次〉）人文建制與宇宙秩序交融（參同天地）的理想。〈稱〉的陰陽屬性規範，是地位等級的序列，已具有價值定位取向，但是與《春秋繁露》如〈陽尊陰卑〉等篇，進一步強調「陽尊陰卑」，並將之絕對化的一套定禮序的縝密說法是不同的。〔註82〕

〈稱〉篇結語「諸陽者法天，天貴正，過正曰詭□□□□祭乃反。諸陰者法地，地〔之〕德安徐正靜，柔節先定，善予不爭。此地之度而雌之節也。」此段以諸陽者法天，但是又強調「過正曰詭」；以諸陰者法地，但是又說「安徐正靜，柔節先定」，這種說法與前文說「主陽臣陰」以及〈十六經・順道〉認為人主應當具備「安徐正靜，柔節先定」、「好德不爭」的特質，似有邏輯矛盾。其實，此處「天貴正，過正曰詭」、「地〔之〕德安徐正靜，柔節先定，善予不爭。」應該與「諸陽者法天」、「諸陰者法地」分開來看，因為諸陽法天、諸陰法地之說，是講等級、位序，屬於「陰陽□大義」一類係以陰陽歸納事物屬性的範圍；天正、地靜的說法，則強調陰陽存在於客觀實體中，它以對立、統一、變化等功能，呈顯其動態的本質，所以才會說：天，「過正曰詭」、「祭乃反」，地，有德（長養萬物）、靜而不爭，這與「極而反，盛而衰，天地之道也」（〈經法・四度〉）的思維是相同的。所以這段必須用兩種不同的陰陽說法來詮釋，方能掌握其思想脈絡。

最後，「此地之度而雌之節也」，也須分別來討論。雌節，亦出現於〈十六經・雌雄節〉，我們在前文討論帛書中數術內容時已說過，〈雌雄節〉是以占驗形式表現吉凶禍福的概率，雌節性質是「□□共（恭）驗（儉）」與雌節

〔註82〕這些篇章還包括〈陰陽位〉、〈陰陽終始〉、〈陰陽義〉、〈陰陽出入上下〉。說見陳麗桂，同註47，頁90。

相對的是雄節，雄節「憲敖（傲）驕居（倨）」，最後得出「凡人好用〔雌節〕，是胃（謂）承祿。」〈稱〉：「此地之度而雌之節也」，也是總結吉凶禍福，建議人主抱雌節以承祿，如《淮南子・原道》說：「是故聖人守清道而抱雌節，因循應變，常後而不先。柔弱以靜，舒安以定，攻大䃺堅，莫能與之爭。」地之度，則是上承「地〔之〕德安徐正靜，柔節先定，善予不爭。」也是從人主角度而言，這都是說明運用陰陽的運動本質的重要性，與「諸陰者法地」強調客觀事物屬性的說法是不相涉的。

（二）六枋（柄）說

〈經法・論〉所載「六枋（柄）」，根據文中描述六枋（柄）的功能，可以推判它的理論也是建構在陰陽對立、統一、變化的理論基礎上，具有辯證思維的特色：

> 六枋（柄）：一曰觀，二曰論，三曰僮（動），四曰轉，五曰變，六曰化。觀則知死生之國，論則知存亡興壞之所在，動則能破強興弱，樽（轉）則不失諱（韙）非之□，變則伐死養生，化則能明德徐（除）害。六枋（柄）備則王矣。（〈經法・論〉）

此段內容，根據金春峰的說法，「觀」和「論」，指的是對客觀事物的認識，「動」、「轉」、「變」、「化」，指的是根據認識而採取的行動和實踐。「六枋（柄）既包含認識的能動性，又包含行動的能動性，集中反映了帛書關於人的能動性在禍福轉化中的重要作用的思想。」〔註83〕這種說法基本能反映六枋（柄）設計的目的。據此，進一步說明六枋（柄）內容：

1. 觀則知死生之國

〈經法・六分〉提出「觀國、觀主」六順六逆的原則，作為「生殺、賞□、必伐」的舉事根據，可以相應於六枋（柄）中的「觀則知死生之國」的「觀」。茲以六逆內容表列：

〈經法・六分〉「六逆」表的

主	臣	國
適（嫡）子父命曰上曊，群臣离志	大臣主，命曰雍（壅）塞	在中國削，在中國破，在小國亡

〔註83〕同注1，頁30。

	謀臣〔在〕外立（位），命曰逆成，國將不寧	在強國危，在中國削，在小國破
主失立（位）	臣不失處，命曰外根，將與禍閭（鄰）	在強國憂，在中國危，在小國削
主失立（位）	臣失處，命曰无本，上下无根，國將大損	在強國破，在中國亡，在小國威（滅）
主兩，男女分威，命曰大麋（迷），國中有師（按：即前文「國有亂兵」）		在強國破，在中國亡，在小國威（滅）
主暴臣亂，命曰大芒（荒）外戎內戎，天將降央（殃）		國无小大，又（有）者威（滅）

從表列順序，可以看出觀六逆的原則（六順亦包含之），以主、臣之位為綱要，對國之死生，作出「憂、危、削、破、亡、滅」，不同程度的預知。

2. 論則知存亡興壞之所在

論，承「觀國、觀主」而論，〈經法·論約〉提到，執道者觀於天下，定刑（形）名，然後參之於天地恒道，定禍福死生存亡之所在。所謂參天地，定存亡之所在，似是為人主舉事而準備。若以參天地、定存亡之所在的意旨，詮釋「論」，則「論」似有正名之意（「提正名以伐」〈稱〉）。〔註84〕

以下動、轉、變、化，分別就舉事以後到功成以及化天下的階段，呈現六枋（柄）的行動性與可實踐性。

3. 動則能破強興弱

動，指舉事、征伐。〈十六經·前道〉說：「耴（聖）〔人〕舉事也，闔（合）於天地，順於民，羊（祥）於鬼神，使民同利，萬夫賴之，所胃（謂）義也。」義，即〈本伐〉「為義」而舉兵的兵道。

4. 槫（轉）則不失諱（韙）非之□

由於缺損一字，使句意不甚明確。〔註85〕轉，若與「動則能破強興弱」合看，似可以「天稽環周」、「時反以為幾（機）」（〈十六經·姓爭〉）參看，《說文》：「轉，還也。」是轉、還，近於天之環周、時之反。此句似可解為「因天時，與之皆斷」（〈十六經·兵容〉），因天時而斷，所以合於是非之分也。

〔註84〕 〈稱〉：「凡論必以陰陽□義」一段，以陰陽定事物屬性，偏重建立秩序，定位等級。與此處的「論」偏於正名以伐，意旨不同，內容也不同。

〔註85〕 諱非，整理小組釋為「韙非」，即是非之意。或以〈名理〉：「是非有分，以法斷之。」詮釋，然亦不能與「轉」意相符。

5. 變則伐死養生

〈稱〉：「短者長，弱者強，贏絀變化，後將反包（施）。」《國語·越語下》：「天予不取，反為之災。贏絀變化，後將悔之。」贏絀變化指日月星辰運行的疾遲，兵家以之判斷征伐時機。依此推論，可以符合「變則伐死養生」的說法。可知此處「變」也應當指「天」的運動變化，此外，變還指向觀國之逆順，如〈經法·論〉說：「逆之所在，胃（謂）之死國，伐之。反此之胃（謂）順之所在，胃（謂）之生國，生國養之。」綜合言之，變，包含了天時及人事逆順。

〈稱〉說：「凡變之道，非益而損，非進而退。首變者凶。」「首變」指先動者，兵道講究為義而行，故「道（按：指兵道）之行也，繇（由）不得已。」（〈十六經·本伐〉）先動者凶，「安徐正靜，柔節先定」（〈十六經·順道〉）、因循應變，才能掌握事物極反盛衰變化之道，「胥雄節之窮而因之」（同上引），所以「凡變之道，非益而損，非進而退。」強調的是守柔先定，掌握事物變化規律，守弱節（損、退）而非用雄節（益、進）。〈經法·名理〉說：「以剛為柔者栝（活），以柔為剛者伐。重柔者吉，重剛者威（滅）。」也是此意。

6. 化則能明德徐（除）害

〈經法·道法〉說：「應化之道，平衡而止。」應化，指應動靜之化。《管子·宙合》說：「應變不失之謂當」，所以化（變）與當有關。平衡，是指動靜的平衡，相當於「盡天極，用天當」（〈經法·國次〉）盡天極，指「禁伐當罪」（〈經法·國次〉），用天當，指「功成而止」、「毋擅天功」（同上引）。平衡又如文武之道，「武刃而以文隨其後，則有成功矣。」（〈經法·四度〉）文又稱「文德」，武刃以除害，是以文武之道，盡天極、用天當，而達到「明德徐（除）害」。

前面說過，陰陽理論在帛書中具有三種內涵：萬物生成的本原、不斷運動變化的客觀實體，以及一切客觀事物具有的屬性，六枋（柄）的觀、論、動、轉、變、化，偏重在實踐性與可操作性，但是它的基本原理還是從陰陽理論發展而來。例如六枋（柄）是以「六順六逆」為基本架構，事實上就是逆順的理論。逆順，以陰陽的運動變化為規律，〈經法·四度〉說：

> 極陽以殺，極陰以生，是胃（謂）逆陰陽之命。極陽殺於外，極陰生於內。已逆陰陽，有（又）逆其立（位）。大國則亡，小國身受其央（殃）。

可知人事之逆順立（位），與逆順陰陽之變化息息相關。可以說，六（柄）柄展現陰陽理論的實踐性，以及強調對於陰陽的認識與理解，這是見知天地之道、掌握人事之理的重要法門。

五、兵學思想

帛書《黃帝書》有關征伐的說法，分布於前三篇中，〈經法〉談文武之道，〈十六經〉載黃帝伐蚩尤故事，〈稱〉語錄體也有數則內容提到用兵。其中並以第二篇〈十六經〉言兵事內容最豐富，〈五正〉說：「今天下大爭，時至矣。」更直接點出天下大爭之勢，「作爭者凶，不爭〔者〕亦无成功。」要成就帝王之道，「提正名以伐」（〈稱〉）更是重要的國之大事。兵事需藉助數術知天時、察地利，所以帛書中有許多與數術相關的內容或用語，如刑德、五正、式法，嬴絀、逆順、主客等，這些在前一節中已經論述。但是帛書究非兵學專論，其言兵亦旨在正名，〔註86〕這是帛書兵學思想的重要前提。其它用兵原則、實例，也都是圍繞正名來講的。

（一）天下大爭之勢

帛書作者認爲，當今係天下大爭之勢，成功之道必須積極面對爭戰情勢，因天時、守兵道以伐死養生，取得令天下的威強地位，行文武之道，實現天下服的帝王之道，這是帛書的兵學思想大略。

爲了因應天下大爭情勢，帛書有一套「爭」的說法。

1. 先說爭天下之大勢已成：

今天下大爭，時至矣。（〈十六經·五正〉）

并兼天下（〈十六經·前道〉）

天下大爭之勢既無可避免，積極因應是最佳良策：

夫作爭者凶，不爭〔者〕亦无成功。（〈十六經·五正〉、〈姓爭〉）

2. 從人性自然觀點，認爲爭出於本然，就像天地形成之初，尚未定序，此時萬物（規（蚑）僥（蟯））相爭，氏族彼此也相爭：

天地已定，規（蚑）僥（蟯）畢挣（爭）。（〈十六經·姓爭〉）

姓生已定，而適（敵）者生爭。（〈十六經·觀〉）〔註87〕

〔註86〕有關正名的詳細說法，參前文刑（形）名說的三名。
〔註87〕整理小組引《左傳·隱公8年》：「天子建德，因生以賜姓。」姓生當指此。

3. 聖人因天道秩序，用天德天刑，布制建極而定天下：

> 不謹不定。凡謹之極，在刑與德。刑德皇皇，日月相望，以明其當。
>
> （〈十六經・觀〉、〈姓爭〉）

所以說，順天道秩序而爭，便可享有昌盛之功，所以〈十六經・姓爭〉說：「順天者昌，逆天者亡。毋逆天道，則不失所守。」

4. 爭要出於謹慎。就像怒氣積於胸不得不發，但卻不能流於血氣、驕溢、用雄節：

> 憲敖（傲）驕居（倨），是胃（謂）雄節。……雄節而數得，是胃（謂）
> 積英（殃）。凶憂重至，幾於死亡。（〈十六經・雌雄節〉）
>
> 驕洫（溢）好爭，陰謀不羊（祥），刑於雄節，危於死亡。（〈十經・
> 行守〉）
>
> 慎勿爭…怒者血氣也，爭者外脂膚也。怒若不發浸廩是爲　疽。后
> 能去四者，枯骨何能爭矣。（〈十六經・五正〉）

四者，是指血氣脂膚。「去四者，枯骨何能爭」，意思近於《莊子・齊物論》「槁木死灰」之說，取其內省不流於血氣之爭之意。

5. 提倡強生威的帝王之道。〈稱〉說：「強則令，弱則聽，敵則循繩而爭。」循繩，指按規矩。〈稱〉總結強、弱、均力的情勢，認爲「強則令」，唯有強者才能令行天下。要成就帝王之道，當然要超越均勢成爲強者：

> 〔強生威，威〕生惠（慧），惠（慧）生正……帝王者，執此道也。
> （〈經法・論〉）
>
> 文則明，武則強。……明則得天，強則行威。（〈經法・四度〉）
>
> 因天時，伐天毀，胃（謂）之武。（〈經法・君正〉）

「強生威」以下數句，說明帝王執此道。帝王所執之道，「強」爲首要，因此，爭「強」具備了正當性。同時，爭「強」又與文武之道的武道聯繫，以「伐天毀」爲實務，這樣，「爭」的說法，遂有了行武道以爭強的完整理論。

（二）用兵原則

1. 爲義的用兵原則

〈十六經・本伐〉載兵道說法，以「爲義」爲用兵原則：

姓生已定，指氏族已經形成。此說可以參考。

世兵道三：有爲利者，有爲義者，有行忿者。（〈十六經・本伐〉）
「爲義」之兵道，目的是「伐亂禁暴，起賢廢不宵（肖），所胃（謂）義也。
義者，眾之所死也。」（同上引）「義」的主旨，以「功合於天」爲主軸，達
於名實相應、名功相符之「正名」爲前提（〈經法・四度〉）：

提正名以伐（〈稱〉）

功溢（溢）於天，故有死刑。功不及天，退而无名。功合於天，名
乃大成。（〈經法・論約〉）

耴（聖）人舉事也，闔（合）於天地，順於民，羊（祥）於鬼神，
使民同利，萬夫賴之，所胃（謂）義也。（〈十六經・前道〉）

〈十六經・兵容〉也說：「兵不刑天，兵不可動。不法地，兵不可昔（措）。
刑法不人，兵不可成。」這都是指用兵必須「合天」，參於天地、順於民，如
此舉事方能成功。舉事用兵，必須兼及內（政）與外（交），「外內皆順，命
曰天當，功成而不廢，後不奉（逢）央（殃）。」（〈經法・四度〉）

〈十六經・前道〉說：「小國得〔按：指「正道」〕之以守其野，大國〔得
之以〕并兼天下。」同篇〈本伐〉說：「是故以一國戉（攻）天下，萬乘〔之〕
主□□希不自此始。」并兼天下，以一國攻天下，說明正名、合天的義戰，
是配合爭強思想而設計的。

2. 對偃兵的態度

□□不埶偃兵，不埶用兵。兵者不得已而行。（〈稱〉）

〈稱〉提到偃兵與用兵。偃，止也，即息兵之意。偃兵之說，盛於戰國。《莊
子・徐无鬼》：「〔魏〕武侯曰：吾欲愛民而爲義偃兵。」《呂覽・蕩兵》：「有
義兵而無偃兵」同書〈審應覽〉、〈應言〉記公孫龍說燕昭王、趙惠文王偃兵。
是當時曾經有爲義息兵，或爲義用兵的討論。埶，帛書整理小組以「埶」作
「藝」，不藝偃兵、用兵，即不一味主張息兵，也不一味主張用兵，「兵者不
得已而行」，所謂「不得已而行」，就是在尊重兵事的前提下，以合天與正名
爲權衡，適時而動作。「兵者不得已而行」，就是〈十六經・本伐〉所說，爲
義而用兵的兵道：

道之行也，繇（由）不得已。繇（由）不得已，則无窮。（〈十六經・
本伐〉）

道，指的是爲「義」舉事的兵道。前面已論及，「義」之旨係合天與正名，非

爲利與行忿，所以用之而无窮。

　　需要說明的是，「兵以義出」，「不得已而用」，雖是帛書主張的用兵原則，但是這個原則，基本上也是歷來兵家代代相傳的武德，帛書作者只是對它作了一定程度的尊重。

　　3. 對「天刑、逆節」的認定

　　〈經法・論約〉提到「天刑、逆節」，是正名以伐的對象。天刑、逆節基本分爲三類，一是主動征伐他人者：

> 不廣（曠）其眾，不以兵邾，不爲亂首，不爲宛（怨）謀（媒），不
> 陰謀，不擅斷疑，不謀削人之野，不謀劫人之宇。（〈十六經・順道〉）

（按：「不廣（曠）其眾」數句，以否定義陳述「天刑」定義。）

　　一是不重農事者：

> 毋陽竊，毋陰竊，毋土敝，毋故埶，毋黨別。……此胃（謂）五逆。
> 五逆皆成，□□□□□地之剛（綱），變故亂常，擅制更爽，心欲是
> 行，身危有〔殃，是〕胃（謂）過極失當。（〈經法・國次〉）

一是亂政者：

> 臣不親其主，下不親其上，百族不親其事，則內理逆矣。逆之所在，
> 胃（謂）之死國，伐之。反此之胃（謂）順之所在，胃（謂）之生
> 國，生國養之。（〈經法・論〉）

以上三類都是犯禁絕理的天刑與逆節，凡是「犯禁絕理，天誅必至。」（〈經法・亡論〉）都會受到上天的懲罰。

（三）用兵方法與範例

　　帛書提到原則性的用兵方法，大體是「先屈後信（伸），必盡天極，毋擅天功。」（〈經法・國次〉）同時還以黃帝伐蚩尤故事，申明對反義逆時者「正名、施刑」的伐正決心。

　　1. 先屈後信（伸）

　　先屈後伸，如〈十六經・順道〉說：「守弱節而堅之，胥雄節之窮而因之。」即守弱節而堅處，等待雄節之窮盡，因循應變，守弱而不先。這是強調「先屈」；同章又說：「不擅作事，以寺（待）逆節所窮。見地奪力，天逆其時，因而飾（飭）之，事環（還）克之。若此者，單（戰）朕（勝）不報，取地不反。」一旦逆節違逆天時，窮盡惡行，則必遭天刑，還反受殃，此時討伐

者可以取得絕對的勝利。這就是說明因循天時而取得「後伸」的戰果。〈經法‧論約〉說：「逆節始生，愼毋〔先〕正，皮（彼）且自氏（抵）其刑。」〈稱〉也說：「天有環（還）刑，反受其央（殃）。」都是強調等待天時而動作，不要妄發先爲。

2. 必盡天極，毋擅天功

必盡天極，指的是「禁伐當罪當亡，必虛（墟）其國。」所謂虛（墟）其國，是指對兼并之國「隋（墮）其郭城，焚（焚）其鐘鼓，布其齎（資）財，散其子女，列（裂）其地土，以封賢者」；毋擅天功，指的是「兼之而勿擅」。勿擅，是指勿擅作事，包括「脩其國郭，處其郎（廊）廟，聽其鐘鼓，利其齎（資）財，妻其子女」，如此將「□逆以芒（荒），國危破亡。」以上所引是〈經法‧國次〉關於「必盡天極，毋擅天功」的具體作法。

「必盡天極，毋擅天功」採用對兼并之國墮郭城、焚鐘鼓、布資財、散子女的作法，近於《國語‧周語下》所說夏商時黎苗爲亂，人們夷滅其宗廟等過程，應是源自古代征伐不義的作法。〔註88〕帛書作者之所以提出來，特別是訓戒「脩其國郭」等擅作事的征伐者，將導致自己國危破亡的後果，此諄諄之言，與歷史教訓不無關係。此外，《國語‧越語上》載勾踐既敗於吳，文種獻計以說吳王：不殺越國，可得越國君王上下歸順之利。〔註89〕吳王許之，後來勾踐生聚教訓，滅亡吳國。吳亡於越，導因吳王貪利擅作事，此段史事應該也是帛書作者引以爲戒者。

3. 黃帝伐蚩尤故事

黃帝伐蚩尤，載於〈十六經‧五正〉及〈正亂〉，〈五正〉著重於黃帝屈身自求以待時的過程，〈正亂〉則具體描述帝擒蚩尤後，使其受刑、令，面對死亡无窮的懲亂作法，包括：「剝其□革以爲干侯（按：箭靶）」、「翦（翦）其髮而建之天」、「充其胃以爲鞠（鞠，按：皮球）」、「腐其骨肉，投之苦酭（醢）」、「屈其脊，使甘其籥」、「不死不生，愨（慤）爲地桯」等。並以「帝曰：謹守吾正名，毋失吾恒刑，以視（示）後人。」申明反義逆時、反義倍（背）

〔註88〕《國語‧周語下》：敘述黎苗之王在夏商之季爲亂「上不象天，而下不儀地，中不和民，而方不順時，不共神祇，而蔑棄五則。是以人夷其宗廟而火焚其彝器，子孫爲隸不夷於民。」

〔註89〕《國語‧越語上》文種說吳王：「願以金玉子女賂君之辱，請勾踐女女於王，大夫女女於大夫，士女女於士，越國之寶器畢從，寡君帥越國之眾以從君之師徒，唯君左右之。」

宗的蚩尤（共工）的下場遭遇，以強化「正名、施刑」的伐正決心。

（四）文武並用的王者之風

最後提到帛書兵學思想是基於文武並用的整體設計，用兵并兼天下，還須以文德治理，〈經法・四度〉曾提出「二文一武」的說法：

> 因天時，伐天毀，胃（謂）之武。武刃而以文隨其後，則有成功矣。
>
> 用二文一武者王。

二文一武，劉澤華認爲是始於文，中間以武斷（筆者按：「武斷」指「因天時，與之皆斷」〈十六經・兵容〉），武之後再施以文，其公式是：文——武——文，〔註90〕此說可以參考。其實「二文一武」說法，與文武並行沒有差別，只是〈四度〉更強調「武刃而以文隨其後」。〈經法・君正〉說：「〔文〕武並行，則天下從矣。」可以爲明證。但是還須說明的是，「以文隨其後」，並非是施與被征伐者文德，而是「列（裂）其地土，以封賢者」（〈經法・國次〉）賢者指的是參與征伐有功者。

附論：帛書《黃帝書》與《國語・越語下》的關係

帛書《黃帝書》言兵內容，主要承襲《國語・越語下》，但也有其新義。在第三章我們已經說明，《國語・越語下》成書時代在戰國中期西元前360年間以後，帛書《黃帝書》成書又在其後。《國語・越語下》以范蠡言兵思想爲主，內容係因天地之常，知天時一類，牽涉數術說法最多，爲帛書《黃帝書》繼承發揮。又，《管子・勢》晚於帛書《黃帝書》，似又承襲兩者，此三者關係之異同比較，非本文主旨，在此我們僅舉帛書《黃帝書》承襲《國語・越語下》，又有變化發展的說法，以明兩者的差別：

1. 《國語・越語下》言兵以陰陽數術爲主，如：

> 古之善用兵者，因天地之常，與之俱行。後者用陰，先者用陽，近者用柔，遠者用剛。後无陰蔽，先无陽察，用人无藝。（《國語・越語下》）

帛書《黃帝書》承襲此陰陽數術之說，同時還講「五正」（〈十六經・五正〉）與式圖（〈十六經・立命〉）等五行思維。

2. 《國語・越語下》的「天道皇皇」，即帛書《黃帝書》所說「刑德皇皇」（〈十六經・姓爭〉），〈越語下〉：「天予不取，反爲之災」，更爲帛書《黃帝書》

〔註90〕劉澤華，《中國政治思想史》（浙江：浙江人民出版社，1996），頁431。

奉爲圭臬（如〈十六經・兵容〉），《國語・越語下》的內容：

> 得時無怠，時不再來，天予不取，反爲之災。贏縮轉化，後將誨之。……
> 古之善用兵者，贏縮以爲常，四時以爲紀，無過天極，究數而止。
> 天道皇皇，日月以爲常，明者以爲法，微者則是行。

但是帛書《黃帝書》「刑德」不止用於兵事，還用於務時寄政（如〈十六經・觀〉）；「贏絀」詞彙也不止於占驗日月星辰運行的疾或遲，還用於主、客形勢（〈稱〉），還有農事所使用的節氣贏絀（如〈十六經・觀〉）。

3. 《國語・越語下》以陽節、陰節，分析主、客關係：

> 盡其陽節，盈吾陰節，而奪之，利。宜爲人客，剛彊而力疾，陽節不盡，輕而不可取；宜爲人主，安徐而重固，陰節不盡，柔而不可迫。

此陽節、陰節，屬於兵家以數術占驗主、客形勢的內容，〈十六經・觀〉說：「其時贏而事絀，陰節復次，地尤復收。……其時絀而事贏，陽節復次，地尤不收。」此處的陽節、陰節，指的是節氣的贏絀（詳見本章第一節），與《國語・越語下》的用法不同。

其次，〈越語下〉：「宜爲人主，安徐而重固，陰節不盡，柔而不可迫。」韋昭注：「時宜爲人主，安徐重固，陰數未盡，雖柔不可困迫之。」人主，指爭戰之守方，守方安徐重固，雖柔不可困迫之。這段內容的語意在帛書《黃帝書》中似轉化爲「安徐正靜，柔節先定」，如〈稱〉說：「地之〔德〕安徐正靜，柔節先定，善予不爭。」〈十六經・順道〉說：「安徐正靜，柔節先定。晃濕共（恭）僉（儉），卑約生柔。常後而不失體（體），……弗敢以先人。……守弱節而堅之，胥雄節之窮而因之。」但是〈越語下〉「安徐重固……雖柔而不可困迫之。」是兵家數術語，帛書《黃帝書》已用於君主因循應變的修養方法，近於《老子》所說：「我無爲而民自化，我好靜而民自正，我無事而民自富，我無欲而民自樸。」（今本 57 章）的修養論。帛書《黃帝書》似本於老子的「無爲、好靜」，並結合兵家數術「安徐重固」的說法，發展出「安徐正靜，柔節先定」的新說。

六、抱道執度的帝王之道

帛書《黃帝書》的最高宗旨在成就「帝王之道」，帝王，唯一人兼覆載天下，曲成萬物（〈經法・六分〉），與天同道（〈十六經・觀〉）。〈經法・論〉的

帝王之道，〈十六經〉的黃帝形象，都是帝王文化的彰顯。要成就帝王之道，首先必須具備「通同天地之精」（〈道原〉）的聖人智慧，也就是達於无爲虛靜的道境，然後能「抱道執度」（〈道原〉），展現「周襲而不盈」（〈道原〉）的宇宙秩序。

　　在帛書中，對執政者的稱號有數種，它們各代表不同性質的內容：主、人主、主上、君，是對國君的一般稱謂；危者、霸者、王者、帝者，是以國力爲衡量標準；執道者，指的是能執道的人主，強調人主能體道而行，此道，具有天道度數以及道境的雙重內涵，相當於「執度」與「抱道」的說法（〈道原〉）；聖人，是萬物中具慧智，可以通同天地者，也是使萬物與天地合一，展現周襲不盈的宇宙秩序的重要媒介。〔註91〕這些稱號中，「聖人」境界最高，「執道者」重於實務。帝者，乃融合了聖人與執道者，與黃帝形象呼應，標舉出最高的帝王之道。

（一）无為與虛靜

　　无爲與虛靜，是道境也是方法論。〈道原〉論「道」：

　　　　虛其舍也，无爲其素也。

　　　　上虛下靜而道得其正。

前引「虛」、「无爲」是道境。下引「上虛下靜而道得其正」，上虛，是說天之道虛，動而愈出；下靜，是指地之道靜，長養萬物。上虛下靜，天地各有規律，人主法天地規律以靜作，則道亦得其正。〔註92〕此處的虛靜，就人主法天地規律以合「道」的角度來說，也屬於境界說法。

　　无爲與虛靜，也具有方法論的性質，如〈十六經・？〉說：

　　　　欲知得失之請（情），必審名察刑（形）。刑（形）恒自定，是我俞

　　　　（愈）靜。事恒自危（施），是我无爲。靜翳不動，來自至，去自往。……

　　　　萬物群至，我无不能應。

此處「（虛）靜」與「无爲」以「應物」爲目的。所謂「應物」，是指人主通過審名察刑（形）以觀物之動靜變化，判斷得失之情。「靜」與「无爲」已從道境義轉爲審名察刑（形）的方法論。

　　就上所論，无爲與虛靜，同時具有道境義與方法論，在〈經法・道法〉

〔註91〕有關「『道生法』具有雙重內涵」，以及「聖人是使萬物與天道秩序合一的重要媒介」相關說法參見本節三（二）。

〔註92〕上虛下靜，出於天圓地方說的宇宙論，參見本節二（一）。

也有相近的例子：

> 故執道者之觀於天下殹（也），无執殹（也），无處也，无爲殹（也），
> 无私殹（也）。（〈經法・道法〉）

无執、无處、无爲、无私，是无爲之境。〈道法〉又說：

> 故執〔道〕者能上明於天之反，而中達君臣之半，富密察於萬物之
> 所終始，而弗爲主。故能至素至精，悟（浩）彌无刑（形），然后可
> 以爲天下正。

无爲並非不作爲，而是「富密察於萬物之所終始，而弗爲主。」通過對物之終始變化的周密審察，以定名實。這種「弗爲主」的无爲，實際是方法論。後來《管子・心術上》根據「虛靜」發展了「靜因之道」，更加緊密地結合了虛靜思想與形名學說。〔註93〕陳麗桂則直以「無爲術」、「刑名術」稱之，認爲帛書《黃帝書》的虛靜，是黃老心目中執簡御繁的無爲術。〔註94〕傅武光則以統御術詮釋虛靜與无爲，並指出《呂覽》以之強化其制度與行政效率。〔註95〕總之，帛書《黃帝書》的「無爲」與「虛靜」，確已具備「統御術」的色彩。

另外，與无爲、虛靜意旨相近的還有〈稱〉以及〈十六經・前道〉所說的「安徐正靜，柔節先定。」前面曾經提過，帛書「安徐正靜，柔節先定」本之於《老子》無爲好靜，並結合《國語・越語下》：「宜爲人主，安徐而重固，陰數不盡，柔而不可迫。」兵家守柔的陰陽數術思想，在帛書中以轉化爲君主因循應變的修養方法，所以在〈十六經・順道〉中，我們還可以看到它與占驗吉凶的雌節相應的說法，這是運用數術佐助人主應變的一種方法。

此外，在帛書《黃帝書》之後，《管子・九守》也談到「安徐而靜，柔節先定」。不同於帛書《黃帝書》的是，它結合「虛心平意以待須」，將之立爲君主九守的第一守「主位」，強化了「虛心（靜）」的修養理論，也不再提及與數術相關的內容。

〔註93〕 許抗生，〈略說黃老學派的產生和演變〉，《文史哲》（1979：3），頁 73。
〔註94〕 同註47，頁 100～104。
〔註95〕 傅武光，《呂氏春秋與諸子之關係》（臺灣：東吳大學中國學術著作獎助委員會，1993），頁 226。文曰：「法家之無爲，則用爲統治者御人之術。其術以虛靜（其實是『周密』）爲體，而以『因任授官』、『循名責實』爲用。……呂氏春秋之無爲，實以儒家之德化爲血脈，以貫通於道法二家之軀幹之中。……因法家而強化其制度與行政效率。」

（二）抱道執度

1. 抱　道

抱「道」，即持守道境之意。「道」，「精微之所不能至，稽極之所不能過。」如何能持守？帛書作者認為，能夠通同天地之精微、具備察稽知極的智慧，便是持守道境，〈道原〉說：

> 精微之所不能至，稽極之所不能過。故唯耶（聖）人能察无刑（形），能聽无〔聲〕。知虛之實，后能大虛。乃通天地之精，通同而无間，周襲而不盈。服此道者，是謂能精。明者固能察極，知人之所不能知，人服人之所不能得。是胃（謂）察稽知極。耶（聖）王用此，天下服。

文中的形、聲比喻自然界物事，「道」，虛无形，能察无刑（形）、聽无〔聲〕的聖人，所以能體會「道」虛无形的境界。「道」虛，沒有固定的形、聲，但是「用者實」（〈十六經・前道〉）、「有應」（〈稱〉），虛而有實，是謂「大虛」，能體大虛者，便能體悟「道」不離天地萬物，與天、地、人合一的奧妙，是謂「通天地之精」。聖人服此精微之「道」，使天地萬物合一，展現周襲而不盈的宇宙秩序，這就是「通同而无間，周襲而不盈」的要旨。聖人如何能服此「道」？「察稽知極」便是重要的工夫。「察稽知極」是指對自然界事物的全面認識，相當於〈經法・論〉、〈名理〉所說的「見知不惑」。如何「察稽知極」？是聖人「至神之極」的智慧：

> 〔強生威，威〕生惠（慧），惠（慧）生正，〔正〕生靜。靜則平，平則寧，寧則素，素則精，精則神。至神之極。〔見〕知不惑。帝王者，執此道也。（〈經法・論〉）

「強生威」四句言「治人」，以下五句言「正己」。〔註96〕正己的工夫，即境界的提昇，通過靜、平、寧、素、精，最後達到「神」的境界。神，具有「道的神妙作用」以及「精神智慧」雙重意思，〔註97〕〈經法・名理〉說：「道者，神明之原也。……神明者，見知之稽也。」神（神明）以「道」為原，那麼達於「神」的境界，就如同體悟道境，體悟道境，便能發揮「道」的神妙作用，「見知」事物形名而不惑。所以〈論〉說：「至神之極。〔見〕知不惑。」

〔註96〕陳鼓應，同注21，頁189～190。按：陳鼓應以「威生惠」的「惠」為恩惠，整理小組釋「惠」為「慧」，前者較合句意。

〔註97〕見本節一（二）有關「神」的說法

2. 執　度

聖人的智慧如何表現在通同天地之精？〈經法‧名理〉說：「神明者，處於度之內而見於度之外者也。」可知是表現在如何運用「度」。

「度」有廣、狹兩義，狹義指天道度數、占驗吉凶的數術，還有從天道度數引申的「八正七法」、度量、權衡與法度，屬於內容明確可知者；廣義指參天、地、人，因天時以爲靜、作之稽，具有總原則、總法度之意。度分內、外，「度之內」，相當於狹義的度；「度之外」，相當於廣義的度。「神明者，處於度之內而見於度之外」，是說通過聖人的智慧，充分發揮「度之內」、「度之外」的作用，〔註98〕就是前面所說「抱道」的意思。〈道原〉說：「抱道執度，天下可一也。」執度，指的是執道者掌握總法度以治國，這裏的「度」取廣義。〈經法‧六分〉說：「主執度，臣循理。」「度」在此則包含廣義與狹義，除了強調人主掌握總法度以治國外，還有執六順六逆以生殺、賞□、征伐，此處對所謂逆、順的分判，則需借助具體可操作的「度」以爲公正依憑。

執度的目的，在於要求「名實相應」、「盡知請（情）僞」。如〈經法‧論〉所說：

> 是以守天地之極，與天俱見，盡□于四極之中，執六枋（柄）以令天下，審三名以爲萬事□，察逆順以觀于朝（霸）王危王之理，知虛時動靜之所爲，達於名實〔相〕應，盡知請（情）僞而不惑，然后帝王之道成。

執六枋（柄）以令天下，審三名以爲事之應，這都可以歸爲具體可稽的「度」。執度以治，則能「達於名實相應，盡知請（情）僞而不惑」，成就「天下一」的帝王之道。

（三）帝王與黃帝的關係

本文第三章曾經提及，帛書《黃帝書》結合黃帝創制與爭戰形象，表現出一統天下的帝王思想，這是出於作者有意的聯繫。但是這種聯繫是屬於類比式的，而非等同兩者地位。因爲帛書以黃帝配天，而帝王乃與天俱見者，兩者略有層次之別。但是從大方向來說，這也是出於作者刻意以「帝王之道」呼應最高形象的黃帝，希望想要稱帝的霸王，以黃帝爲法式。

〔註98〕度之內、度之外的說法，參本節一（二）。

1. 從使用辭彙來看

「觀於天下」(〈經法・道法〉)「王天下」、「天下无敵」(〈經法・六分〉)、「萬乘之主」(〈十六經・本伐〉)、「并兼天下」(同篇〈前道〉)、「帝者」(〈稱〉)「天下服」(〈道原〉) 等用語屢屢出現,〈十六經〉中的黃帝兩次說「唯余一人,兼有天下。」(〈果童〉、〈成法〉),這都是有意的聯繫。

2. 從各篇章意旨來看

〈經法〉有帝王之道(〈經法・論〉),〈十六經〉有八章言及黃帝,〈稱〉首段格言是「道无始而有應」,第九章談到「帝、王、霸」,〈道原〉說:「抱道執度,天下可一也。」四篇都有言「帝」的內容,也可以看出以「帝」為各篇聯繫的用心。

3. 從內容來看

在帛書中,黃帝是宇宙秩序的創建者(如〈十六經・觀〉);是氏族文化的統合者(如伐蚩尤共工〈五正〉、〈正亂〉);是以「一言而止」的成法正民者,使「循名復一,民无亂紀」(〈成法〉);是在式圖居中宮者,當斗位,周行十二位,以為天下宗(〈立命〉);是用刑德(〈果童〉)、知天時、能屯曆(歷)吉凶之常、分禍福之鄉(〈雌雄節〉)者;同時也是好德不爭,守柔待時的高度修養者(〈順道〉)。提到黃帝的這八章中,已經將帛書宗旨、思想脈絡表達得很清楚,可以說,黃帝形象是帛書刻意的創作。〔註99〕

從上述大體分析辭彙與章旨,我們得出的大略是:帝王之道與黃帝形象有關聯性。現在我們再從內容來分析比較兩者的地位是否相等。

〈經法・論約〉說:「執道者之觀於天下也……是故萬舉不失理……故能立天子、置三公,而天下化之,之胃(謂)有道。」〈十六經・立命〉說:「吾(按:指黃帝)受命於天,定立(位)於地,成名於人。唯余一人□乃肥(配)天,乃立王、三公,立國,置君、三卿。」兩者內容形式大抵相同,但是黃帝本身配天,居天子位,〈論約〉必須「立天子」,可見黃帝與執道者地位不同。無論是執道者、聖人或是帝王,地位都與配天、居天子位的黃帝有差別,如「耵(聖)人……優未(當作「惠」)愛民,與天同道。」(〈十六經・觀〉)「是以守天地之極,與天俱見……然后帝王之道成。」(〈經法・論〉),無論是「與天同道」、「與天俱見」,都不能等同於天。

〔註99〕有關黃帝傳說以及黃帝文化在戰國時代的演化,還有帛書的黃帝文化屬於演化中哪一個進程,參見第三章。

與黃帝形象聯繫，卻非等同黃帝的地位，從這個角度來看，可以看出帛書作者設計的用心。正如〈經法・道法〉開宗明義所說：「道生法」，又說「執道者，生法而弗敢犯也。」如何要求執道而弗犯道法？關鍵在於要求執道者遵循客觀的天道，如果將帝王地位等同於黃帝，是生法之帝王又是道之本尊，則帝王如果生法而亂法，也就無法憑藉客觀標準來定其「亂」了。

第三節　帛書《黃帝書》的思想體系

戰國中期以後天道思想的興起，與諸侯間由霸而王，由王而稱帝的趨勢是同步的。道家黃老學者將天道知識從具體的日月星辰的運行、四時的變化，推衍為道的普遍性和抽象性，將占驗天道的數術，與人事吉凶禍福聯繫起來，成了天稽環周終始循環的宇宙秩序。執道者推天道以明人事，務時而寄政，根據天道度數以制度量、定法度，法的根源性因此得以確立，如此，作為「生法」的執道者，若能體察天道，遵循宇宙秩序而作為，也就可以成為人事主宰，成就帝王之道。帛書《黃帝書》〈經法・論〉的「帝王之道」，正是這個思維邏輯的典型。現在將前面畫過的圖式，配合帛書相關思想，將之體系化：

圖三：帛書《黃帝書》思維邏輯圖示

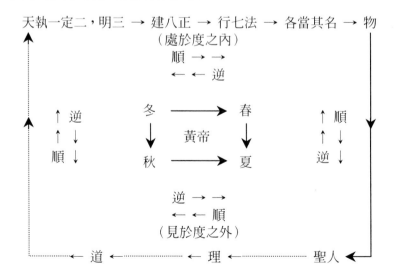

圖表說明

1. 圖分兩層。外圍一層表示帛書法天道以治的思維邏輯，中間的圖是「黃

帝四面」，表現帛書具有陰陽刑德的數術內容。

2. 外圍的圖係依據〈經法・論〉內容繪製，表現帛書法天道以治的思維邏輯。實線表示天道生法，虛線表示合於道境方向。虛線與實線相應相合，象徵循環終始、周徧萬物，表現「道」行即宇宙秩序開展的思維。

3. 括號「處於度之內」、「見於度之外」，採〈經法・名理〉：「道者，神明之原也。神明者，處於度之內而見於度之外者也。」「處於度之內」，相當於法天道度數以治，所以列於「天建八正以行七法」之實線；「見於度之外」，相當於因天時、掌握時機，以判斷行事，所以列於「物→理→道」之虛線。「處於度之內」、「見於度之外」經聖人智慧運用，展現道境，所以說：「道者，神明之原也。」

4. 中間以〈十六經・立命〉所說的「黃帝四面」為圖示。參考「式」圖，以黃帝居中宮，當斗位，方位上北、下南，四時分居四隅，春在東北隅，夏在東南隅，秋在西南隅，冬在西北隅。（參附圖六壬式盤以及長沙楚帛書）

5. 順行的方向依北斗左行，逆行表示反天道。表現帛書「順天者昌，逆天者亡。毋逆天道，則不失所守。」（〈十六經・姓爭〉）頌揚天道大法的宗旨。（逆、順方向參附圖北斗左行示意圖。）

綜而言之，帛書《黃帝書》認為無論是自然界或人事，都屬於宇宙秩序規範的範圍：

> 極而反，盛而衰，天地之道也，人之李（理）也。（〈經法・四度〉）

天行，以「極而反」表現其終始循環的運動規律（「極而反〔者〕，天之生（性）也。」〈經法・論〉）；四時，以物的盛衰，表現其一生一殺、一立一廢的運動規律（「一廢一立，一生一殺，四時代正，冬（終）而復始。」〈論約〉）天地四時，無時不處於運動變化，人因天地生養而成，從宇宙觀點來看，人亦為天地變化運動的一部分，固應遵循宇宙秩序；就人文建制而言，遵循宇宙秩序而動作，非但不會抹煞人的積極能動性，反而因為「通同天地」而「周襲不盈」（〈道原〉），獲得天地源源不絕的資源。〈四度〉接著說：

> 逆順同道而異理，審知逆順，是胃（謂）道紀。

「審知逆順，是謂道紀」，是說當人們面對天道運動變化、事物紛雜狀況，採取積極利用的態度時，就是宇宙秩序（道紀）的展現。

帛書《黃帝書》推天道以明人事，倡導以客觀公正的天道規律為準繩，建立一套天、地、人相參的治國大法，這種思維，透過圖例以及總合帛書思

想大旨，可以更明確地掌握帛書的設計脈絡，同時呈現帛書《黃帝書》的思想體系。

圖四：長沙楚帛書（摹本）

說明：摹本轉載自陸思賢，《天文考古通論》（北京：紫禁城出版社，2000），頁 217。

圖四：長沙楚帛書（示意圖）

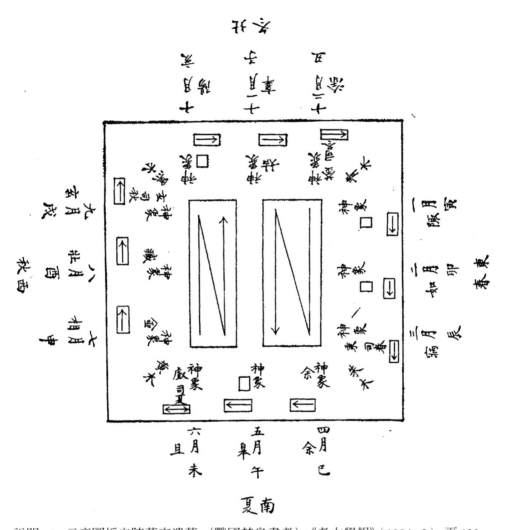

說明：1. 示意圖採自陳夢家遺著，〈戰國楚帛書考〉，《考古學報》（1984：2），頁 139。

　　　2. 圖中間兩篇書寫方向互倒，依圖示方向，右邊十三行由北向南書寫者，稱
　　　　為〈天象〉；左邊八行由南向北書寫者，稱為〈四時〉；四周排列附有圖形
　　　　的十二段，分別代表十二月，此篇稱為〈月忌〉，十二月依「歲陰左行」方
　　　　向排列，四周有青木、朱木、黃木、黑木，分別代表春、夏、秋、冬。

圖五：六壬式盤（摹本、示意圖）

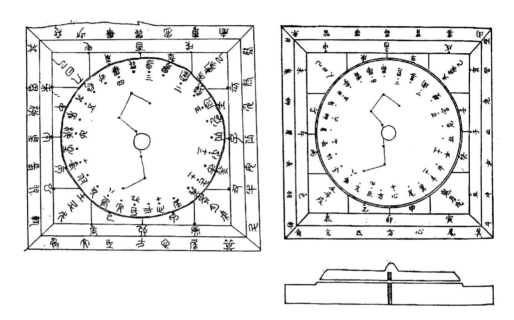

說明：摹本與示意圖轉載自殷滌非，〈西漢汝陰侯墓出土的占盤和天文儀器〉附圖
一，《考古》（1978：5），頁 340。

圖六：北斗左行示意圖

說明：李零，〈「式」與中國古代的宇宙模式〉圖二六，《中國文化》第 4 期（1991），
頁 1～30。李零引《淮南子・天文訓》「大時、小時」解釋說「大時」指歲星
右行，「小時」指北斗左行。（按：外圍所示方向即「北斗左行」）

第五章　結　論

　　帛書《黃帝書》是一部講「帝王之道」，具有強烈時代色彩的作品，其天道思想、黃帝之言、刑名說，都是因應當代流行的思潮，配合「帝王之道」來講：它雖然是政論性質作品，但是卻充滿數術語言，並且相信數術以及由數術開展而出的原理原則以至思維方式，都是治國的重要根據，換句話說，就是推天道以明人事，務時而寄政一類思想。其學說的設計是以黃帝居中宮，當斗位，仿傚「式」圖模式，周行十二月，以示「天時」；並且以「道生法」的雙重含意（即以天道度數建立法度，是爲天道生法；聖人通同天地之精，以一言之成法治民，謂道生法），聯繫著聖人知天時的智慧，開展出終始循環的宇宙秩序。而刑名說也就在這個宇宙秩序大框架中，被包裝爲陰陽逆順之理。帝王之道，就是效法聖人，呼應黃帝形象（與天俱見），以成就宇宙秩序的大法。這就是帛書《黃帝書》的思想體系，同時也是帛書作者對「帝王之道」的設計，本論文第四章第三節並且配合圖表來說明。

一、帛書《黃帝書》主要思想源流

　　以上係就帛書《黃帝書》運用當代思潮來立說，這些思潮依據第三章的論述，可以總結爲三股：一是黃帝創制發明與戰爭形象，一是數術（包括天文曆法新知與數術技術，如式盤），一是陰陽說與五行說的發展（與「式」圖的宇宙模式結合）。這三股思潮大致源於戰國中期西元前 360 年間的發現行星逆行與改革曆法大事，並於秦漢年間發展完成。其中，黃帝發展爲文化始祖，數術發展爲「式」的宇宙模式，陰陽說與五行說合流發展成陰陽五行

系統。〔註1〕有關於這三股思潮的起源與發展，分別在第三章第二節「天道思想與黃帝的關係」、同章第一節「天文星占在軍事的應用」「天文曆法與天道思想」以及同章第一節「帝王術與天道思想」分述。而帛書《黃帝書》與此三股思潮有關的內容，包括：黃帝之言，也數術語言以及「式」的發展，還有陰陽思想與五行說尚未合流的內容，所以本論文將帛書歸於此思潮發展的第三階段，在第三章第一節「天道思想與黃帝文化」已經總述說明。

就帛書《黃帝書》吸收諸子思想來說，它以《老子》道論為主軸，吸納法家還有兵學思想，形成具有道家、法家、兵家思想特色的作品。法家如李克、吳起、商鞅變法的精神，揭開以法取代禮的世局；申不害言刑（形）名術，教人君以名實考覈臣下，屬於「術家」（說見第三章），這些是遠因，近源是慎到以天道觀講刑（形）名，通過具有天道色彩的刑（形）名來制定度量、規範秩序，成為帛書《黃帝書》講「法」的根源；兵學思想主要來自《國語・越語下》，此篇以陰陽數術言用兵之道，主張依天時而作，待時以伐逆節，帛書《黃帝書》承襲此說，並且加入正名施刑說法，結合黃帝伐蚩尤形象，構築出「因天時，與之皆斷。當斷不斷，反受其亂。」（〈十六經・兵容〉）一套「爭」強的兵學思想，這應當與帛書《黃帝書》處於稷下，受到稷下兵家的影響有關。〔註2〕以上所述為帛書《黃帝書》吸收諸子思想大旨。這些論述也分別在第三、四章以及第二章中都有相關說明，這裏再綜合簡述以明梗概。

根據以上陳述與帛書《黃帝書》關係密切的三思潮，以及影響帛書《黃帝書》的諸子思想包括道、法、兵家，列圖表明彼此關係，當可以更清楚帛書《黃帝書》在戰國學術思潮中的定位（附圖七）。

〔註1〕 數術家與陰陽家，在《漢志》中分別列於數術略及諸子略，此處的分類參考所以將之分為「陰陽說與五行說的發展」以及「天文曆法等數術的發展」。但是在司馬談〈論六家要指〉中統稱為「陰陽家」。司馬談說法近於戰國秦漢學術思潮，所以依司馬談說，將之合列於天道思潮，與黃帝思潮並列，又分為兩股，以利參照《漢志》。說參見第三章〈天文曆法與天道思想〉。

〔註2〕 與齊有關的兵書，依《漢志》分類，有入於禮略者，如《軍禮司馬法》；有入於諸子略道家類者，如《伊尹》、《太公》（包括《謀》、《言》、《兵》）以及《莞（管）子》中言兵的篇章，有列於兵書略兵權謀類，如《吳孫子兵法》、《齊孫子》。帛書《黃帝書》中言兵的現象，與《管子》收錄言兵篇章情況相近，另外列於道家類的《鶡冠子》也言兵。所以此處將《國語・越語下》及稷下兵學，併入影響帛書《黃帝書》的諸子思想中，是為了說明當時學術情況。說見第三章第一節〈田齊的兵學〉。

二、帛書《黃帝書》的學術定位

此外，綜合前面第二～四章的論述基礎上，在此可以進一步說明帛書《黃帝書》與《史記》所稱的「黃老」、司馬談〈論六家要旨〉以及《漢志》諸子略的「道家」有何不同，以及今人將之列爲「道法家」的得失，總合說明帛書《黃帝書》的學術定位。

（一）與《史記》黃老學三源流關係

《史記》對於黃老學來源的說法有三：一是申不害的刑名之學，〈申韓列傳〉說：「申子之學，本於黃老而主刑名。」其次是稷下諸子愼到等，〈孟荀列傳〉載：「皆學黃老道德之術，因發明序其旨意。」再者是河上丈人傳承世系，〈樂毅列傳贊〉載：「樂臣〔巨〕公學黃帝、老子，其本師號曰河上丈人，不知其所出。河上丈人教安期生，安期生教毛翕公，毛翕公教樂瑕公，樂瑕公教樂臣〔巨〕公，樂臣〔公〕教蓋公。」這三種黃老學的源流，在第二章第一節中已經分析研究，並且作成四點結論，表述此三說代表的意義：

1. 〈申韓列傳〉所說申子所本的黃老是「黃老系統」，非指帛書《黃帝書》。

2. 〈孟荀列傳〉提到愼到等諸子，他們是稷下黃老學派的創立者。

3. 〈樂毅列傳〉所說的河上丈人的黃老學傳承，帛書《黃帝書》經由這支傳承的可能性大，但是帛書《黃帝書》成書稍早，約在戰國晚期之初。

4. 申、愼屬於廣義的黃老學系統，河上丈人一系屬於狹義的黃老學。

依照上述帛書《黃帝書》成書年代，它應該是上承申、愼，下開河上丈人的黃老學，如果從狹義角度看帛書《黃帝書》，它當是黃老學之始；如果從廣義來看，帛書《黃帝書》前承申、愼之跡，並非最早的黃老學。

（二）與司馬談〈論六家要指〉中的「道家」關係

《史記・太史公自序》載司馬談「論六家之要指」，其將諸子分爲六家，以陰陽家爲首，以道德家（又稱道家）結尾，中敘儒家、墨家、名家、法家。他對諸家的評論，係站在道德家角度，將道家描述成兼擅各家之長的完型典範，反映出司馬談心中理想的治境。而他所說的道家，實際上是以當時流行的黃老治術爲樣本，所形成的一套理論說法。〔註3〕它與帛書《黃帝書》的關係，大同而小異，在此分四點簡要說明，以明漢初與戰國時期黃老學的相異

〔註3〕金春峰，《兩漢思想史》（北京：中國社會科學出版社，1997），頁72～73。

處。為方便對照說明，茲引原文如下：

> 道家，使人精神專一，動合無形，贍足萬物。其為術也，因陰陽之
> 大順，采儒墨之善，撮名法之要，與時遷移，應物變化。立俗施事，
> 無所不宜。指約而易操，事少而功多。……至於大道之要，去健羨、
> 絀聰明，釋此而任術，夫神大用則竭，形大勞則敝，形神騷動，欲
> 與天地長久，非所聞也。

> 道家無為，又曰無不為。其實易行，其辭難知，其術以虛無為本，
> 以因循為用。無成埶、無常形，故能究萬物之情，不為物先。因時
> 為業，有度無度，因物與合。故曰：聖人不朽，時變是守。虛者，
> 道之常也，因者，君之綱也。群臣并至，使各自明也。其實中其聲
> 者謂之端，實不中其聲者謂之窾。窾言不聽，姦乃不生，賢不肖自
> 分，白黑乃形，在所欲用耳，何事不成？乃合大道，混混冥冥，光
> 耀天下，復反無名。（〈論六家要指〉）

1. 從引文敘述，可以看出司馬談的道家，實際是融合帛書《黃帝書》與
《老子》的黃帝、老子之言，並且加入了《管子》四篇的帝王「心術」，包括
以「愛身」、「養生」（〈白心〉）為主題，講「靜因之道」（〈心術上〉），以精氣
釋神，屬於形神分說的思想（〈心術下〉、〈內業〉）。

2. 司馬談說「大道之要」是「去健羨、絀聰明」，帛書《黃帝書》卻強
調積極進取，重視「察稽知極」的「見知之道」；司馬談說：「故曰：聖人不
朽（「朽」當作「巧」），時變是守。」《國語・越語下》說：「上帝不考，時
反是守。」帛書《黃帝書》承襲此說，曰：「耶（聖）人不巧，時反是守。」
（〈十六經・觀〉）一般相信司馬談是引用帛書《黃帝書》，而「時反」音訛
為「時變」。〔註4〕然而「時反」與「時變」意思差別甚大，「時反」主要講
兵事，〔註5〕「時變」，根據《漢書・司馬遷傳》：「聖人不巧，時變是守。」
顏師古注：「無機巧之心，但順時也。」可見本來講兵事的「時反」，成為順
時無機巧之心的「時變」，這應該不是司馬談引用錯誤，而可能是漢人有意
改動文意。最可能的解釋是：司馬談去帛書《黃帝書》言兵色彩，還包括「爭」

〔註4〕 帛書整理小組，〈十六經・觀〉注39。《馬王堆漢墓帛書・壹・老子乙本卷前
古佚書》

〔註5〕 〈十六經・觀〉言「時反」主要講「當天時，與之皆斷。」與同篇〈姓爭〉
說：「明明至微，時反以為幾（機）。」指的是為主、為客的兵事。說見第四
章第一節〈主、客〉。

強以及「察稽知極」等思想，而代之以《管子》四篇愛身、養生之道，則黃帝、老子之言愈見合一，成了司馬談所說的「大道之要，去健羨、絀聰明。」

其次，在第三章附論〈養生學與黃帝〉曾提到，黃帝本來沒有善養生的形象，經過《莊子》、《列子》「託黃解老」的過程，與稷下講帝王心術如《管子》四篇，使得方技家開始有託言黃帝的著作，馬王堆出土竹簡《十問》，其時代約在秦昭王以後到秦漢之間，可以說明在戰國末年秦漢間，已經出現方技家託言黃帝的著作。可見漢初人認知的黃帝面貌，已經向養生家傾斜。這或許可以作爲說明司馬談的「道家」，爲什麼那麼強調愛身、養生。

3. 根據司馬談所論「道家」的內容，其所取黃帝之言應該還是帛書《黃帝書》，尤其是「因陰陽之大順，采儒墨之善，撮名法之要」，取五家之長，〔註6〕以及「無不爲」的道術。

4. 〈論六家要指〉分言道與術，以「無爲」、「虛無」爲道境，將「無不爲」、「因循」視爲道術，以刑（形）名爲用，前者本於《老子》，後者本於帛書《黃帝書》。以合於《老子》思想「復反無名」，作爲終極追求的價值，此點又明顯與帛書《黃帝書》追求「名功相抱（孚），是謂長久。」（〈經法·四度〉）、「功合於天，名乃大成。」（〈經法·論約〉）重視功名的思想不同。可見司馬談乃分言道與術，本與用，以《老子》爲道、爲本，而以帛書《黃帝書》此類黃帝之言爲術、爲用。

綜上四點，若說司馬談所謂的「道家」即漢初流行的黃帝、老子言，則可看出他事實上是以《老子》爲本，重視《管子》四篇愛身、養生等一類形神思想，至於帛書《黃帝書》的黃帝之言，則已是「去健羨、絀聰明」，專注於刑（形）名之用了。

（三）與《漢志》諸子略道家類關係

《漢志·諸子略》列道家三十七家，其中與帛書《黃帝書》關係最密切的當屬託言黃帝君臣的著作，包括《黃帝四經》四篇、《黃帝銘》六篇、《黃帝君臣》十篇、《雜黃帝》五十八篇、《力牧》二十二篇。其中最引人注目的

〔註6〕　「陰陽，……春生夏長，秋收冬藏，此天道之大經也，弗順，則無以爲天下綱紀。」

「儒者……列君臣父子之禮，序夫婦長幼之別，雖百家弗能易也。」

「墨者……彊本節用，則人給家足之道也，此墨子之所長。」

「法家……尊主卑臣，明分職，不得相踰越，雖百家弗能改也。」

「名家……控名責實，參伍不失，此不可不察也。」

是《黃帝四經》四篇，學者大多根據唐蘭說法，以爲帛書《黃帝書》即指此書。〔註7〕然而這些歸於道家的黃帝書都已亡佚，無法證實，所以姑且存疑。又，列於「道家類」《老子》之前的五本書，包括《伊尹》五十一篇、《太公》二百三十七篇（《謀》八十一篇，《言》七十一篇，《兵》八十五篇），《辛甲》二十九篇，《鬻子》二十二篇，《莞（管）子》八十六篇，性質近於帛書《黃帝書》，講道、法，也講用兵。而且《莞（管）子》、《太公》與帛書《黃帝書》同出稷下，可以歸爲稷下道家著作。《伊尹》已出現佚篇，與帛書《黃帝書》同墓出土，附抄在《老子》甲本後，被整理小組命名爲〈九主〉者，學者都認爲它也屬於黃老刑名之言。〔註8〕這五部與帛書《黃帝書》性質相近的作品，不知是否「剛好」列於《老子》之前，作黃、老之言的刻意排列，依照目前資料，只能合理推測，無法進一步證實。

（四）與今人所言「道法家」關係

「道法家」一辭由裘錫圭提出，〔註9〕指稱帛書《黃帝書》一類「其核心思想顯然是關於道和法的學說」，用以區別一般所認知的道家《老子》，同時還將申不害、愼到等稱爲早期道法家，又將《管子》四篇、《鶡冠子》等也稱爲道法家。

這種說法主要在突顯帛書《黃帝書》與《老子》的不同，如果將之運用來說明自申不害、愼到、田駢以來，諸子思索如何以法取代禮的學術特色，也有一定的幫助。例如申不害講刑（形）名術，使道、法有了結合的橋樑，愼到以天道轉換刑（形）名來講法，是道向法的傾斜。但是申不害應稱之爲「術家」，非道法家，〔註10〕可以稱爲「道法家」的只有愼到、田駢，而且這個「道法家」稱號，正說明他們處於道、法如何結合的時期，並非完成。因爲在愼到、田駢之後的帛書《黃帝書》，已經發展出一套「道生法」的理論，開展出終始循環的宇宙秩序大法。這個「法」稱爲「大法」，著重在以天道爲內容的宇宙秩序，稱爲總法度，與愼到所講的「成文典」（《荀子・非十二子》）不同，也與法家如商鞅所講的刑罰相異。所以帛書《黃帝書》仍屬於道家，

〔註7〕 說見第一章。
〔註8〕 關於〈九主〉與帛書《黃帝書》的異同，參見第一章。
〔註9〕 裘錫圭，〈馬王堆《老子》甲乙本卷前后佚書與『道法家』〉，《中國哲學》第2輯（1980），頁68～84。（初稿寫於1975年）
〔註10〕 詳見第三章第一節三。

只是這個「道」非止於《老子》的道論，還有包括度、數、信等以數術為內容的天道，帛書《黃帝書》的「道」，就是融合二者的新思維。《管子》四篇、《鶡冠子》也都是在這架構下各偏重於道或天道的作品，將它們歸於道法家，也有不妥。〔註11〕

　　綜合前面三點說明，帛書《黃帝書》的學術定位大抵可以總述如下：此書應當歸於《史記・樂毅列傳》河上丈人的傳承系統，其思想性質類於司馬談的道家，是一種以道與天道思想為主，融合諸子學說的黃老學派。漢初稱黃帝、老子之言，其實各有偏重，有時偏於老，有時偏於黃，偏於老則重道，講愛身、養生，偏於黃則講天道，重刑（形）名，而帛書《黃帝書》則是偏於黃的道家黃老，如果勉強要分黃帝之言或老子之言，那麼它應當屬於黃帝之言，我們從其出土時抄於《老子》之前，與《老子》合卷的狀態，當可以說明這個道理。

〔註11〕〔英〕雷敦龢也提到裘錫圭用「道法家」名稱的不合當處，他認為裘氏將後來發展完成的道家、法家混合起來，稱比它們早的書（如帛書《黃帝書》），是不合當的。《〈關於馬王堆黃帝四經的版本和討論〉，《道家文化研究》第18輯，頁348～370。

圖七：帛書《黃帝書》主要思想源流示意圖

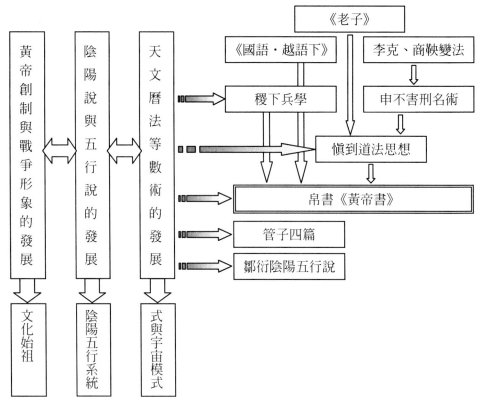

（➡ 天道思想與黃帝文化結合發展五階段）

參考文獻

甲、古籍（按作者筆劃序，以下依例）

1. 《文子》，王雲五編《宋元明善本叢書十種》四，影印明刊本《子彙》。
2. （清）王聘珍，《大戴禮記解詁》，臺灣：世界書局，1974 年。
3. （清）王先謙，《漢書補注》，臺灣：藝文印書館，1958 年。
4. （清）王先謙，《荀子集解》，臺灣：藝文印書館，1977 年。
5. （清）朱右曾，《逸周書集訓校釋》，收於國學基本叢書，臺灣：商務印書館，1968 年。
6. （唐）李淳風等注釋，《周髀算經》二卷，上海：商務印書館，四部叢刊初編縮本，1936 年。
7. （唐）房喬等，《晉書》，影印宋版百納本二十四史，臺灣：商務印書館，1996 年。
8. （清）茆泮林輯，《世本》，收於《叢書集成》（包含孫馮翼、雷學淇、張樹等輯本），臺灣：西南書局，1974 年。
9. （三國吳）韋昭，《國語韋氏解》，臺灣：世界書局，1975 年。
10. （清）馬國翰，《玉函山房輯佚書》，臺灣：文海出版社，1967 年。
11. （清）孫詒讓，《墨子閒詁》，收於《諸子集成》第 4 冊，上海：上海書店出版社，1996 年。
12. （清）郭慶藩，《莊子集釋》，臺灣：華正書局，1989 年。
13. （宋）陸佃，《鶡冠子解》，王雲五編《宋元明善本叢書十種》四，影印明刊本《子彙》。
14. （清）畢沅，《呂氏春秋新校正》，收於《諸子集成》第 6 冊，上海：上海書店出版社，1996 年。

15. （清）章學誠，《校讎通義》三卷，臺灣：新文豐出版社，1984 年。

16. （清）黃汝成，《日知錄集釋》卷三十〈天文〉（臺灣：臺灣商務印書館，1968 年。

17. 《黃帝內經素問》，收於《四部叢刊初編子部》，上海商務印書館縮印明翻北宋本。

18. 《慎子》，王雲五編《宋元明善本叢書十種》四，影印明刊本《子彙》。

19. （清）雷學淇，《竹書紀年義證》上下冊，臺灣：藝文印書館。

20. （漢）劉向，《說苑》，臺灣：中華書局，1965 年。

21. （唐）魏徵，《隋書》，影印宋版百納本二十四史，臺灣：商務印書館，1996 年。

22. （清）戴望，《管子校正》，收於《諸子集成》第 5 冊，上海：上海書店出版社，1996 年。

23. （清）蘇輿，《春秋繁露義證》，北京：中華書局，1996 年。

24. 《靈樞經》，收於《四部叢刊初編子部》，上海商務印書館縮印明版。

25. （清）顧祖禹，《讀史方輿紀要》全二十冊，臺灣：新興書局，1956 年。

乙、專 書

1. 丁原明，《黃老學論綱》，山東大學出版社，1998 年。

2. 王獻唐，《炎黃氏族文化考》，濟南：齊魯書社，1985 年。

3. 王利器，《鹽鐵論校注》上下冊，北京：中華書局，1992 年。

4. 白奚，《稷下學研究》，北京三聯書店，1998 年。

5. 任繼愈主編，《中國哲學發展史》先秦卷，北京：人民出版社，1980 年。

6. 杜守素，《先秦諸子批判》，上海：上海作家書屋，1948 年。

7. 余明光，《黃帝四經與黃老思想》，黑龍江人民出版社，1989 年。

8. 李學勤，《簡帛佚籍與學術史》，臺灣：時報文化出版社，1994 年。

9. 李存山，《中國氣論探源與發微》，北京：中國社會科學出版社，1990 年。

10. 李零，《長沙子彈庫戰國楚帛書研究》，北京：中華書局，1985 年。

11. 李零，《李零自選集》，廣西：廣西師範大學出版社，1998 年。

12. 李零，《中國方術考》，北京：東方出版社，2000 年。

13. 金春峰，《漢代思想史》，北京：中國社會科學出版社，1997 年。

14. 吳光，《黃老之學通論》，浙江人民出版社，1985 年。

15. 吳九龍，《銀雀山漢簡釋文》，北京：文物出版社，1985 年。

16. 胡家聰，《管子新探》，北京：中國社會科學出版社，1995 年。

17. 胡家聰，《稷下爭鳴與黃老新學》，北京：中國社會科學出版社，1998 年。

18. 侯外廬主編，《中國思想通史》第一卷，北京：北京人民出版社，1959 年。

19. 侯外廬主編，《中國思想史綱》上冊，北京，中國青年出版社，1980 年。

20. 俞宣孟，《本體論研究》，上海：上海人民出版社，1999 年。

21. 高明，《帛書老子校注》，北京：中華書局，1996 年。

22. 唐書文，《六韜‧三略譯注》，上海：古籍出版社，1999 年。

23. 馬王堆帛書整理小組，《馬王堆漢墓帛書》壹，北京：文物出版社，1975 年。

24. 馬王堆帛書整理小組，《馬王堆漢墓帛書》肆，北京：文物出版社，1975 年。

25. 袁珂，《山海經校注》，四川：巴蜀書社，1996 年。

26. 荊門市博物館，《郭店楚墓竹簡》，北京：文物出版社，1998 年。

27. 郭沫若，《十批判書》，北京：人民出版社，1954 年。

28. 郭沫若、聞一多、許維遹，《管子集校》全二冊，北京：科學出版社，1956 年。

29. 郭沫若，《兩周金文辭大系圖錄考釋》，上海：上海書店出版社，1999 年。

30. 陳啓天，《增定韓非子校釋》，臺灣：臺灣商務印書館，1969 年。

31. 陳遵嬀，《中國天文學史》緒論，臺灣：明文書局，1984 年。

32. 陳遵嬀，《中國天文學史》曆法‧曆書，臺灣：明文書局，1988 年。

33. 陳麗桂，《戰國時期的黃老思想》，臺灣：聯經出版社，1991 年。

34. 陳麗桂，《秦漢時期的黃老思想》，臺灣：文津出版社，1997 年。

35. 陳鼓應，《黃帝四經今註今譯》，臺灣商務印書館，1995 年。

36. 陳美東，《古曆新探》，遼寧：遼寧教育出版社，1995 年。

37. 陸思賢，《天文考古通論》，北京：紫禁城出版社，2000 年。

38. 張岱年，《中國哲學史史料》，北京：三聯書店，1982 年。

39. 張岱年，《中國古典哲學概念範疇要論》。

40. 張震澤，《孫臏兵法校理》，臺灣，明文書局，1985 年。

41. 馮友蘭，《中國哲學史新編》第二冊，臺灣：藍燈書局，1991 年。

42. 傅武光，《呂氏春秋與諸子之關係》，臺灣：東吳大學中國學術著作獎助委員會，1993 年。

43. 傅舉有、陳松長編著，《馬王堆漢墓文物綜述》，湖南：湖南出版社，1992 年。

44. 張立文，《中國哲學範疇發展史‧天道篇》，北京：人民大學出版社，1988

年。

45. 張舜徽，《周秦道論發微》，臺灣：木鐸出版社翻印本，1983 年。

46. 湖北省文物考古研究所、北京大學中文系編，《九店楚墓》，北京：中華書局，2000 年。

47. 黃懷信，《鶡冠子彙校集注》，北京：中華書局 2004。

48. 楊寬《戰國史》上下冊，臺灣：谷風版，1986 年。

49. 楊向奎，《宗周社會與禮樂文明》，北京：人民出版社，1997 年。

50. 楊丙安，《十一家注孫子校理》，北京：中華書局，1999 年。

51. 董楚平，《吳越文化新探》，浙江：浙江人民出版社，1988 年。

52. 趙璞珊，《中國古代醫學》，北京：中華書局，1997 年。

53. 葛兆光，《七世紀前中國的知識、思想與信仰世界》，上海：復旦大學出版社，1998 年。

54. 葛志毅、張惟明，《先秦兩漢的制度與文明》，黑龍江：黑龍江教育出版社，1998 年。

55. 編輯部，《戰國策新校增補》上下冊，臺灣：里仁書局，1982 年。

56. 編輯部，《殷周金文集成》第三冊，北京：中華書局，1989 年。

57. 劉節，《古史考存》，北京：人民出版社，1958 年。

58. 劉文典，《淮南鴻烈集解》，臺灣：文史哲出版社，1992 年。

59. 劉蔚華、苗潤田，《稷下學史》，中國廣播電視出版社，1992 年。

60. 劉澤華，《中國政治思想史》先秦卷，浙江：浙江人民出版社，1996 年。

61. 劉君燦，《中國天文學史新探》，臺灣：明文書局，1988 年。

62. 鄭慧生，《古代天文曆法研究》，河南：河南出版社，1995。

63. 蔣禮鴻，《商君書錐指》，北京：中華書局，1996 年。

64. 鄭文光，《中國天文學史源流》，臺灣：萬卷樓圖書，2000 年。

65. 劉毓璜，《先秦諸子初探》，江蘇人民出版社，1984 年。

66. 整理小組，《銀雀山漢墓竹簡》共三輯，北京：文物出版社，1985 年。

67. 錢穆，《先秦諸子繫年》，臺灣：東大出版社，1990 年。

68. 魏啓鵬，《馬王堆漢墓帛書《黃帝書》箋證》，北京：中華書局，2004 年。

69. 鍾宗憲，《黃帝研究——黃帝神話傳說之嬗變與有關黃帝學術源流問題之辨正》，臺灣：輔大中文博士論文，1999 年。

70. 饒宗頤、曾憲通，《長沙子彈庫楚帛書研究》，北京：中華書局，1993 年。

71. 〔日〕新城新藏，《中國天文學史研究》，臺灣：翔大出版社影印 1933 年譯版。

72. 〔日〕瀧川龜太郎，《史記會注考證》，臺灣：洪氏出版社，1982 年。

丙、論　文

1. 王博，〈黃帝四經與管子四篇〉，《道家文化研究》第 1 輯，1992 年，頁 199
   ～213。

2. 王博，〈論黃帝四經產生的地域〉，《道家文化研究》第 3 輯，1993 年，223
   ～240 頁。

3. 田昌五，〈再談黃老思想與法家路線〉，《文物》，1976 年第 4 期，頁 78～
   83。

4. 安徽省文物工作隊等，〈阜陽雙古堆西漢汝陰侯墓發掘簡報〉，《文物》，1978
   年第 8 期，頁 12～31。

5. 成耆仁，〈俑的概念〉，《兵馬俑秦文化》，臺灣：國立歷史博物館，2000
   年，頁 75～119。

6. 朱伯崑，〈管子四篇考〉，載於《中國哲學史論文集》第一輯，山東：山東
   人民出版社，1979 年，頁 107～123。

7. 朱伯崑，〈帛書本繫辭文讀後〉，《道家文化研究》第 3 輯，1993 年，頁 36
   ～46。

8. 李零，〈式與中國古代的宇宙模式〉，《中國文化》第 4 期，1991 年。（收
   於《中國方術考》）

9. 李解民，〈民和黔首—兼評秦始皇『更名民曰黔首』〉，《文史》第 23 輯，
   1984 年，頁 61～65。

10. 李學勤（筆名凌襄），〈試論馬王堆漢墓帛書〈伊尹・九主〉〉，《文物》，1974
    年第 11 期，頁 21～27。

11. 李學勤，〈新發現簡帛佚籍對學術史的影響〉，載於《道家文化研究》第 18
    輯，北京：三聯書店，2000 年，頁 1～9。

12. 余明光，〈帛書《伊尹・九主》與黃老之學〉，《道家文化研究》第 3 輯，
    上海：上海古籍出版社，1993 年，頁 340～348。

13. 阜陽漢簡整理組，〈阜陽漢簡簡介〉，《文物》，1983 年第 2 期，頁 21～23。

14. 席澤宗，〈中國天文史上的一個重要發現 —— 馬王堆漢墓帛書中的《五星
    占》〉，《文物》，1974 年第 11 期，頁 28～36。

15. 席澤宗，〈馬王堆漢墓帛書中的《五星占》〉，《中國古代天文文物論集》，
    北京：文物出版社，1989 年，頁 46～58。（原載《文物》1974 年第 11 期，
    署名劉云友。1989 年一文作過修改。）

16. 席澤宗，〈馬王堆漢墓帛書中的彗星圖〉，《中國古代天文文物論集》，北京：
    文物出版社，1989 年，頁 29～34。（原載《文物》1978 年第 2 期）

17. 徐振韜，〈從帛書五星占看先秦渾儀的創制〉，《考古》，1976 年第 2 期。

18. 孫以楷，〈稷下學宮考述〉，《文史》第 23 輯，1984 年，頁 41～54。

19. 馬王堆帛書漢墓帛書整理小組，〈馬王堆帛書《式法》釋文摘要〉，《文物》，2000 年第 7 期，頁 85～94。

20. 殷滌非，〈西漢汝陰侯墓出土的占盤和天文儀器〉，《考古》，1978 年第 5 期，頁 338～343。

21. 唐蘭，〈《黃帝四經》初探〉，《文物》，1974 年第 10 期，頁 48～52。

22. 唐蘭，〈馬王堆出土《老子》乙本卷前古佚書的研究〉，《考古學報》，1975 年第 1 期，頁 7～16。

23. 徐中舒〈陳侯四器考釋〉，《中央研究院歷史語言研究所集刊》第三本第四分，1933 年。（收於《徐中舒歷史論文選輯》，北京：中華書局，1998 年）。

24. 陳松長，〈帛書《刑德》乙本釋文校讀〉，載於《湖南省博物館四十周年紀念論文集》，1996 年，頁 83～87。

25. 許荻，〈略談臨沂銀雀山漢墓出土的古代兵書殘簡〉，《文物》，1974 年第 2 期，頁 27～31。

26. 郭梨華，〈《經法》中『刑—名』思想探源〉，《安徽大學學報》，1998 年第 3 期，頁 24。

27. 陳夢家遺著，〈戰國楚帛書考〉，《考古學報》，1984 年第 2 期，頁 137～157。

28. 許抗生，〈略說黃老學派的產生和演變〉，《文史哲》，1979 年第 3 期，頁 71～76。

29. 許抗生，〈黃老之學新論讀後的幾點思考〉，《管子學刊》1993 年第 1 期，頁 64～67。

30. 齊思和，〈黃帝之制器故事〉，《古史辨》第七冊，臺灣：藍燈出版社影印本，1993 年，頁 388～389。

31. 湖南省博物館，〈長沙子彈庫戰國木　墓〉，《文物》，1974 年第 7 期。

32. 曾振宇，〈申不害術家說再認識〉，《文史哲》，1994 年第 6 期，頁 12～19。

33. 湖南省博物館、中國科學院考古研究所，〈長沙馬王堆二、三號墓發掘簡報〉，《文物》，1974 年第 7 期，頁 39～48，63。

34. 萵榮晉，〈試論黃老帛書的道和無為思想〉，《中國哲學史研究》，1981 年第 3 期，頁 47～53。

35. 董英哲，〈《經法》等佚書是田駢的遺著〉，《人文雜誌》，1982 年 1 月，頁 120～128。

36. 裘錫圭，〈馬王堆《老子》甲乙本卷前後古佚書與「道法家」〉，《中國哲學》第 2 輯，1980 年，頁 68～84。

37. 裘錫圭，〈馬王堆帛書《老子》乙本卷前古佚書四篇并非《黃帝四經》〉，

載於《道家文化研究》第 3 輯，1993 年，頁 249～255。

38. 潘富恩、施東昌，〈論宋尹學派形而上的思想特徵〉，《復旦學報》，1908 年第 5 期。5 劉翔，〈馬王堆漢墓帛書《黃帝書》研究評述〉，《中國文化與中國哲學》，北京：東方出版社，1986 年，頁 594～607。

39. 潘雨廷，〈黃帝內經與老莊〉，收於《道家文化研究》第四輯，1994 年，頁 159～162。

40. 劉國勝，〈郭店楚簡國際學術討論會綜述〉，《文史哲》，2000 年第 2 期，頁 124～126。

41. 曉函，〈長沙馬王堆漢墓帛書概述〉，《文物》，1974 年 8 期，頁 40～44。

42. 魏啓鵬，〈黃帝四經思想探源〉，《中國哲學》第 4 輯，1980 年，頁 179～191。

43. 鍾肇鵬，〈論黃老之學〉，《世界宗教研究》，1981 年第 2 集，頁 75～98。

44. 龍晦，〈馬王堆出土《老子》乙本前古佚書探原〉，《考古學報》，1975 年第 2 期，頁 23～31。

45. 魏啓鵬，〈前黃老形名之學的珍貴佚篇——讀馬王堆漢墓帛書《伊尹·九主》〉，《道家文化研究》第 3 輯，上海：上海古籍出版社，1993 年，頁 330～339。

46. 羅福頤，〈臨沂漢簡概述〉，《文物》，1974 年第 2 期，頁 32～35。

47. 嚴一萍，〈楚繒書新考〉（中），收於《中國文字》第 27 冊。

48. 嚴敦傑，〈關於西漢初期的式盤和占盤〉，《考古》，1978 年第 5 期，頁 334～337。

49. 顧頡剛，〈『周公制禮』的傳說和〈周官〉一書的出現〉，《文史》第 6 輯，頁 1～40。

50. 顧鐵符，〈馬王堆帛書〈天文氣象雜占〉內容簡述〉，《文物》，1978 年第 2 期，頁 1～4。

51. 顧鐵符，〈馬王堆帛書《雲氣彗星圖》研究〉，《中國古代天文文物論集》，北京：文物出版社，1989 年，頁 35～45。（據 1978 年修改更名）

52. 〔法〕馬克，〈馬王堆帛書〈刑德〉試探〉，《華學》第 1 期，香港：中山大學出版社，1995），頁 82～110。

53. 〔加〕葉山，〈對漢代馬王堆黃老帛書的幾點看法〉，《馬王堆漢墓研究文集》，1994 年，頁 16～26。

54. 〔英〕葛瑞漢，〈陰陽與關聯思維的本質〉，《中國古代思維模式與陰陽五行說探源》，江蘇：江蘇古籍出版社，1998），頁 1～58。

55. 〔英〕雷敦龢，〈關於馬王堆黃帝四經的版本和討論〉，《道家文化研究》第 18 輯，北京：三聯書店，2000），頁 357。

56. 〔英〕雷敦龢，〈《黃帝四經》中的陰陽學說〉，收於艾蘭、汪濤、范毓周主編，《中國古代思維模式與陰陽五行説探源》，江蘇：江蘇古籍出版社，1998），頁 351～352。